Richard Goedeke

3000er in den Nordalpen

Die Normalwege – vom Berner Oberland über den Alpenhauptkamm bis zu den Hohen Tauern

BRUCKMANN

Inhalt

Warum auf die Gipfel? 6

Zu diesem Buch

Dreitausender 7 • Normalwege 7 • Auswahl 8 • Anforderungen 9 • Zum Gebrauch der Routenbeschreibungen 14 • Alpines Notsignal 16 • Hinweise für Hubschrauber-Rettung 16

Die Touren

BERNER ALPEN

	Westliche Berner Alpen		18
1	Grand Muveran	F+	19
2	Balmhorn	PD-	20
3	Les Diablerets	F	21
4	Wildhorn	PD	22
5	Wildstrubel	PD-	23
6	Großes Rinderhorn	F+	24
	Zentrale Berner Alpen		25
7	Blümlisalphorn	PD+	26
8	Bietschhorn	AD+	28
9	Doldenhorn	PD	30
10	Nesthorn	PD	31
11	Gross Wannenhorn	PD	33
12	Gspaltenhorn	PD	34
13	Wetterhörner – Mittelhorn	PD+	35
14	Lauterbrunner Breithorn	PD	37
15	Schinhorn	PD	38
16	Tschingelhorn	PD	39
17	Eiger	AD	40
18	Gletscherhorn	PD	43
19	Trugberg	PD	44
20	Agassizhorn	PD	45
21	Ebnefluh	PD-	46

URNER ALPEN

	Westliche Urner Alpen		48
22	Dammastock	PD	49
23	Titlis	F	50
24	Fleckistock	PD	52
25	Sustenhorn	PD-	53
26	Gross Spannort	PD	54
27	Schlossberg	PD+	54
28	Galenstock	F+	55
	Östliche Urner Alpen		56
29	Oberalpstock	PD	56
30	Piz Giuv	PD	57
31	Bristen	PD-	58
32	Gross Düssi	PD	59
33	Gross Schärhorn	PD	60
34	Gross Windgällen	AD	61

GLARNER ALPEN 62

35	Tödi	PD	63
36	Ringelspitz	PD+	66

37	Hausstock	F+	67
38	Piz Segnas	F	68
39	Grond Cavistrau	AD	69
40	Bifertenstock	AD	70
41	Clariden	PD	71
42	Vorab	F	71

SILVRETTA 72

43	Piz Linard	PD	72
44	Piz Murtèra	PD-	74
45	Fluchthorn	PD+	75
46	Augstenspitze	PD-	76
47	Flüela-Wisshorn	F+	77
48	Piz Buin	PD	78
49	Silvrettahorn	F+	79
50	Großes Seehorn	PD	80
51	Großlitzner	AD	81

SAMNAUN 82

52	Hexenkopf	F	82
53	Muttler	PD-	83
54	Stammerspitz	PD+	84

VERWALL 85

55	Hoher Riffler	F+	85
56	Kuchenspitze	AD	87
57	Patteriol	AD-	89

LECHTALER ALPEN 90

58	Parseier Spitze	PD-	90

ÖTZTALER ALPEN

Zentrale Ötztaler Alpen 92

59	Wildspitze	PD-	93
60	Hochvernagtspitze	PD-	95
61	Innere Schwarze Schneide	F	97
62	Hinterer Brunnenkogel	0	97

Ötztaler Alpen – Grenzkamm 98

63	Hintere Schwärze	PD	99
64	Weißkugel	PD	100
65	Fineilspitze	PD-	102
66	Similaun	F	103
67	Kreuzspitze	F	104
68	Hinterer Seelenkogel	F+	105
69	Großer Ramolkogel	PD-	106
70	Schalfkogel	F	107
71	Hochwilde	F	108

Südlichste Ötztaler Alpen 109

72	Roteck	F+	110
73	Lodner	PD+	111
74	Mastaunspitze	F+	111
75	Lagaunspitze	PD	113

	Ötztaler Alpen – Kaunergrat und Glockturmkamm		114
76	Rofelewand	PD	114
77	Wazespitze	AD+	115
78	Verpeilspitze	PD	116
79	Glockturm	F	117
80	Vordere Ölgrubenspitze	PD-	117
81	Weißseespitze	F+	118
82	Seekogel	AD+	119
	Ötztaler Alpen – Geigenkamm		121
83	Luibiskogel	PD-	121
84	Hohe Geige	F+	122
	STUBAIER ALPEN		123
85	Zuckerhütl	PD-	123
86	Habicht	F+	125
87	Strahlkogel	AD-	126
88	Pflerscher Tribulaun	AD	127
89	Schrankogel	PD-	129
90	Östlicher Feuerstein	F+	130
91	Ruderhofspitze	PD	131
92	Acherkogel	PD	132
93	Hoher Seeblaskogel	F	133
94	Wilde Leck	PD	134
95	Hohe Villerspitze	PD	135
96	Wilder Freiger	F	136
97	Schaufelspitze	F	137
	ZILLERTALER ALPEN		
	Westliche Zillertaler Alpen		138
98	Olperer	PD	139
99	Hochfeiler	F	141
100	Schrammacher	F+	142
101	Großer Möseler	PD-	144
102	Tuxer Hoher Riffler	F	146
103	Gefrorene-Wand-Spitze	F	147
	Zentrale Zillertaler Alpen		148
104	Großer Löffler	PD	148
105	Schwarzenstein	F	150
106	Zsigmondyspitze	AD-	151
	Östliche Zillertaler Alpen		153
107	Reichenspitze	PD+	153
108	Rauchkofel	F+	155
109	Napfspitze	F+	156
110	Hintere Stangenspitze	F	157
	RIESERFERNERGRUPPE		158
111	Hochgall	AD-	158
112	Schneebiger Nock	F	160
113	Durreck	PD	160
114	Wildgall	AD	161
	SCHOBERGRUPPE		162
115	Petzeck	F+	163
116	Hoher Prijakt	F	164
117	Roter Knopf	PD-	164
118	Hochschober	PD	165
119	Glödis	PD-	166
	HOHE TAUERN		
	Hohe Tauern – Venedigergruppe		167
120	Großvenediger	PD	168
121	Rötspitze	PD	171
122	Dreiherrnspitze	PD	172

123	Schlieferspitze	PD-	173
124	Lasöhrling	F	174
125	Keeskogel	F	175
126	Großer Geiger	PD-	175
	Hohe Tauern – Glocknergruppe		177
127	Großglockner	PD+	178
128	Großer Muntanitz	F	182
129	Hocheiser	PD-	183
130	Fuscherkarkopf	PD	184
131	Wiesbachhorn	PD-	186
132	Kitzsteinhorn	F	187
133	Racherin	F	188
134	Stubacher Sonnblick	F+	189
	Hohe Tauern – Goldberggruppe		190
135	Hocharn	F	191
136	Schareck	0	192
137	Hoher Sonnblick	F+	194
	Hohe Tauern – Ankogelgruppe		195
138	Hochalmspitze	F+	196
139	Großer Hafner	F+	199
140	Ankogel	F+	200
	Salzburger Kalkalpen		202
141	Hoher Dachstein	F	203

Zahlenspiele 206
Register 214
Impressum 216

Warum auf die Gipfel?

Unter den vielen Spielformen des Bergsteigens ist das Gipfelbesteigen die älteste, denn es erfüllt tief wurzelnde Sehnsüchte. Nach oben will schon ein kleines Kind, weil oben die (Gesichter der) Erwachsenen sind. Von oben kann man oder frau weit sehen. Vom Gipfel lässt es sich hinabblicken und man fühlt sich erhaben. Der Gipfel wird mit metaphysischen Werten verbunden: Das Nach-oben-Streben – im konkreten und im übertragenen Sinne. Der Gipfel ist Symbol, er weist weiter. Auf den Gipfeln, da wohnen – für die alten Griechen genauso wie für die Nepalesen – die Götter. Dort oben fühlen auch wir uns gelegentlich als solche.
Wenn es mühsam war, hinaufzukommen, dann haben wir das Gefühl, etwas geleistet zu haben – und wir haben auch etwas geleistet! Uns auf einen himmelhohen Berg hinaufgearbeitet zu haben, die eigenen Kräfte an diesen Bergmassen gemessen zu haben, das erzeugt ein Erfolgserlebnis. Und je höher der Berg, desto ...
Die alpinistische Spielform des Gipfelbesteigens steht für Bergsteiger meist am Anfang ihrer Entwicklung. Selbst wenn diese Grundform zeitweilig zugunsten des Suchens von schwierigeren Wegen zurückgedrängt wird, so behält sie doch ihre Faszination. Und wenn das Können der Bergpartner oder die nachlassende eigene Leistungsfähigkeit beim Älterwerden die Auswahl der möglichen Ziele begrenzen, dann gewinnt das Gipfelbesteigen auf den leichtesten Routen neue Bedeutung als eine Art Besinnung auf das Wesentliche. Denn wo sonst ist das Erreichte so offensichtlich wie beim Blick zurück auf den Berg: »Dort waren wir oben!«

Gspaltenhorn von Süden

Im Lötschental bei der Fafleralp

Zu diesem Buch

Dreitausender

Die Dreitausender sind in den Alpen entweder die etwas niedrigeren Trabanten der ganz hohen Berge – oder die Könige in den nicht ganz so hohen Gebirgsmassiven. Auch Bergsteiger, die normalerweise erst bei einer mit Vier beginnenden Höhenzahl lebendig werden, können daran Interesse finden. Gewiss, hier ist die absolute Höhe nicht Schwindel erregend. Die meisten Menschen müssen sich vor der Besteigung nicht akklimatisieren und die Wetterunbilden sind geringer. Aber dafür sind diese Gipfel meist nicht so überlaufen. Und was ihnen an Höhe abgeht, das machen sie oft durch Ernsthaftigkeit wett – sofern diese nicht durch Bergbahnen, Markierungen und Steiganlagen gemindert worden ist. Obendrein bieten die Dreitausender im Vergleich zu den höchsten Gipfeln oft die eindrucksvolleren Aussichten.

Normalwege

Als »Normalwege« werden die leichtesten Anstiege auf die Gipfel bezeichnet. Diese Linien des geringsten Widerstandes haben ih-

Ebnefluh, Mittagshorn und Großhorn vom Tschingelhorn

ren besonderen Reiz. Sie aufzuspüren ist eine Herausforderung an die alpinistische Erfahrung der Hinaufsteigenden, den angestrebten Zielpunkt auf dem günstigsten Weg zu erreichen. Meist sind es die Routen der Erstersteiger und wir begegnen auf ihnen oft einem Stück alpiner Geschichte. An sehr begehrten Bergen, da finden wir diese Routen allerdings meist nicht mehr in ihrem Originalzustand vor. Trittspuren und Markierungen erleichtern die Orientierung und die schwierigsten Passagen sind oft durch künstlich angebrachte Steighilfen und Sicherungsmittel entschärft. Bei anspruchsvollen Bergen können jedoch auch diese relativ leichtesten Linien ganz schön schwierig sein.

Auswahl

Es gibt in den Alpen sehr viele Dreitausender, was mir die Wahl zur Qual machte. Die Auswahl sollte schließlich nicht willkürlich sein und sich auch nicht auf einen einzigen Schwierigkeitsbereich – zum Beispiel den leichten – beschränken, sondern alle wesentlichen Gipfel umfassen. Deshalb orientierte ich mich – ebenso wie in meinem 4000er-Führer – am Konzept der »topografischen Prominenz«: Ein Berg ist umso prominenter oder markanter, je höher sein Gipfel über die tiefste Scharte zum nächsten höheren Berg hinausragt (in den Überschriften die Angabe in mPr). Dieses Buch enthält die Normalwege auf alle Dreitausender der beschriebenen

Regionen, die eine Prominenz von über 400 Höhenmetern besitzen. Damit versammeln sich hier die regionalen Könige unter den Berggestalten – oder die Trabanten der ganz Großen ...
Ich habe jedoch auch einige etwas weniger prominente Gipfel aufgenommen, sofern sie besonders hoch aufragen (die »Beinahe-Viertausender«: »H-Klasse«), durch ihre Gestalt besonders auffallen (besonders schlank, steil, schnittig, sensationell: »S-Klasse«) oder besonders populär sind (aufgrund von Aussicht, Lage, guter Zugänglichkeit oder sogar Bergbahnen: »P-Klasse«).

Anforderungen

Ähnlich wie bei den Viertausendern sind auch bei den Dreitausendern die Anforderungen sehr unterschiedlich. Es gibt unter ihnen echte Wandergipfel, die sich bei gutem Wetter jede(r) Gesunde zutrauen kann. Und es gibt Gipfel, die auch auf den leichtesten Routen ein hohes Maß an alpiner Erfahrung und Übung erfordern. Deshalb empfiehlt sich, bei der Tourenwahl die Charakterisierung sehr sorgfältig zu lesen. Im Einzelnen sind sechs Sorten Berge mit jeweils recht unterschiedlichen Anforderungsprofilen zu unterscheiden:

Zur ersten Sorte gehören die **Bergbahngipfel** mit Steighilfen bis zum Gipfel, mit Restaurant oben drauf – und Müll in Hülle und Fülle. Sich dort hinauffahren zu lassen, das ist die leichteste Art, solche Gipfel zu betreten. Die körperlichen Voraussetzungen für solch ein Unternehmen sind gering und wer nicht gerade schwer herzkrank ist, der wird es überleben. Mängel an der Ausrüstung werden dabei höchstens mit einem Schnupfen bezahlt. Aber wer es auf diese Art und anders ausprobiert hat, weiß sehr wohl: Das Erlebnis ist nicht das gleiche. Es fehlen sowohl die meditative Einstimmung durch das Steigen an sich als auch die Ruhe ringsum, die es uns erlaubt, die Landschaft und die dadurch in uns ausgelösten Gefühlsregungen zu genießen.

Titlis Südwände

Wem diese Sorte von verdünntem Bergerlebnis nicht genügt und wer diese Berge trotzdem als richtige Berge erleben will, der sollte sie am besten zu Tages- oder Jahreszeiten aufsuchen, wenn die Bahnen nicht fahren und zusätzlich die Wege der Erstersteiger wählen. Das werden dann allerdings schnell wieder mühsame und ernsthafte Unternehmungen …

Die zweite Sorte sind die **präparierten Felsberge** mit Markierungen, Wegen und künstlichen Steighilfen in Form von Drahtseilen, Eisenstiften, Leitern und Brücken. Sie machen die Orientierung leicht und reduzieren eventuelle Kletterpassagen auf den Schwierigkeitsgrad I. Anders als bei den höheren Schneebergen gelingt die Zähmung bei den Felsbergen vollkommener, hat aber auch Nachteile: Ein Klettersteig erleichtert zwar die Besteigung; andererseits wird dadurch die Fortbewegung oft etwas monoton. Aus dem Klettern wird bloße Steigarbeit. Das Drahtseil reduziert außerdem die Anforderungen an den Orientierungssinn erheblich und bietet eine simple, wenn auch keineswegs narrensichere Möglichkeit der Sicherung. Immerhin: Auch auf einen mit Dynamit und Draht gefügig gemachten Dreitausender muss man mit der eigenen Muskelkraft steigen. Die Abhängigkeit von diesem Draht birgt allerdings auch wieder neue Gefahren. Die Steiganlage lockt Menschen in ein Gelände, das sie ohne Steig überfordern würde, sodass ein möglicher Defekt an der Steiganlage ein Weiterkommen völlig in Frage stellen kann. Bei Gewitter werden die Eisenwege sogar zur tödlichen Gefahr, da die Drahtseile die Funktion eines Blitzableiters übernehmen. Nicht zuletzt erreichen diese Berge allemal Höhen, in denen es auch im Sommer bei einem Schlechtwettereinbruch bitterkalt werden kann. Und ebenso sollte die Steinschlaggefahr nicht unterschätzt werden.

Balmhorn von Norden aus dem Gasterental

Mindestvoraussetzungen für eine sichere Begehung von alpinen Steiganlagen sind also Schwindelfreiheit, Trittsicherheit und dafür geeignetes Schuhwerk, ein Steinschlaghelm, ausreichend warme und winddichte Klei-

Blick vom Großen Kaserer zum Tuxer Hohen Riffler und zur Gefrorene-Wand-Spitze

dung sowie für Notfälle ein Biwaksack oder wenigstens eine Alufolien-Rettungsdecke. Bei anspruchsvolleren Klettersteigen ist zusätzlich auch eine Klettersteigausrüstung nötig, also Sitz- und Brustgurt sowie zwei mindestens 12,5 Millimeter starke Selbstsicherungen mit jeweils einem kräftigen, verriegelbaren Klettersteigkarabiner und einer Fangstoßbremse. Wenn Teile der Route über steile Firn- oder Eisfelder führen, können außerdem ein Eispickel und eventuell sogar Steigeisen notwendig werden.

In der dritten Sorte finden sich die **häufiger bestiegenen Berge mit richtiger Felskletterei** auf dem Normalweg. Hier erleben auch unsere Fingerspitzen den eigentlichen Berg mit dem Reichtum all seiner Felsstrukturen: der rauen und glatten Oberflächen, der Löcher und Runsen und Rillen und kleinen Kanten. Hier muss man selbst die günstigste Route suchen, wobei dem geübten Blick neben den hilfreichen Steinmännchen (die allerdings nicht unbedingt immer richtig stehen müssen!) die Begehungsspuren helfen: Trittspuren auf Schuttbändern, Ausbruchsstellen von Griffen oder Tritten, schwarze Striche vom Stiefelabrieb, Steigeisenkratzer und polierte Griffe. Außerdem ist hier auch in der Feinorientierung selbstständig zu klettern. Das bedeutet, Griff- und Trittmöglichkeiten selbst als solche zu erkennen, zu prüfen und auszuwählen sowie eventuell nötige Sicherungspunkte zu finden oder anzubringen. Zusätzlich zu den oben genannten Anforderungen von

Klettersteigen sind bei den Bergen mit richtiger Felskletterei also (zumindest ab dem Schwierigkeitsgrad II) Seil, einige Karabiner, Klemmkeile und Bandschlingen, z. T. auch Hammer und Haken nötig – und das Können, diese sachgerecht zu verwenden. Wer dies alles selbstständig bewältigt, dem ist ein sehr intensives Bergerlebnis sicher. Wer jedoch die erforderliche breite Erfahrung nicht mitbringt, sollte für solche Ziele die Dienste eines Bergführers in Anspruch nehmen. Das ist zwar nicht ganz billig, aber angesichts der mit Bergunfällen verbundenen Leiden und Kosten allemal preiswerter.

Menschenfallen

Die höchsten Dreitausender sind oft nur wenig von der magischen Viertausend-Meter-Linie entfernt. Sie sind sowohl an Wucht als auch an Eleganz den Viertausendern nicht selten ebenbürtig. Besonders bei diesen Gipfeln sind zum Teil längere Gletscherpassagen und dauerhaft mit Eis überzogene Flanken und Grate zu überwinden. Die Schwierigkeiten bei der Ersteigung sind entsprechend stark von den gerade herrschenden Verhältnissen abhängig. Eisausrüstung und die Beherrschung spezieller Sicherungstechniken sind notwendig. Was die globale Erwärmung in den Bergen anrichtet, bekommt man auf den Gletschern und im kombinierten Gelände zu spüren: Offene Spalten werden häufiger, Spaltenbrücken fragiler und frühere Eisflanken verwandeln sich teilweise in glatten Fels oder auch Schutt.

Die vierte Sorte bilden die **populären vergletscherten Berge**. Deren Normalwege sind infolge der zahlreichen Besteigungen im Sommer gewöhnlich gespurt. Damit werden die Orientierungsschwierigkeiten stark verringert und das Steigen wird durch Stufentreppen erheblich erleichtert. Eine vorhandene Spur über eine Gletscherspalte oder eine Wechte ist jedoch keine Garantie dafür, dass die Stufen auch die nächsten Passanten tragen werden – besonders dann nicht, wenn diese sich den Leichtsinn erlauben, noch spät am Tag bei aufgeweichtem Firn unterwegs zu sein.

Eine deutlich anspruchsvollere Klasse – unsere fünfte Sorte – sind die **vergletscherten Berge ohne Spur**. In diesem Zustand finden wir mehr Dreitausender als Viertausender vor. Die sicherste Linie durch die Spaltensysteme muss dann selbst gefunden werden. Im steilen Gelände ist erst eine Spur zu legen und an Graten sind Wechten rechtzeitig zu vermeiden. All dies ist unter den im Eis weniger idealen Sicherungsbedingungen zu bewältigen.

Schließlich bilden die **selten besuchten, wirklich ursprünglichen Felsberge** die sechste Sorte. Bei ihnen ist der Fels praktisch noch im Originalzustand und nicht abgeklettert. Die Route muss auch ohne Begehungsspuren selbstständig gefunden werden. Auf lose Griffe und Tritte ist zu achten. Selbst bei in der Substanz festem Fels liegt hier auf den Bändern und Absätzen absturzbereiter Schutt. Solches Gelände verlangt beim Steigen Erfahrung, peinliche Sorgfalt und Nerven. Die Berge der sechsten Sorte sind deshalb besonders anspruchsvolle und herbe Ziele, die nur wenigen vorbehalten sind – richtige Abenteuerrouten! An solchen Bergen werden nur jene ihre Freude haben, die auch in einem Trümmerhaufen die Poesie tatsächlicher Wildnis begreifen und schätzen können. Wer nicht alle diese Bedingungen erfüllt, sollte die Finger davon lassen.

Wildnis Doldenhorn Südwände (vom Kanderfirn)

Unter den hohen Bergen sind solche ursprünglichen selten geworden. Deshalb sollten sie auch unbedingt in diesem Zustand erhalten werden. Denn unsere Gebirge würden eine Menge von ihrem Zauber verlieren, wenn man die Anstiege auch dieser Berge noch ausputzen, markieren und präparieren würde. Wir haben bereits jetzt mehr Klettersteige als ein Mensch in seinem Leben je zu gehen vermag. Schon den Bau zusätzlicher Steinmännchen sollten wir uns an diesen Bergen verkneifen, um keine Spur zu hinterlassen. Und selbstverständlich gehört – ebenso wie an jedem anderen Berg – auch der kleinste Fetzen Abfall wieder zurück ins Tal.

Der Autor dankt allen, die durch Tipps, Rat oder Begleitung an diesen Bergen zu diesem Büchlein beigetragen haben, insbesondere Bernard Batschelet, Ludwig Bertle, Gotlind Blechschmidt, Gertrud Goedeke, Susanne Hornburg, Manfred Hunziker, Markus Koch, Jutta Kühlmeyer, Rolf Leber, Joachim Linde, Rhea Matter, Thomas Moll, Edwin Schmitt, Veit und Hermann Steiner, Stefan Winter.

Allen Benutzer/innen wünscht er selbstkritisches Augenmaß bei der Wahl der Ziele, viel Freude unterwegs und immer gesunde Rückkehr. Tipps für Korrekturen und Verbesserungen bitte an: Richard Goedeke, Siekgraben 56, D-38124 Braunschweig, E-Mail: r.goedeke@gmx.de

Zum Gebrauch der Routenbeschreibungen

Bei den Angaben der Schwierigkeiten werden vorneweg die Gesamtschwierigkeiten angegeben (in die neben den reinen Kletterschwierigkeiten auch Länge, Gesteinsqualität, Höhenlage und Ernsthaftigkeit der Route eingehen). Um die Verwechslung mit Himmelsrichtungen zu vermeiden, werden auch für Touren in den Ostalpen durchgängig die Abkürzungen der in den Westalpen üblichen französischen Bezeichnungen benutzt:

F	facile	leicht
PD	peu difficile	wenig schwierig
AD	assez difficile	ziemlich schwierig
D	difficile	sehr schwierig
TD	très difficile	besonders schwierig
ED	extrêmement difficile	äußerst schwierig

Innere Schwarze Schneide von Nordwesten von der Braunschweiger Hütte

Danach werden die Kletterschwierigkeiten bei aperem Fels nach der UIAA-Skala (z. B. III+) und für Eis und Firn bei größerer Schwierigkeit die maximale Steilheit in Grad (z. B. 50°) genannt. Dass sich die Schwierigkeit von Felsklet-

terstellen bei Schnee und Eis gewaltig verändern kann, wird ebenso als bekannt vorausgesetzt wie die Tatsache, dass es einen enormen Unterschied ausmacht, ob im Firn oder Eis eine – richtig gelegte – Spur vorhanden ist oder nicht.

Unter Gefahren sind nur objektive erwähnt. Natürlich lässt es sich auch an objektiv ungefährlichen Passagen zu Tode kommen, wenn Wetter, Verhältnisse und eigene Leistungsfähigkeit falsch eingeschätzt werden oder die Ausrüstung Mängel hat. In den Beschreibungen gelten »rechts« und »links« im Sinne der jeweiligen Hauptbewegungsrichtung.

Naturwunder Eiskolk (unterhalb der Mutthornhütte)

Abkürzungen

bew.	bewirtschaftet
L	Lager, Schlafplatz
LKS	Landeskarte Schweiz
m	Meter (bei Höhenangaben: Meereshöhe)
mPr	Prominenz in Metern
mH	Höhenunterschied in Metern
N, S, O, W	Himmelsrichtungen
P.	vermessener und in der Karte eingezeichneter Punkt
Pr.	»topografische Prominenz« (Tiefe der Scharte zum nächsten höheren Berg)
orogr.	orografisch (in Fließrichtung des Wassers gesehen)
Std.	Stunden (durchschnittliche Gehzeit)
CAI, DAV, ÖAV, SAC	die jeweiligen nationalen Alpenvereine
Tel.	Telefonnummer (ohne Gewähr)
→	siehe

Bei der Abfassung der Beschreibungen wurde davon ausgegangen, dass ein Führer nur eine grobe Hilfe zur Orientierung sein kann und keine detaillierte Gebrauchsanleitung. Auf hohen Bergen ist die Spanne der möglichen Veränderungen je nach den vorhergegangenen und augenblicklichen Wetterabläufen erheblich. Es ist daher immer wieder eine neue Aufgabe, die unter den gegebenen Verhältnissen beste Route zu finden. Und es wäre doch armselig, wenn wir die darin liegenden Spielräume nicht genießen würden! In diese Spielräume gehört übrigens auch die Entscheidung für eine rechtzeitige Umkehr. Wenn wir jedoch trotz aller Umsicht in eine Notlage kommen, dann kann auch das Handy nur dann rasch helfen, wenn man nicht im Funkloch sitzt. Deshalb ist die traditionelle Methode weiterhin lebenswichtig:

Olperer und Fußstein von Westen

Alpines Notsignal:

Sechsmal in der Minute ein sichtbares oder hörbares Zeichen: Hilferuf; **Antwort**, dass verstanden wurde: **dreimal pro Minute**.

Hinweise für Hubschrauber-Rettung:

1. Ein Arm in der Luft bedeutet: Nein, nicht landen, wir brauchen nichts! Beide Arme erhoben bedeutet: Hilfe! Bitte landen! (die so genannte »Yes-Stellung«).
2. Für die Landung ist ein horizontaler Platz (keine Mulde!) von 30 x 30 m nötig; in der Umgebung dürfen bis zu einem Radius von 100 m keine Hindernisse sein.
3. Vor der Landung Gegenstände entfernen, die vom Sog des Hubschraubers in die Luft gewirbelt werden könnten!
4. Der anfliegende Hubschrauber wird von einer mit dem Rücken zum Wind stehenden Person in »Yes-Stellung« eingewiesen.
5. Dem gelandeten Hubschrauber darf man sich nur von vorn und nur auf ein Zeichen des Piloten hin nähern.

Notruf-Nummer: in Europa 112, in Italien 113
Hubschrauber-Rettung in der Schweiz: REGA, 14 14

Wildspitze-Gipfelaufbau von Südwesten

BERNER ALPEN

Diese Berge befinden sich auf der Wetterseite der westlichen Alpen und ragen zum deutlich tiefer gelegenen Mittelland als gewaltige Steilflanken auf. Das bringt besonders intensive Niederschläge. So erstaunt es nicht, dass hier mit dem Aletsch- und dem Fieschergletscher die beiden längsten Gletscher der Alpen zu finden sind. Neben den bekannten Viertausendern steht hier aber auch eine ganze Reihe von schönen Gipfeln, die die sensationelle Höhenmarke knapp verfehlen.

Westliche Berner Alpen

Hier liegen die markantesten Berge entlang den tiefen, von eiszeitlichen Gletschern breit ausgehobelten Talfurchen des Rhônetals aufgereiht. Sie zeigen moderatere Gipfelhöhen, jedoch entsprechend ihrer stärker isolierten Lage größere topografische Prominenzen.

Les-Diablerets-Gipfelaufbau von Sex Rouge

1 Grand Muveran, 3051 m (1013 mPr)

Von Bex auf den großen Eckpfeiler

F+ II

3 Std.

1600 mH

Schwierigkeiten: **F+**. Schrofiges Gehgelände mit leichten Kletterstellen.
Mühen: Zustieg 1200 mH bis zur Hütte (4 Std.), dann noch 400 mH mit etwas Kletterei (1 ½ Std.).
Gefahren: Nur für bergerfahrene, trittsichere Leute erfreulich.
Freuden: Ausblick vom Aussichtsbalkon.
Karten: LKS 1:100 000, Blatt 41 Col du Pillon; 1:50 000, Blatt 272 St. Maurice.
Spezialführer: SAC Alpes et Préalpes vaudoises.

Dieser mächtige Kalkgrat hoch über dem Bogen des Rhônetals zwischen Sion und Bex ist einer der nicht ganz so hohen, aber spröden Gipfel und zugleich mit über tausend Metern Schartentiefe der selbstständigste Dreitausender des Berner Oberlandes. Er wird charakterisiert durch lange Zustiege und schrofige und teilweise schuttige Kletterei im Gipfelbereich.

Anreise: Von Riddes (Rhônetal) Autosträßchen nach *Ovronnaz* (1332 m).

Hüttenzustieg: Weg im Tal (Saille) zur *Cabane Rambert* (2580 m, CAS Diablerets, 50 Schlafplätze, bew. Juni–Sept., Tel. 0041/27/207 11 22).

Gipfelaufstieg: Von der Cabane Rambert nach Norden am schrofigen Grat in der Mitte der Südwand (Crête Moret) über kleine Felsstufen rechts haltend hinauf. Dann einen breiten schrägen Kamin empor (links gelblicher Turm). Noch 30 m weitersteigen und danach nach links über breite Bänder (Steinmänner) zu einer Rinne. Darin zum Gipfel.

Aussicht: Siehe Les Diablerets.

PD– II

8 Std.

1500 mH

2 Balmhorn, 3698 m (1008 mPr)

Vom Gemmipass über den Zackengrat

Schwierigkeiten: **PD–**. Gletscheraufstieg und etwas Gratkletterei I. Zwischen Vor- und Hauptgipfel kann ein Bergschrund Schwierigkeiten bereiten.
Mühen: Zur Hütte von Gemmipass 1 Std., von Sunnbüel 1 ½ Std. Zum Gipfel vom Daubensee stramme 1500 mH, 6 Std.
Gefahren: Gletscher.
Freuden: Großartige Rundsicht.
Karten: LKS 1:50 000, Blatt 263 Wildstrubel; 1:25 000, Blatt 1267 Gemmi.
Spezialführer: Munter, Gebietsführer Berner Alpen, Bergverlag Rother, München; SAC-Auswahlführer Berner Alpen 1.

Das Balmhorn als höchster Berg der westlichen Berner Alpen gilt als besonders schöner und nicht allzu schwieriger Aussichtsgipfel. Er wird bei sehr guten Verhältnissen auch mit Ski bestiegen.

Anreise: Östlich von Sierre aus dem Rhônetal bei Leuk nach *Leukerbad*. Oder von Kandersteg nach *Eggeschwand*.

Hüttenzustieg: Von Leukerbad mit Seilbahn zum Gemmipass mit Hospiz (2314 m) oder zum 4 km entfernt hinter dem Daubensee gelegenen *Hotel Schwarenbach* (2060 m, privat, 100 Schlafplätze, bew. Febr.–Okt., Tel. 0041/33/675 12 72). Hierher auch von NO von Eggeschwand (Teilstrecke Seilbahn).

Gipfelaufstieg: Vom Hotel Schwarenbach 500 m Richtung Kandersteg, dann Pfad in östlicher Richtung zur orografisch linken Moräne des Schwarzgletschers. Bei etwa 2350 m auf den Gletscher. Diesen hinauf zum Zackenpass (3036 m) zwischen Großem Rinderhorn und Balmhorn. Nun am SW-Grat (»Zackengrat«) zuerst über Schutt und Fels, später auf Firn zum Vorgipfel P. 3669. Hinab in den dahinter liegenden Sattel, dann Firngrat zum Hauptgipfel.

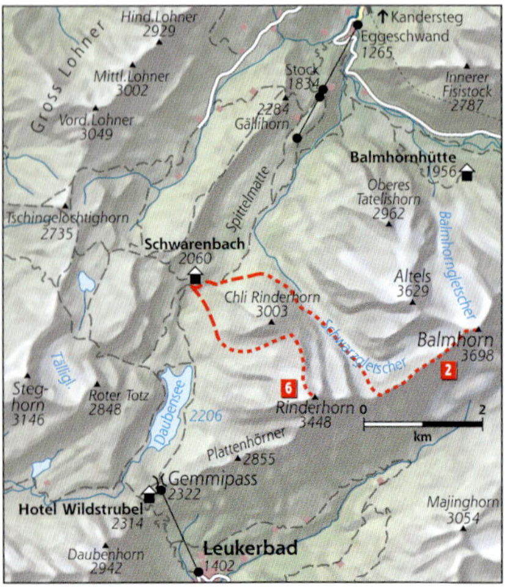

Aussicht: Im Westen Wildstrubel, im Nordosten Blümlisalp.

Nebengipfel: Nordwestlich anschließend der Altels (3629 m), über Firngrat mit Stellen II erreichbar.

3 Les Diablerets, 3210 m (959 mPr)

Komfortgipfel mit Seilbahn

F

2 ½ Std.

270 mH

Schwierigkeiten: **F**. Leichte Gletscherwanderung.
Mühen: Von der Bergstation Sex Rouge (2941 m) übersichtliche 270 mH Aufstieg, als Tagestour üblich, mit Aufstieg in 1 ½ Std.
Gefahren: Wenn man brav angeseilt auf der Karawanenstraße bleibt und nicht in wildes Schneetreiben gerät, sind kaum Probleme zu erwarten.
Freuden: Atemberaubende Aussicht.
Karte, Spezialführer: → Grand Muveran.

Das nach Süden und Norden schroff abbrechende, vergletscherte Kalkplateau liegt nördlich von Sion hoch über dem Rhônetal, den westlichen Walliser Bergen gegenüber. Dies ist ein Komfortgipfel mit Seilbahn, als Tagestour abzuhaken und an einem schönen Tag unvergesslich. Die Weitläufigkeit des Plateaus erlaubt selbst dann, hier oben ruhige Bereiche zu finden.

Anreise: Von Aigle Straße zum Kurort *Les Diablerets* (1182 m).

Zustieg: Kaum jemand zu Fuß. Seilbahn vom Col du Pillon (1546 m) über Col de Diablerets (mit Cabane des Diablerets, 2485 m) zur Bergstation Sex Rouge (2940 m) am Glacier du Sex Rouge.

Gipfelaufstieg: Von der Bergstation Sex Rouge den Gratrücken hinab zum Plateau. Über Schutt und Firn an Lift vorbei zur Kuppe des Dôme (3005 m). Über felsige Gratstufen (I) nach SW hinab zum Gletscher Glacier des Diablerets. Auf diesem (Spalten!) südseitig unter Felsköpfen vorbei, zuletzt über Schutt zu Sattel und nach links zum felsigen Gipfel.

Aussicht: Rasante Tiefblicke, besonders nach S zum erst im 18. Jahrhundert durch einen Bergsturz entstandenen Lac Deborence. Jenseits des Rhônetals Grand Combin und Mont-Blanc-Gruppe, im W markant Haute Cime.

Nebengipfel: Oldenhorn (3123 m, W-Seite, PD, Kletterei bis III, brüchig), Gipfel Sex Rouge (2971 m, nur mit Kletterei, II, luftig).

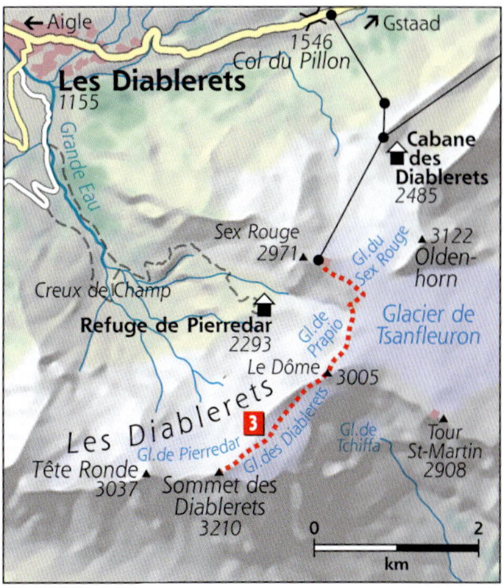

PD

❄

6 Std.

1680 mH

4 Wildhorn, 3248 m (934 mPr)

Hübscher Gipfel mit Schönheitsfehler

Schwierigkeiten: **PD**. Relativ leichte Gletschertour, auch für Skitouren.
Mühen: Zur Hütte 730 mH (3 Std.), Gipfelaufstieg 950 mH (3–4 Std.).
Gefahren: Chilchligletscher und Tungelgletscher sind so unfreundlich, ebenso wie andere Gletscher Spalten zu haben.
Freuden: Freunde von Benzinabgasen und Motorenlärm werden am Gipfel bei schönem Wetter vom Heliskiing-Trubel verwöhnt.
Karten: LKS 1:50 000, Blatt 263 Wildstrubel.
Spezialführer: → Balmhorn.

Dieser sehr hübsche Firngipfel liegt nördlich von Sion, wird aber von Norden aus dem Simmental oder Lauenental angegangen.
Anreise: Über Zweisimmen und Lenk nach *Iffigenalp* (1584 m).
Hüttenzustieg: Weg von Iffigenalp nach SW (oder von Lauenen zum Lauenensee und nach O) zur *Wildhornhütte* (2303 m, CAS Moléson, 96 Schlafplätze, bew. März–Mai und Juli–Okt., Tel. 0041/33/733 23 82).
Gipfelaufstieg: Von der Hütte Pfad auf Moränenrücken nach SW hinauf und links (O) auf den Gletscher. (Wenn der Chilchigletscher zu viele offene Spalten zeigt, kann man ihn auch unterhalb umgehen zum NO-Sporn und von dort hinab den oberen Tungelgletscher erreichen.) In südlicher Richtung zum Sattel und jenseits auf dem weniger zerschrundeten Glacier de Ténéhet zum Vorgipfel. Grat zum höchsten Punkt.
Aussicht: Im SW Les Diablerets, im NO der Wildstrubel.

5 Wildstrubel, 3244 m (830 mPr)

Tagestour vom hohen Sprungbrett

PD– I

5 Std.

300 Hm

Schwierigkeiten: PD–. Relativ leichte Gletschertour, oben leichter Grat.
Mühen: Von der Bergstation 300 mH (bis Ostgipfel weit mehr, ab Wildstrubelhütten 150 mH mehr), große Horizontalentfernung (3 Std.).
Gefahren: Bei guten Verhältnissen ist mit Spuren zu rechnen, aber bei Schlechtwetter auf dem langen Gletscher große Orientierungsprobleme! Wer den Firn einschließlich Spaltenbrücken in gutem Zustand vorfinden will, übernachtet in den Wildstrubelhütten.
Freuden: Bei gutem Wetter gewöhnlich mit vielen anderen zu teilen.
Karten: LKS 1:50 000, Blatt 263 Wildstrubel; 1:25 000, Blatt 1267 Gemmi.
Spezialführer: → Balmhorn.

Das weitläufig vergletscherte Massiv des Wildstrubels liegt zwischen Wildhorn und Balmhorn und zeigt einen über 3 km langen Gipfelgrat. Dieser trägt drei fast gleich hohe Gipfel: Westgipfel (auch »Lenkerstrubel«), Mittelgipfel und Ostgipfel (auch »Großstrubel«). Wer sie alle betreten will, hat ganz schön weit zu laufen. Von der Bergstation Plain Morte am Sex Morte (auch »Tothorn«) aus oft bestiegen, idealer Skiberg.

Anreise: Von Sierre im Rhônetal hinauf nach Montana und zum Ortsteil Randogne. Von dort Bergbahn zur Station Plain Morte (2927 m).

Hüttenzustieg: Von der Bergstation zuerst in nördlicher Richtung, dann westlich an kleinen Seen vorbei und nach Westen über den Sattel südlich vom Weißhorn zu den *Wildstrubelhütten* (2793 m, SAC Wildhorn, 70 Schlafplätze, bew. Febr.–Mai und Juli–Okt., Tel. 0041/33/744 33 39).

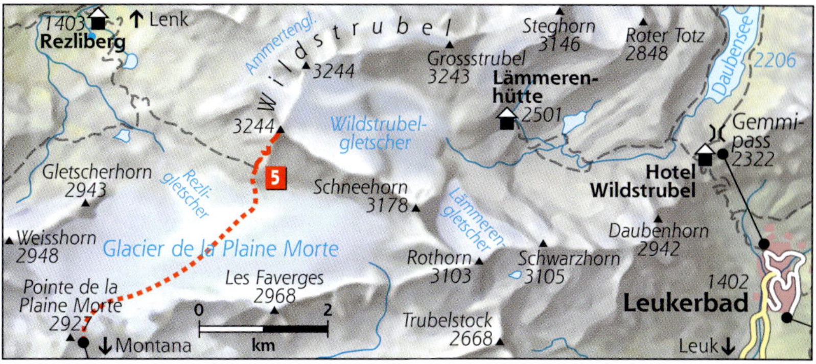

Gipfelaufstieg: Über den Glacier de la Plain Morte in insgesamt nordöstlicher Richtung zum Fuß des Südwestgrats. Daran zum Westgipfel.
Aussicht: Im Osten gegenüber die Balmhorngruppe. Im Süden der Blick ins Val d'Anniviers und zu den dicken Viertausendern des Wallis.
Andere lohnende Routen: Von leistungsfreudigeren Seilschaften wird der Wildstrubel gern von der vom Gemmipass (Seilbahn) gut erreichbaren Lämmerhütte aus mit Überschreitung aller drei Gipfel gemacht.

F+ I

❄

7 Std.

1400 mH

6 Großes Rinderhorn, 3448 m (412 mPr)

Aussichtsberg mit größeren Nachbarn

Schwierigkeiten: **F+**. Leichter, oben kombinierter, aber gletscherfreier Aufstieg über einen zuletzt schmal werdenden Grat (2 Seillängen bis 45°), auch bis 3200 m als Skiroute beliebt.
Mühen: Ab Hotels 1400 mH, 4–5 Std.
Gefahren: Mit Eispickel und Steigeisen ausgerüstet für Geübte gering.
Freuden: Prächtige Aussicht.
Anreise, Karten, Spezialführer, Skizze, Hütte: → Balmhorn.

Die gegenüber gelegenen höheren und spektakuläreren Berge Altels und Balmhorn, die stehlen diesem weniger wilden Gipfel etwas die Schau. Dafür ist seine Besteigung aber auch weniger schwierig.
Gipfelaufstieg: Nördlich vom Daubensee vom *Hotel Schwarenbach* über Schutt und Blöcke in einer Mulde hinauf zum zwischen Kleinem und Großen Rinderhorn gelegenen Rindersattel (2909 m). Über den zuerst gemütlich breiten, zuletzt schmalen und steilen Nordgrat zum Gipfel.
Aussicht: Besonders eindrucksvoll sind die Ausblicke nach Süden ins Val d'Anniviers und Val de Zinal auf Weißhorn und Dent Blanche, nach Osten beengt durch den nahen Altels und das Balmhorn.
Nebengipfel: Kleines Rinderhorn (3003 m) vom Rindersattel leicht.

Zentrale Berner Alpen

Östlich der Talfurche von Kandersteg erreichen die Berner Berge größere Höhen und liegen um die riesige Eismasse der zentralen Gletscher herum angeordnet. Die Dreitausender sind hier Trabanten der in diesem Teil der Alpen dominierenden Viertausender.
Aber einige dieser Trabanten gehören mit ihren hohen, düsteren Nordabstürzen zu den Schaustücken der Alpen. Und zu ihren ganz großen Herausforderungen.

Lauterbrunner Breithorn vom Tschingelhorn, links Großhorn

PD+ II !

45°

7 Std.

2130 mH

7 Blümlisalphorn, 3660 m (853 mPr)

Auf den Berg der eisüberdeckten Blümchen

Schwierigkeiten: PD+. Ernsthafte, großzügige Gletschertour, oben mit einem überwiegend von Firn geprägten Grat.
Mühen: Hüttenzustieg von Griesalpe 1450 mH (4–5 Std., von Kandersteg 1580 bzw. 1230 mH), ab Hütte zum Gipfel 900 mH (4 Std.).
Gefahren: Gletschertour. Felsige, bei Vereisung heikle Stellen am Grat sind mit Sicherungsstangen etwas entschärft.
Freuden: Einer der beeindruckendsten Normalwege der Berner Alpen.
Karten: LKS 1:50 000, Zusammendruck 5004 Berner Oberland.
Spezialführer: → Balmhorn.
Andere lohnende Routen: Landschaftlich großartige Gratüberschreitung von Morgenhorn und Weißer Frau zum Blümlisalphorn und über den Normalweg zurück (PD+).

Der höchste Gipfel der gletscherprächtigen Blümlisalpgruppe. Ihr Name bezieht sich auf eine alte Sage, nach der unter dem Eis eine blühende Alm begraben liegt. Der lange Gratkamm bricht nach Südosten mit wilden Felswänden ab. Dies ist auch auf dem Normalweg eine Hammertour. Erstbesteigung durch die Briten Liveing, Stephen und Stone mit M. Anderegg, F. Ogi und P. Simond 1860.

Doldenhorn, Blümlisalphorn und Weiße Frau von Osten vom Tschingelhorn Westgrat

7

Anreise: Entweder von Thun durch das Frutigtal nach Kandersteg (auch Bahnstation, Autoverladung von Brig im Rhônetal) oder durch das Kiental zur Griesalpe.

Hüttenzustieg: Von *Griesalp* (1407 m, Hotel) den Bergrücken hinauf zu den Häusern von Dündenessli und in südöstlicher Richtung, teils absteigend, zu den Hütten von Bundsteg (hierher auch über Steinberg). Südlich hinauf zur Bundalpe (1840 m), den Bach queren und den Steig über die Schnattwäng auf eine nach links abbrechende Felsrippe. Diese Rippe bei ca. 2500 m queren in das östlich befindliche Couloir. Darin hinauf zur *Blümlisalphütte* (2837 m, SAC, 138 Schlafplätze, bew. Juni–Okt., Tel. 0041/33/676 14 37).

Von *Kandersteg* (1200 m) mit Sessellift und 20 Min. Fußweg zum Öschinensee (hierher direkt zu Fuß 2 Std.). Am Nordufer entlang, dann hinauf zur Alm Bergli (1981 m). Über die nördliche Ufermoräne des Blümlisalpgletschers und zuletzt über ein Band auf den Sattel Hohtürli. Noch vor diesem in östlicher Richtung hinauf zur Hütte.

Gipfelaufstieg: Von der Hütte nach SSO über den östlichen Teil des Blümlisalpgletschers, an der Felsinsel des Stock vorbei zum oberhalb davon gelegenen Sattel. Jenseits hinab auf den westlichen Teil des Gletschers. In südwestlicher Richtung die weite Firnmulde queren und steil, oft mit Spalten, hinauf zum Sattel zwischen Rothorn und Blümlisalphorn (3182 m). Nun den NW-Grat, zuerst über breiten Firnrücken zu plattigen Felsen, diese in einer Rechtsschleife hinauf und den scharfen Firngrat zum Gipfel.

Aussicht: Nach Südosten hinter dem Petersgrat das Bietschhorn.

Nebengipfel: Nordöstlich Weiße Frau, 3650 m, und Morgenhorn, 3623 m.

AD+ III !

50°

12 Std.

2450 mH

8 Bietschhorn, 3934 m (806 mPr)

Einer der ruppigsten Beinahe-Viertausender

Schwierigkeiten: AD+. Recht anhaltend luftige Felskletterei mit Stellen III und II, die apere Verhältnisse und zügiges Steigen verlangt, wenn sie nicht endlos dauern soll.
Mühen: Zur Hütte 1000 mH (3 ½ Std.), von dort zum Gipfel 1450 mH (6–8 Std.; Abstieg 4–5 Std. bis zur Hütte).
Gefahren: Ein großer Berg mit Gletscherzugang und langer Felskletterei verlangt sicheres Wetter, umfassende hochalpine Bergerfahrung und Ausrüstung sowie stetige Wachheit unterwegs auf der gesamten langen Route, sonst wird es rasch riskant. Orientierung teilweise kompliziert, Fels in den Flanken schlecht, sodass sich mehrere gleichzeitig steigende Seilschaften mit Steinschlag behelligen können.
Freuden: Für alle, die dem Berg gewachsen sind, sowohl das Feeling des Kampfes mit einem großen Drachen wie auch ein grandioses Ambiente.
Karten: LKS 1:25 000, Blatt 1268 Lötschental; 1:50 000, Blatt 5004 Zusammendruck Berner Oberland.
Spezialführer: Munter, Berner Oberland, Bergverlag Rother, München; SAC-Führer Auswahlführer Berner Alpen 2; Hans Grossen, Berner Oberland, Denoel u. Carta, 1982.
Andere lohnende Routen: Nordgrat (AD+, 5–7 Std. von der nur in gewaltiger Hatscherei erreichbaren Baltschiederklause).

Dies ist einer der majestätischschsten Beinaheviertausender der Alpen. Er sieht nicht nur von allen Seiten schnittig aus, sondern seine Besteigung ist anspruchsvoller als die von zahlreichen Viertausendern. Während die Nordseite Firnfelder aufweist, ist die Südseite im Sommer fast völlig aper.

Die erste Besteigung erfolgte durch den Engländer Leslie Stephen (der das Wort von den Alpen als »playground of Europe« prägte) mit den Führern J. und A. Siegen und J. Ebner am 13. August 1859 über den Nordgrat. Als Normalweg dient heute der durch E. v. Fellen-

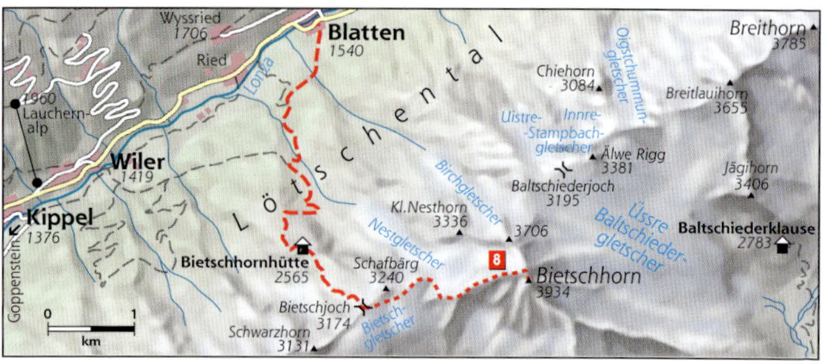

8

berg mit Peter Michel, Peter Egger sowie Anton und Joseph Siegen am 19. August 1867 erstmals überkletterte Westgrat.

Anreise: Aus dem Rhônetal von Gampel durch Tunnel ins *Lötschental* und darin hinauf nach *Blatten* (1540 m).

Hüttenzustieg: Vom südlichen Ortsrand über die Lonza und in südlicher Richtung zum Tobel des Birchbaches. Diesen überqueren und nach SW den Steig durch den Nästwald hinauf zum Nästbach. Daran entlang empor, bei P. 1978 den Bach überschreiten (jetzt neue Brücke). Nun westlich des Baches dem Steig folgend empor, weiter oben nach links um einen Grat herum und hinauf zur *Bietschhornhütte* (2565 m, AAC Bern, 40 Schlafplätze, an Wochenenden im Juli und August bewartet, dann Tel. 0041/79/305 85 94, sonst 0041/27/934 22 81).

Gipfelaufstieg: Von der Hütte entlang der Wasserleitung nach SSW. Dann auf Steigspuren links von Rinne, weiter oben auf Felsrippe hinauf in das Bietschjoch (3174 m, 1 ½ Std. ab Hütte). Nun ostwärts über den fast ebenen Gletscher, südlich unter dem Schafbärg (3240 m) vorbei und – eine Mulde umgehend – zum Fuß des WSW-Grates (3180 m).

Zunächst über Schutt und Blöcke hinauf zum P. 3408, wo der nach Süden abfallende Hauptgrat erreicht wird. Über Firngrat zu Felsgrat. Daran bis zu einem markanten grauen Turm. Diesen überklettern. Einen weiteren senkrechten Turm mit 3 SL rechts (S) in der Flanke dicht unterhalb des Grates umgehen, dann an Felsrippe wieder zur Grathöhe. Dicht am Grat über Firn oder Fels zu weiteren Türmen. Diese werden überklettert. Danach an luftigem Grat zum Roten Turm. An seiner S-Kante 3 m hinauf, dann kleingriffig in der W-Seite auf seinen Gipfel (III). Knapp links der Kante über ein schmales, wenig ansteigendes Gratstück. Danach luftig zum Nordgipfel. Nun in südlicher Richtung über einige Türmchen zum höchsten Punkt.

Bietschhorn von Norden vom Tschingelhorn

Aussicht: Im Nordosten Lötschentaler Breithorn und Nesthorn, nördlich gegenüber Petersgrat, Tschingelhorn und Lauterbrunner Breithorn. Im Süden die Parade der Walliser 4000er.

PD ! !

45°

9 Std.

2480 mH

9 Doldenhorn, 3638 m (655 mPr)

Über das Gletscherdach auf die Kalkschneide

Schwierigkeiten: Insgesamt **PD**, großzügige Gletschertour.
Mühen: Hüttenzustieg 750 mH (2 ½ Std.), Gipfel 1730 mH (6 Std.).
Gefahren: Gletscher sind immer ernst zu nehmen! Gipfelwechte!
Freuden: Was für ein Berg, dicht über grünem Tal mit Verkehrsknotenpunkt!
Spezialführer: → Bietschhorn.
Karten, Skizze: → Blümlisalphorn.
Andere lohnende Routen: Galletgrat (AD, Firngrat z.T. Fixseile, 8 Std.), Ostgrat (D+, bis V, 7 Std. ab Einstieg). Zusatztour für Vortag: Fründenhorn (3369 m).

Die markante Kalkpyramide bildet den Eckpfeiler des nordwestlichen Kammes des zentralen Berner Oberlandes. Der Berg bricht mit gewaltigen, teils bergsturzaktiven und mit kleinen Hängegletschern bewehrten Felswänden nach Süden zum Gasterental hin ab und ist nordseitig vergletschert. Die erste Besteigung des Berges erfolgte über die Nordwestflanke durch E. v. Fellenberg, A. Roth, C. Lauener, J. Bischoff, K. Blatter und G. Reichen am 30. Juni 1862.

Anreise: Denkbar günstig als Tour mit Bahnanreise, aber natürlich auch per Auto nach *Kandersteg* (1176 m).

Hüttenzustieg: Sträßchen in Richtung Öschinensee bis 1340 m. Von Wegweiser aus auf dem markierten Steig zur *Doldenhornhütte* (1915 m, SAC Emmental, 54 L, bew. April–Sept., Tel. 0041/33/675 16 60).

Gipfelaufstieg: Von der Hütte den markierten Pfad über Moränen hinauf zum Spitzstein (2827 m). Diesen westseitig passieren und über den Grat mit Felsstufe (schräg rechts zu erklettern) zu einer Schuttkuppe vor dem Gletscher (2940 m). Den zuerst flachen Gletscher hinauf zu einer Spaltenzone. Rechts davon, nahe der Felswand des Klein-Doldenhorns, je nach Verhältnissen eine Passage suchen, dann oberhalb unproblematisch weiter hinauf zum Sattel zwischen dem Klein-Doldenhorn und dem Hauptgipfel. Vom Sattel direkt zum höchsten Punkt.

Aussicht: Im Nordosten der Gratkamm des Fründenhorns, im Osten die Gletscherweiten des Petersgrates und das Tschingelhorn, im Südosten das Bietschhorn, dahinter die Walliser Hochgipfel.

Nebengipfel: Das Klein-Doldenhorn (3475 m) kann vom Sattel über einen brüchigen Grat rasch erreicht werden.

10 Nesthorn, 3824 m (626 mPr)

Ein verborgenes Juwel

PD II

8 Std.

2800 mH

Schwierigkeiten: **PD**. Oben Gletscher und Kletterei bis II.
Mühen: Zur Baltschiederklause ab Ausserberg 1800 mH (8 Std.), zur Oberaletschhütte ab Bergstation 600 mH (4 Std.) Gipfelabstieg ab Baltschiederklause 1000 mH (5 Std.).
Gefahren: Hochalpiner Aufstieg, wegen Länge und Abgelegenheit ernst.
Freuden: Zünftiger Gipfel mit handverlesenem Publikum.
Karten, Spezialführer: → Bietschhorn, dazu LKS 1268 Raron.

Versteckter und abgelegener, sehr schöner Gipfel zwischen Bietschhorn und Oberaletschgletscher. Die erste Besteigung erfolgte durch die Briten B. George und H. Mortimer mit Christian und Ulrich Almer am 18. September 1865. Die berühmte Nordwand, erstmals im Juli 1933 durchstiegen von Willo Welzenbach, E. Schulze und A. Drexel, erlitt in den letzten Sommern im Zuge der allgemeinen Erwärmung extreme Ausaperung zur fast reinen Felswand und sieht damit relativ ungenießbar aus.

Anreise: Durch das Rhônetal nach Brig (684 m) und in nördlicher Richtung am Talhang hinauf nach *Blatten* bei Naters (1266 m).

Hüttenzustieg zur Oberaletschhütte: Von Blatten Seilbahn und Steig zum Hotel Belalp, dann nach N auf der östlichen Talflanke Steig unter den Fusshörnern zur Oberaletschhütte (2640 m, SAC Chasseral, 64 L, März–Sept., 0041/27/927 17 67). Der von hier früher übliche Normalweg auf das Nesthorn ist durch Ausaperung unmöglich geworden.

Hüttenaufstieg zur Baltschiederklause: Von Ausserberg (931 m, NW von Visp oberhalb von Baltschieder; Bahnstation) nach O durch den Ort zur Kurve P. 1259 (Kreuz). Nun entlang der altehrwürdig-historischen Wasserleitung Niwärch luftig an senkrechter Wand zu Üssers Senntum (1287 m; Alternative hierher durch 1,6 km Tunnel, der westl. unterhalb des P. 1259 bei Parkplatz beginnt, Lampe nötig!!).

Nesthorn und Lötschentaler Breithorn von Norden

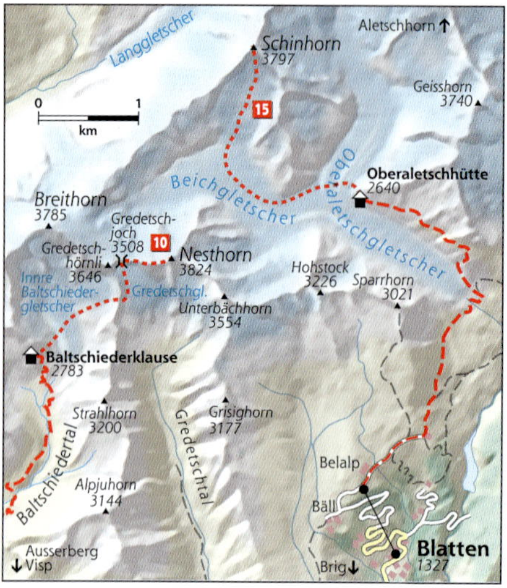

Steig im Baltschiedertal zum Senntum (1476 m). Östlich des Baches Weg hinauf, dann über Steg wieder auf die Westseite (bei hohem Wasserstand westlich des Baches bleiben und auf Steigspuren hierher). Hinauf zur Hohbitzukapelle (2199 m) und über Gletscherschliffe zur Schwemmebene Jägisand. Über Brücke zum Ostufer. Über Seitenbäche und Moränen nach N zur am Fuß des Jägihorn SO-Grates gelegenen Baltschiederklause (2738 m, SAC Blümlisalp, 76 L, bewartet von Juli bis September).

Gipfelaufstieg: Von der Baltschiederklause nach NO das Vorfeld des Baltschiedergletschers queren und felsig über die Baltschiederlücke (3219 m) auf den Gredetschgletscher. Über diesen nach N zum Gredetschjoch (3508 m). Am verfirnten Westgrat über Vorgipfel (3720 m) zum Gipfel.

Aussicht: Nordöstlich gegenüber Schinhorn und mächtig das Aletschhorn, westlich nebenan Lötschentaler Breithorn, im Südwesten das Bietschhorn.

Gross Wannenhorn von Norden

11 Gross Wannenhorn, 3905 m (616 mPr)

Der hohe Berg zwischen den beiden längsten Alpengletschern

PD !

30°

7 Std.

2600 mH

Schwierigkeiten: PD. Gletschertour – je nach Verhältnissen können auch heikle Spaltenquerungen warten.
Mühen: Hüttenzustieg 1500 mH (7–9 Std.), Gipfelaufstieg 1100 mH (4 Std.).
Gefahren: Oft recht zerschrundeter Gletscher! Ohne Spur sollte man wenigstens gute Sicht haben. Kompass!
Freuden: Gegenüber der höchste Gipfel der Berner Alpen.
Karten: LKS 1:50 000, Zusammendruck Blatt 5004 Berner Oberland.
Spezialführer: Munter, Gebietsführer Berner Alpen, Bergverlag Rother, München.

Dem höchsten Gipfel im Bergkamm südlich des Groß-Grünhorns fehlen nur 95 m zur 4000-Meter-Linie. Leichtester Anstieg über breiten Gletscher der Ostflanke. Auch als hochalpine Skitour beliebt.
Anreise: Von Norden vom *Meiringen* zum Grimselpass.
Hüttenzustieg: Vom *Grimselpass* zum Oberaarstausee (Parkplatz) und über Oberaargletscher zur Oberaarjochhütte (3258 m). Von dort über Gemschlicke (auch Rothornsattel genannt, 3335 m) jenseits zuerst steil hinab und über Moränen auf den Fieschergletscher und auf diesem ansteigend zu den unterhalb vom P. 3231 auf dem Ostufer gelegenen *Finsteraarhornhütten* (3048 m; CAS Oberhasli, 110 L, bew. März–Mai und Juli–Sept., Tel. 0041/855/29 55).
Gipfelaufstieg: Von der Hütte Gletscher schräg überqueren zum Fuß der Felsen von P. 2919. Südlich davon in der Mitte des breiten Gletschers (oder zuerst rechts nahe der Felsen) zum Firnsattel bei der Kuppe P. 3614. Von dort über breiten Firnrücken zum Gipfel.
Aussicht: Beim Aufstieg Finsteraarhorn und Gross Grünhorn, am Gipfel Großer Aletschgletscher und Aletschhorn.

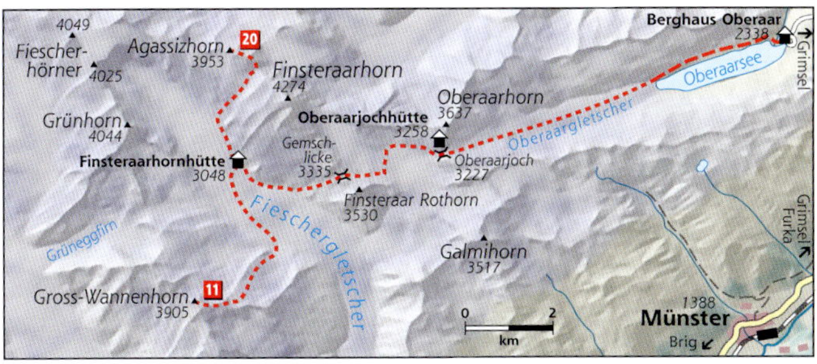

PD	II !
❄	45°
Hütte	8 Std.
Aufstieg	1100 mH

12 Gspaltenhorn, 3436 m (585 mPr)

Kalkpyramide mit Riesenwand

Schwierigkeiten: Insgesamt **PD**. Teils Kletterei an brüchigem Fels bis II, teils kombiniert.
Mühen: Zur Hütte 1000 mH (4 Std.), Gipfelaufstieg 1000 mH (4–5 Std.).
Gefahren: Weithin brüchiger Kalkfels, in verschneitem Zustand äußerst heikel.
Freuden: Mächtige Aussichtswarte gegenüber dem imposant hochalpinen Talschluss des Lauterbrunnertals.
Spezialführer: → Bietschhorn.
Karten, Skizze: → Blümlisalphorn.

Aus schmutzig grauem Kalk aufgebaute dreiseitige Felspyramide nordöstlich der Blümlisalp und nördlich vom Tschingelfirn. Die 1700 m hohe Nordwand ist eine der höchsten und anspruchsvollsten kombinierten Routen der Alpen. Sie wurde auf Raten erschlossen: Willo Welzenbach und Erich Schulze benutzten 1932 bei ihrer ersten Linie durch die Wand unten einen stein- und eisschlagsicheren Grat und erst oben die Wand. Die direktere und riskantere Route wurde 1951 durch E. Reiss, E. Haltiner und R. Schatz durchstiegen. Erst die Seilschaft Munter-Bichsel fand 1964 eine weniger gefährdete direkte Linie.

Anreise: Von Reichenbach Straße (Postauto) das Kiental hinauf nach *Griesalp-Gorneren* (1407 m).

Hüttenzustieg: Über den Gamchibach und östlich davon aufsteigend nach Golderli. Nun nach SO über Steinenberg und Untere Dürrenbergalm zum Almgelände Gamchi (1673 m). Unter senkrechten Felsen (Wässerchen) gestuft zur Seitenmoräne des Gamchigletschers. Links hinauf zur *Gspaltenhornhütte* (2455 m, SAC Bern, 75 Schlafplätze, bew. Juni–Sept., Tel. 0041/33/676 16 29).

Gipfelaufstieg: Steig über steilen Schutt nach ONO hinauf zur Büttlassenlücke (3017 m). Nun nach SO zuerst über Schuttrücken, dann über die Felsköpfe des Leitergrates klettern. Vom obersten Felskopf nordostseitig durch einen Risskamin hinab zur Scharte. Am jetzt breiteren Grat über Firn oder Schutt zu einer Steilstufe. Dort mit Hilfe eines Fixseils hinauf und über den Firngrat zum Gipfel.

Aussicht: Östlich und südöstlich Jungfrau, Gletscherhorn, Mittagshorn, Lauterbrunner Breithorn und Tschingelhorn, südwestlich Morgenhorn und Blümlisalp.

13 Wetterhörner – Mittelhorn, 3704 m (579 mPr)

Auf den höchsten Gipfel der Wetterhörner

PD+ II !

45°

9 Std.

2500 mH

Schwierigkeiten: PD+. Felskletterei bis II, oben auch Firn.
Mühen: Zur Hütte 1100 mH (4 Std.), Gipfelaufstieg 1400 mH (5 Std.).
Gefahren: Zum Wettersattel teils schlechter Fels. Der Aufstieg wird bei Neuschnee rasch unerquicklich heikel und ist dann besser zu meiden.
Freuden: Recht alpine Gegend.
Karten: LKS 1:50 000, Zusammendruck Blatt 5004 Berner Oberland.
Spezialführer: Munter, Gebietsführer Berner Alpen, Bergverlag Rother, München.

Der höchste Gipfel der nach dem etwas niedrigeren, aber vom Tal aus imposanteren Wetterhorn benannten Berggruppe.
Anreise: Von Interlaken nach *Grindelwald* und hinauf zum Hotel Wetterhorn (1223 m) unter dem Oberen Grindelwaldgletscher.
Hüttenzustieg: Vom Hotel 200 m auf der Straße, dann Steig zum Ischboden zum P. 1590. Nun kleinen Weg scharf rechts, über den Lawinenkegel und durch die steile Flanke des Chrinnenhorns (Drahtseile) zu Gratschulter Engi (1725 m; hierher auch von Bus-Stop Loichbiel, 1500 m). In südöstlicher Richtung absteigen und über den Bach. Danach über Gletscherschliffe zur Grasschulter und über mit Drahtseilen behängte Stufe und flachere Hänge zur *Glecksteinhütte* (2317 m, SAC Burgdorf, Juni–Okt., 90 Schlafplätze, Tel. 0041/33/853 11 40).
Gipfelaufstieg: Nach NO Pfad und Steindauben folgend zum Chrinnengletscher. Diesen hinauf zur Mulde westlich des großen

Wetterhörner von SW, vom Schreckhorn

13

Felssporns, der den Gletscher teilt. Aus dieser Mulde von links her auf den aus Gneis aufgebauten Sporn. Diesen hinauf, bis er sich am Übergang vom Gneis zum Kalk in der Flanke verliert (steinschlagsicherer Frühstücksplatz). Zuerst noch gerade hinauf, dann schräg rechts empor durch ein breites Couloir und knapp oberhalb ihres senkrechten Abbruchs auf die markante Kalkrippe des Willisgrätli. Über diese Rippe zuerst wenig schwierig, dann steiler und schroffer (hübsche Kletterei, kurze seitliche Umgehungen möglich) hinauf und schließlich rechts haltend in den Wettersattel (3508 m). Rechts (ostwärts) über allmählich aufsteilende Firnhänge und zuletzt einen breiten Gratrücken zum Gipfel.

Aussicht: Im Süden über dem oberen Grindelwaldgletscher grandios das Schreckhorn, im Südosten der Bärglistock.

Nebengipfel: Das niedrigere, aber schnittige Wetterhorn (3692 m) fällt durch seine nach Norden vorgeschobene Lage und durch die gewaltigen Nordabstürze des angelagerten Scheideggwetterhorns auf. Es ist vom Wettersattel in 45 Min. über eine 50° steile kombinierte, ausgeapert heikle Flanke zu erreichen.

Auf dem Kanderfirn

14 Lauterbrunner Breithorn, 3780 m (443 mPr)

Auf den Talschlussgipfel des schönsten Trogtals der Alpen

PD III–
40°
8 Std.
2350 mH

Schwierigkeiten: Insgesamt **PD**. Gletscherzustieg, dann Fels bis III-.
Mühen: Zur Hütte 1350 mH (5 Std.), Gipfelaufstieg 1000 mH (4–5 Std.).
Gefahren: Gletscherzugang. In der Route ein brüchiges Couloir.
Freuden: Grandioses Ambiente.

Spezialführer: → Bietschhorn.
Skizze: → Blümlisalphorn.
Karte: LKS 1:25 000, Blatt 1248 Mürren.
Andere lohnende Routen: ONO-Grat (AD, Firngrat, 450 mH, 5 Std. ab Schmadrijoch), Nordwand, Chervet-Rippe (AD+, 1300 mH, 8–10 Std.).

Der markante dreikantige Felsgipfel beherrscht mit 1200 m hoher eisiger Nordwand den Abschluss des als typisches U-Tal ausgebildeten Lauterbrunner Tals. Nach Süden entsendet er einen langen Grat.

Anreise: Bis *Kandersteg* (1076 m) auch per Bahn. Von dort Bus oder Mautsträßchen hinauf ins Gasterental nach *Selden* (1552 m).

Hüttenzustieg: Von Selden nach Heimfritz und das Tal auf markiertem Steig weiter hinauf auf der orografisch linken Seite über Ufermoräne und Grashänge zum aperen, wenig zerschrundeten Alpetfigletscher (weiter oben als Kanderfirn bezeichnet). Darauf in nordöstlicher Richtung ansteigen, oben Gletschersümpfe südlich vermeiden. Zuletzt unter den Felsen des Mutthorns vorbei zur *Mutthornhütte* (2901 m, SAC Weissenstein, 100 L, bew. Juli–Aug., Tel. 0041/33/853 13 44). Vom Lötschental, Kiental und Lauterbrunner Tal längere Zugänge.

Gipfelaufstieg: Von der Mutthornhütte in südlicher Richtung über den Gletscher zum Sattel P. 3159 zwischen Petersgrat und Tschingelhorn Südwestgrat. Bei etwa 3100–3200 m Höhe südseitig unter dem Tschingelhorn durch queren zur Wetterlücke (3178 m, 1 ½–2 Std.).

Von der Wetterlücke 50 m südseitig queren und dann links hinauf zum Westgrat. Den Steigspuren nach am Grat aufsteigen und über den P. 3403 hinweg zur ersten Steilstufe. Hier rechts queren zu einer Verschneidung. Darin gestuft hinauf zum Grat. Daran zur zweiten Steilstufe. Hier rechts auf Bändern zu einem Couloir und darin brüchig zum Grat (bei Stau oder Steine auslösenden Zeitgenossen oberhalb auch direkt an der Kante und in Verschneidung hinauf, III). Am Grat weiter, zuletzt über Firngrat zum felsigen Gipfel.

Tschingelhorn und Lauterbrunner Breithorn von Südwesten

Aussicht: Im Westen Tschingelhorn, dahinter Blümlisalp, im Norden Gspaltenhorn, im Nordosten Jungfrau, östlich gegenüber Großhorn und daneben etwas entfernter Aletschhorn, im Südosten Schinhorn und Nesthorn, im Süden die elegante Pyramide des Bietschhorns.

PD	II
❄	45°
Hütte	8 Std.
▲	1950 mH

15 Schinhorn, 3797 m (420 mPr)

Schnittige Pyramide südwestlich vom Aletschhorn

Schwierigkeiten: **PD**. Hochalpin.
Mühen: Zur Hütte ab Bergstation 600 mH (4 Std.), zum Gipfel 1350 mH (5 Std.).
Gefahren: Besonders später im Jahr oft delikate Bergschrundprobleme.
Freuden: Mitten in der größten alpinen Versammlung von Eis sein.
Karten, Anreise, Hütte, Spezialführer, Skizze: → Nesthorn.

Andernorts würde der Gipfel mehr Aufmerksamkeit finden. Aber so nahe am prächtigen Aletschhorn wird er nur selten bemerkt.
Gipfelaufstieg: Von den *Oberaletschhütten* hinab auf den Beichgletscher. Hinauf zum P. 2715, dann je nach Spaltensituation die Flanke hinauf und an geeigneter Stelle über den Bergschrund. Am Gipfelhang rechts haltend empor und kurz vor dem Vorgipfel auf den Südostgrat. Am Grat, zuletzt felsig, zum höchsten Punkt.
Aussicht: Östlich gegenüber gewaltig das Aletschhorn.

16 Tschingelhorn, 3562 m (384 mPr)

AD	III
❄	50°
Hütte	6 Std.
Aufstieg	2150 mH

Auf den Felskamm über dem Petersgrat

Schwierigkeiten: Insgesamt **PD** mit Firn bis 50° und Kletterei bis III+.
Mühen: Hüttenzustieg 1350 mH (5 Std.), Gipfelaufstieg 800 mH (4 Std.).
Gefahren: Gletscher und steiler Firn. Im Couloir Steinschlag möglich.
Freuden: Ein feiner Aussichtspunkt.
Karte, Anreise, Hütte, Skizze: → Lauterbrunner Breithorn.
Andere lohnende Routen: Überschreitung SW-Grat (III+, ernsthaft).

Ein felsig schroffer Doppelgipfel westlich vom Lauterbrunner Breithorn zwischen Lötschental und Kanderfirn. Dass die Ausaperung das kittende Eis zwischen oft lockeren Felsteilen schwinden lässt, das merkt man hier nur zu deutlich. Ebenso, dass man/frau hier nur mit Helm gut angezogen ist. Die erste Besteigung des Berges erfolgte durch W. H. Hawker, H. Feuz mit U. und C. Lauener am 6. September 1865.

Gipfelaufstieg: Wie zum Lauterbrunner Breithorn unter die Südseite des Berges. Von der Scharte zwischen dem Kleinen und dem Großen Tschingelhorn zieht ein Firncouloir herab. Wenn dies (wie im Sommer üblich) nicht direkt von unten zu erreichen ist, 50 m rechts (östlich) davon an geeigneter Stelle über die Randkluft und in kurzer, aber herber Verschneidung (III+) bis unter Überhänge. Links abwärts über eine Rampe in das Couloir queren und darin zur Scharte (hierher auch über die Felsrippe östlich des Couloirs, II, Schweinkram, unratsam). Nach Osten gestuft (I) hinauf zum Gipfel.

Aussicht: Im Westen und Norden Doldenhorn, Blümlisalp, Gspaltenhorn, im Nordosten Jungfrau, im Osten Lauterbrunner Breithorn, im Süden Bietschhorn und dahinter die Walliser Viertausender, im Südwesten in der Ferne Grand Combin und Mont Blanc.

Nebengipfel: Das Kleine Tschingelhorn (3493 m) ist von der Scharte in luftiger Kletterei an teilweise recht unzuverlässigem Fels (III+, 1 Std.) erreichbar. Der oft vom Heliskiing heimgesuchte Firnrücken des Petersgrates (3207 m) und das Birghorn (3243 m) liegen südwestlich vom Tschingelhorn und sind vom Sattel P. 3159 aus hochalpin zu erwandern.

AD	III **!**
❄	40°
Hütte	10 Std.
Höhenmeter	1650 mH

17 Eiger, 3970 m (356 mPr)

Auf den Berg über der Wand der Dramen

Schwierigkeiten: Insgesamt **AD**. Kletterei bis III, weithin II und Eis 40°.
Mühen: Ab Station Eigergletscher 1650 mH (6–7 Std., Abstieg 3–4 Std.).
Gefahren: Die Länge und unübersichtliche Linie des Anstiegs und der bröckelige Fels machen die Route trotz stellenweise angebrachter Sicherungsstangen ernsthafter als es auf den ersten Blick offensichtlich ist. Bei schlechter Sicht sehr schwierige Orientierung. Solide Hochgebirgserfahrung, große Ausdauer und leistungsfähiger Steinschlaghelm sind ebenso wie sicheres Wetter unbedingte Voraussetzung. Einsatzfreudiger Schutzengel außerdem angenehm.
Freuden: Viel Feind, groß Ehr!
Karte: LKS 1:50 000, Blatt 5004 Berner Oberland.
Spezialführer: Munter, GF Berner Alpen, Bergverlag Rother, München.
Andere lohnende Routen: Von der Station Eismeer zur Mittellegihütte (3353 m) und über den Mittellegigrat (AD, 4–5 Std., nicht bei Vereisung!).

Der nach Norden vorgeschobene Kalkklotz des Eigers ist eines der Schaustücke der gesamten Alpen. Seine Besteigung ist auch auf der leichtesten Route eine Herausforderung. Die erste Besteigung des Gipfels gelang Ch. Barrington mit Christian Almer und P. Bohren am 11. August 1858 über die Westflanke. Der als Mittellegigrat bekannte Nordostgrat wurde erstmals 1895 durch Alexander Burgener versucht, aber nur im Abstieg mittels Abseilen begangen. Die erste Begehung im Aufstieg gelang erst 1921 durch F. Amatter, F. Steuri und S. Brawand mit dem Japaner Y. Maki, wobei allerdings auch damals sehr umstrittene Hilfsmittel wie Bohrer, Eisenhaken und eine 5 m lange Holzstange mit Eisenspitze zum Einsatz kamen. Nachdem der Grat 1926 dann sogar mit Fixseilen versehen wurde, entwickelte er sich zu einer sehr populären Route, die zusammen mit dem Abstieg über den Normalweg eine grandiose Überschreitung ermöglicht. Die wegen ihrer Gefährlichkeit berüchtigte 1700 m hohe Nordwand wurde nach jahrelangen opferreichen Versuchen erst 1938 durch Anderl Heckmair, Ludwig Vörg, Hans Kasparek und Heinrich Harrer durchstiegen, wobei sie im oberen Wandteil durch einen Wettersturz miserabelste Wandverhältnisse vorfanden. Ihre klassische Route führt wegen langer Quergänge über eine Kletterstrecke von mehr als 3000 m. Spektakuläre Unfälle und Rettungsaktionen nährten über Jahrzehnte den Nimbus der Wand ebenso wie extrem harte Winterbegehungen

17

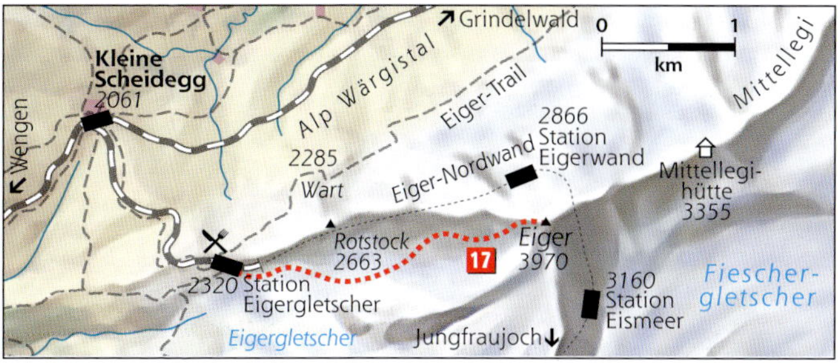

und Solodurchsteigungen sowie die Begehung mehrerer Parallelrouten im Expeditionsstil. Durch die starke Ausaperung hat sich der Charakter der Wand deutlich in Richtung Felswand verändert, sie zählt jedoch immer noch zu einer der großen Herausforderungen in den Alpen.

Anreise: Von Interlaken nach *Grindelwald* (1034 m, teures Parken, Anreise per Bahn vorzuziehen!). Mit der Jungfraubahn bis zur *Station Eigergletscher* (2320 m, Hotel, an der zu Fuß 1 Std. entfernten Station Kleine Scheidegg gibt es auch preisgünstigere Matratzenlager).

Gipfelaufstieg: Übersicht: Der Aufstieg verläuft über die Westflanke, unten links (nördlich) vom markanten Couloir, um eine

Eiger von Nordwesten

17

Steilstufe südlich herum zur großen Schulter und oben am Westgrat zum Gipfel. Im Detail: Von der Station Eigergletscher südlich vom untersten Grat (Rotstock, P. 2663) auf Wegspuren aufsteigen und über Platten und Bänder bis nahe an die Scharte zwischen Rotstock und Eiger. Noch vor der Scharte rechts über Firn zum Fuß des markanten Couloirs, das in die Flanke eingeschnitten ist (Eisschlag möglich). Links vom Couloir über die Felsen der ersten Steilstufe empor, dann im weniger steilen Gelände Wegspuren und Steinmännern folgend zunächst links, später gerade hinauf zum Grat am Fuß der zweiten Steilstufe (Frühstücksplatz, unterhalb der markante Fels »Pilz«, wilder Blick in den unteren Teil der Nordwand). Diese große, von schluchtartigen Rinnen zerrissene Steilstufe nach rechts hin durch Querung einiger Rinnen (Steinschlag!) umgehen. Danach gerade empor zum Westgrat (gigantischer Tiefblick in den oberen Teil der Nordwand). Am Grat nur eine Steilstufe bei 3750 m rechts umgehen und zum Gipfeleisfeld. Über dieses oder die linken Randfelsen zum Gipfel.

Eiger von Südosten vom Schreckhorn, rechts der lange Mittellegigrat

Abstieg: Am Grat hinab zu Steilstufe. Dort in die Felsrinne (rot markierte Haken) direkt hinabseilen (die sich auch anbietende Umgehung der Stufe in der Flanke ist bei Blankeis riskant!). Am Grat weiter absteigen bis zum flacheren Teil beim P. 3668. Nun in einer Rinne auf der Südseite des Westgrates hinab (Sicherungshaken). Danach rechts (Haken) und direkt hinab auf die Felsrippe links (südlich) des großen Couloirs. Noch bevor diese steiler wird, von einem Steinmann nach rechts das Couloir queren (einbetonierte Haken) und rechts haltend hinab bis zur Höhe des »Pilz«. Den Spuren folgend hinab bis oberhalb der unteren großen Steilstufe. Hier nach links zum großen Couloir. An dessen rechten (nördlichen) Begrenzungsfelsen (Abseilhaken) hinab. Vom Fuß der Stufe nach rechts absteigen bis kurz vor die Scharte vor dem Rotstock. Links den Steigspuren nach hinab zur Station Eigergletscher.

Aussicht: Südwestlich gegenüber der Mönch und die Jungfrau, im Osten Schreckhorn und Lauteraarhorn, im Nordosten die Wetterhorngruppe.

18 Gletscherhorn, 3983 m (345 mPr)

Einer der höchsten Beinahe-Viertausender der Alpen

PD	III–
45°	
7 Std.	
1200 mH	

Schwierigkeiten: PD. Gletschertour mit etwas Felsgrat zum Gipfel (teils III–).
Mühen: Der Zustieg zur Hütte ist mit der Bahn zum Jungfraujoch auf 200 mH (30 Min.) reduzierbar. Gipfelaufstieg 1000 mH (4–5 Std.).
Gefahren: Die Übernachtung in der Mönchsjochhütte ist wegen des dadurch möglichen westalpenvernünftig frühen Aufbruchs unbedingt ratsam, setzt aber vorherige Akklimatisation auf diese Höhe voraus. Für den Gletscher braucht man gute Sicht, sonst wird die Orientierung rasch zum Alptraum. Der Grat zum Gipfel trägt häufig Wechten!
Freuden: Wildes hochalpines Ambiente.
Karte, Führer: → Eiger.
Hütte: → Trugberg.
Skizze: → Ebnefluh.
Andere lohnende Routen: Von der Ebnefluh her über das Gletscherjoch und den Westgrat (AD–, III und II, 3 Std.).

Von Südosten zeigt sich der Berg als ein moderater Felsgrat über viel Gletscher. Dagegen ist die über 1000 m hohe kombinierte Nordwand ganz schön berüchtigt. Zuerst durchstiegen wurde sie von Willo Welzenbach und Alfred Drexel im Jahre 1932.

Gipfelaufstieg: Von der Mönchsjochhütte hinab auf den obersten Gletscherboden des Jungfraufirns und zum Fuß des vom Rottalsattel herabziehenden Felssporns (P. 3411, Einstieg des Normalwegs auf die Jungfrau). Nun nach SSW geradeaus über den Gletscher hinauf zum Lauitor (3679 m, etwas südlich des Lauihorns). In südlicher Richtung absteigen in den Firnsattel und dann am Nordgrat (Achtung auf Wechten!) weiter. Zuletzt durch eine Steilrinne – oder weniger schwierig auf der Südseite – zum Gipfel.

Aussicht: Nördlich benachbart die Jungfrau, im Nordosten Mönch und Trugberg, östlich die Grünhörner, südlich mit dem Aletschfirn Ursprung des längsten Alpengletschers, darüber das Aletschhorn.

Aletschhorn und rechts Gletscherhorn von Nordosten vom Mönch, ganz rechts Ebnefluh

PD	I
❄	45°
Hütte	5 Std.
Aufstieg	720 mH

19 Trugberg, 3933 m (307 mPr)

Grat zwischen Ewigschnee und Jungfraufirn

Schwierigkeiten: **PD**. Überwiegend Firn (bei Blankeis schwieriger!).
Mühen: Zur Mönchsjochhütte 170 mH Aufstieg (1 Std.), zum Gipfel 550 mH Aufstieg (3–4 Std.). Zurück zur Hütte noch 200 mH Gegensteigung.
Gefahren: Vorsicht auf dem Gletscher!
Freuden: Unterwegs sein mitten im größten Gletschergebiet der Alpen.
Karte, Spezialführer: → Eiger.
Anreise, Skizze: → Ebnefluh.
Andere lohnende Routen: Überschreitung des Nordgrates (AD, III).

Dieser teils felsige Grat zwischen den beiden weiten Gletscherbecken ist zwar nicht sehr selbstständig, aber als Beinahe-Viertausender natürlich ein eindrucksvolles Ziel der H-Klasse.

Anreise: Denkbar umweltfreundlich per Bahn über Bern nach *Interlaken*. Von dort Zahnradbahn zum Jungfraujoch.

Hüttenzustieg: Vom *Bahnhof Jungfraujoch* (3569 m) durch den Sphinxstollen und auf der meist breiten Spur unter der Südflanke des Mönchs aufsteigen zum Oberen Mönchsjoch und zur *Mönchsjochhütte* (3650 m, privat, 120 Schlafplätze, bew. März–Sept. Tel. 0041/33/971 34 72).

Gipfelaufstieg: Von der Mönchsjochhütte auf dem Ewigschneefeld absteigen und dann über die oben aufsteilende Ostflanke mit Bergschrund zum Firnsattel zwischen Südgipfel und Hauptgipfel. Von dort über einen felsigen Vorgipfel zum höchsten Punkt. (Man kann auch etwas weniger steil zum Südgipfel P. 3867 aufsteigen, muss aber dann dessen felsigen Grat in ganzer Länge in etwa 1 ½ Std. überklettern.)

Aussicht: Im Westen Jungfrau, im Osten Fiescherhörner und Grünhörner.

Trugberg von Westen (in Bildmitte), dahinter Schreckhorn, Fiescherhörner und Finsteraarhorn

20 Agassizhorn, 3953 m (202 mPr)

Nördlicher Ausleger des Finsteraarhorns

PD	!
❄	45°
Hütte	5 Std.
Aufstieg	2450 mH

Schwierigkeiten: **PD**. Gletschertour.
Mühen: Meilenweiter Hüttenzustieg vom Grimselpass über Oberaarsee, Oberaarjochhütte und Gemslücke, insgesamt 1500 mH (7–9 Std.), Gipfelaufstieg 950 mH (3 Std.).
Gefahren: Die auf Gletschern üblichen Spalten verlangen Umsicht und große hochalpine Erfahrung. Zum Teil auch Eisschlaggefahr.
Freuden: Fantastische Aussicht von einem Knotenpunkt großer Grate.
Karte, Anreise, Hütte, Skizze: → Großes Wannenhorn.

Die leuchtende Firnpyramide ist nach dem Gletscherforscher Louis Agassiz benannt, der in den 1840er-Jahren im Berner Oberland unterwegs war. Dies ist zwar nur ein markanter nördlicher Gratgipfel des Finsteraarhorns, er ist jedoch hübsch anzusehen und wird als einer der Beinahe-Viertausender besonders gewürdigt.

Gipfelaufstieg: Von den *Finsteraarhornhütten* nach Westen hinab und auf dem Fieschergletscher nahe dem Ostufer aufsteigen bis hinter den Fuß des Felssporns von P. 3406. Nun in nordöstlicher Richtung die spaltenreichen Hänge hinauf (im Mittelteil deutlich links halten, weil von rechts her Eisschlag kommen kann) zum Agassizjoch. Entlang dem Südostgrat zum Gipfel.

Aussicht: Grandios. Nebenan im SO erdrückend das Finsteraarhorn, im W und SW Fiescherhörner und Grünhörner, nördlich tief unten das Obere Eismeer und gegenüber im NO Schreckhorn und Lauteraarhorn.

Tiefblick auf das Agassizhorn von Süden vom Finsteraarhorn Nordgrat

PD–	
❄	30°
Hütte	4 Std.
↗↘	2250 mH

21 Ebnefluh, 3962 m (193 mPr)

Der Skiberg mit der Eiswand

Schwierigkeiten: PD–. Gletschertour.
Mühen: Zur Hütte 1500 mH (5–6 Std.), Gipfelaufstieg 750 mH (2–3 Std.).
Gefahren: Gletscher mit Spalten, Grate mit Wechten – Vorsicht ist in solchen Gegenden stets ratsam.
Freuden: Großartiger Hatscher.

Karten, Spezialführer, Anreise: → Bietschhorn und weiter zur Fafleralp (1787 m).
Andere lohnende Routen: Übergang vom Gletscherhorn her über dessen Westgrat oder in Gegenrichtung dorthin mit Abstieg zum Jungfraujoch (AD–, III, 3 Std.).

Von links Ebnefluh, Mittagshorn (darüber Bietschhorn), Großhorn, Lauterbr. Breithorn von NO

Der breite, überfirnte Beinahe-Viertausender im Gratkamm über dem Lauterbrunner Talkessel wirkt von dort aus dominanter als das noch etwas höhere Gletscherhorn. Die Eignung zum Skifahren hat ihn jedoch zum Objekt der Begierde des immer noch nicht verbotenen Heliskiing gemacht, was die Besteigung für biedere Bergsteiger akustisch ganz schön verunstalten kann. Neben dem Nor-

malweg sind Nordwand und Nordgrat beliebte klassische Eistouren, an deren Qualität inzwischen im Hochsommer die Ausaperung knabbert. Die Durchsteigung der Nordwand ist allerdings nur ratsam, wenn am Grat keine bedrohenden Wechten hängen. Die erste Begehung der Nordwand gelang C. A. Macdonald mit Christian Jossi und P. Bernet bereits 1895, in direkter Linie Peter Aschenbrenner und Wastl Mariner im Jahr 1937.

Hüttenzustieg: Von der Fafleralp über den langen Langgletscher zur Lötschenlücke zur *Hollandia-Hütte*, (3238 m, SAC Bern, 100 Schlafplätze, bew. März–Mai u. Juli–Aug., Tel. 0041/27/939 11 35).

Gipfelaufstieg: Zuerst nahe dem Anengrat in nördlicher Richtung über den Ebnefluhfirn hinauf ins obere Gletscherbecken. Von dort zum P. 3811 des Ebnefluh-Westgrates und am Grat zum Gipfel.

Aussicht: Gewaltige Rundsicht, im Norden Jungfrau, im Osten nebenan Gletscherhorn, in der Ferne Finsteraarhorn und Grünhörner, im Südosten gegenüber imposant das Aletschhorn.

Nachbargipfel: Das Mittagshorn (3892 m, 196 mPr) ist vom oberen Gletscherbecken aus über das Anenjoch und den zuletzt schmalen Südgrat zu besteigen (PD, zusätzlich 2–3 Std.).

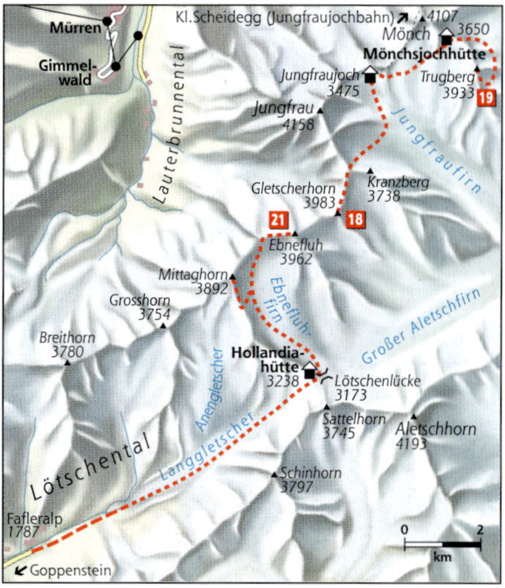

URNER ALPEN

Diese Berge schließen östlich an das Berner Oberland an und sind gleichfalls, wenn auch nicht so ausgiebig, vergletschert. Sie bestehen im Süden aus Kristallin – weithin prächtigem Granit. Im Norden dagegen herrschen graue Kalke vor. Hier sind die Dreitausender die Könige.

Westliche Urner Alpen

Dies sind die Berge am Ursprung des Rhônegletschers und am Sustenpass, westlich vom Reusstal und vom Sankt Gotthard.

Dammastock von Osten vom Salbitschin-Südgrat

22 Dammastock, 3630 m (1465 mPr)

Auf den Höchsten zwischen Rhônegletscher und Göschener Tal

PD

8 Std.

1360 mH

Schwierigkeiten: **PD**. Gletscherhatscher.
Mühen: Gipfelaufstieg 1360 mH auf ganz schön langer Strecke (5–6 Std., und dann jeden Meter wieder zurück, wobei die Sommerbesteiger die Skibesteiger beneiden werden).
Gefahren: Sowohl die Spaltenbrücken des Gletschers wie auch die Wechten auf der Ostseite des Gipfelgrates können brechen. Bei Schlechtwetter mit Verlust von Sicht und Spur schwierige Orientierung.
Freuden: Ein großartiger Aussichtsberg.
Karte: LKS 1:50 000, Blatt 5001 Gotthard oder Blatt 255 Sustenpass.
Spezialführer: T. Fullin/A. Banholzer, SAC-Führer Urner Alpen 2, 1996.
Andere lohnende Routen: Der Aufstieg von Göscheneralp über Dammahütte und Dammapass ist kaum schwieriger und nur wenig länger.

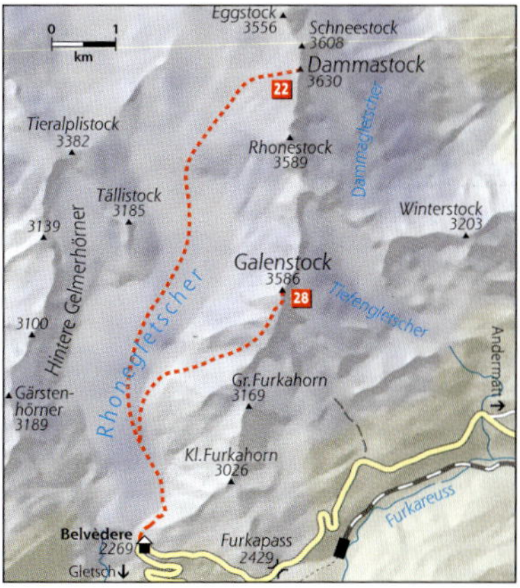

Höchster Punkt der westlichen Urner Alpen, des Ursprungsgebietes des Rhônegletschers, der im 17. Jh. noch bis kurz vor Gletsch reichte. Der Gipfel wird von einem Grat in Nord-Süd-Richtung mit schroffen Ostabbrüchen und westseitigem Gletscherhang gebildet. Auf der leichtesten Route ist das ein hochalpiner Hatscher, auch Skitour. Die erste Ersteigung des Gipfels gelang A. Hoffmann mit J. Fischer und A. von Weissenfluh 1864.

Anreise: Von Andermatt oder vom Rhônetal auf der Autostraße zum *Hotel Belvédère* (2269 m) westlich der Passhöhe des Furkapasses.

Gipfelaufstieg: Vom Hotel auf den zu kümmerlichen Resten einstiger Pracht geschrumpften und an seiner Zunge zu Touristenschnickschnack missbrauchten Rhônegletscher. Entlang der östlichen Seitenmoräne in nördlicher Richtung aufsteigend bis zum P. 2769 am Fuß des Galenstock-Südwestgrates. Nun oberhalb der Spaltenzone in nordwestlicher Richtung auf den Fuß des Tällistocks und den Gletschersattel Undri Triftlimi zu halten. Auf etwa 3000 m Höhe in nördlicher, dann in östlicher Richtung ansteigen.

Aussicht: Westlich gegenüber der Tieralplistock, im Süden der Galenstock und im Norden Tierberg und Sustenhorn.

F

45 Min.

250 mH

23 Titlis, 3238 m (1008 mPr)

Ein Berg wilder Kontraste

Schwierigkeiten: Bei Benutzung der Bergbahn **F**.
Mühen: Gipfelaufstieg ab Bergstation Kleiner Titlis 250 mH (45 Min.).
Gefahren: Wenn der Grat nicht vollständig ausgeapert ist, sind Steigeisen nötig. Für Bergunerfahrene werden an der Bergstation Führungen angeboten.
Freuden: Ein richtig hochalpin platzierter Gipfel, den man allerdings als solchen nur azyklisch erleben kann.
Karte: LKS 1:50 000, Blatt 255 Sustenpass, Titlis-Nordseite; Blatt 245 Stans.
Spezialführer: SAC Urner Alpen Band 3, siehe auch Daniel Anker: Titlis (Bergmonografie), AS-Verlag 2001.
Andere lohnende Routen: Durch die Südwand führt neben einer ganzen Serie von wilden Extremrouten (die allerdings meist nach dem unteren Wandteil enden) auch ein Klettersteig (der am Kleinen Titlis beginnt).

Die Nordseite dieser Kalkmasse ist ein vergletschertes Dach, die Südseite eine schroffe, himmelhohe Felswand. Die erste Besteigung erfolgte schon 1744 und gilt als erste Besteigung eines Gletscherberges der Westalpen und gleichzeitig des ersten Dreitausenders der Schweiz.

Das Unternehmen fand als eine Art Betriebsausflug durch einen Teil der Belegschaft des Klosters Engelberg statt: Der Meisterkäser Johann Ignaz Hess scheint der Leiter der Seilschaft gewesen zu sein; mit von der Partie waren der Pförtner Josef Eugen Waser, der Pferdeknecht Joachim Kuster und der schwäbische Schmied Benedikt Erne. Die Gletscherpioniere erzählten denn auch – laut dem vom Pater Magnus Waser verfassten Bericht – recht anschaulich: »... weil sich aller Orten in dem Gletscher Krakken oder Spälte zeigeten, von denen man in der Tiefe kein End sahe, und in denen sie theils Wasser sahen, theils herfürquellen und sprudeln hörten, mussten sie diese Spälte entweder überspringen oder sie umgehen, und war die Gefahr denn

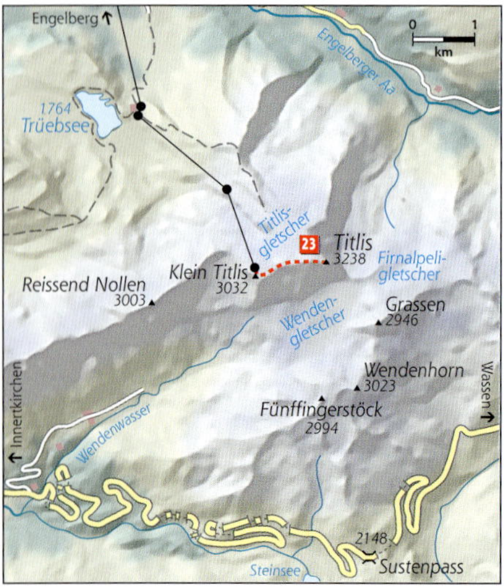

Titlis (links) von Westen von der Sustenpass-Straße

so viel größer, weil die kleineren Spälte mit neuem oder selbigen Jahres gefallenem Schnee bedeckt waren. Deswegen musste der vorausgehende mit seinem Stecken immerdar probieren, ob sie vesten Fuß setzen könnten. Alle vier waren aneinanden gebunden und giengen hinter einandern her, damit, wann der erste fallen sollte, die hernachkommenden und sich noch in Sicherheit befindenden selbigen wieder herausziehen möchten ...« (zit. nach Anker, S. 42). Laut einer Notiz im Rechnungsbuch des Klosters ist im Zusammenhang mit der Besteigung sogar Geld geflossen, sodass das Ereignis wahrscheinlich sogar das erste Sponsoring-Event der alpinen Geschichte gewesen sein mag.
Schärfste Kontraste bieten die heutigen Aufstiege zum höchsten Punkt. Zwischen der Besteigung von der Seilbahn-Bergstation über den Westgrat und einer Begehung des gigantischen, 1960 in drei Tagen erstmals erkletterten Südostpfeilers oder einer der vielen neueren Extremrouten liegen Welten.

Anreise: Vom Vierwaldstätter See von Stans her Richtung Süden nach *Engelberg* (1000 m). Von dort Kabinenbahn zum Kleinen Titlis.

Gipfelaufstieg: Von der kurz unter dem Kleinen Titlis gelegenen Bergstation über den Westgrat, teilweise links davon in der Flanke.

Aussicht: Südlich die Gletscherberge Sustenhorn, Gwächtenhorn und Dammastock, im Südosten der Felsberg Fleckistock.

Nachbargipfel: Pfaffenhut und Reißend Nollen brechen gleichfalls nach Süden mit hohen Wänden ab.

PD II

6½ Std.

2050 mH

24 Fleckistock, 3417 m (761 mPr)

Vernachlässigter Berg östlich vom Sustenpass

Schwierigkeiten: Insgesamt **PD**. Kletterstellen bis II in gutem Fels.
Mühen: Zur Hütte 750 mH (2 ½ Std.), Gipfelaufstieg 1300 mH (4 Std.).
Gefahren: Relativ übersichtlich, sofern man nicht in der Rinne ausrutscht, im Fels nicht fällt, sich nicht mit Steinen bewerfen lässt und den Grat nicht bei Gewitter begeht.
Freuden: Aussichtsbalkon.
Karte: LKS 1:50 000, 255 Sustenpass.
Skizze: → Sustenhorn.
Spezialführer: SAC Clubführer Urner Alpen 2.

Östlich vom Sustenpass wird der von Nordwest nach Südost streichende felsige Gratkamm durch das Sustenjoch vom Sustenhorn abgetrennt. Der südlichste Gipfel dieses Gratkammes ist der wegen seines prächtigen Granits berühmte Klettergipfel Salbitschijen. Der Fleckistock (auch Rotstock genannt) bildet den mittleren Teil des Bergkammes. Die erste Besteigung erfolgte durch C. Seelig und J. Zgraggen 1888 über die Südwestrippe und den Südgrat, während der jetzt als Normalweg üblich gewordene Aufstieg über den Südostgrat erst 1902 durch R. Martin, A. Pfister, E. Marti und M. Wäber erstmals begangen wurde.

Anreise: Gotthard-Autobahn oder Bahn nach *Göschenen* (1094 m).

Hüttenzustieg: Im Göschener Tal hinauf bis Postbus-Haltestelle Voralp. Im Tal der Voralpreuss nach NW hinauf zur *Voralphütte* (2126 m, SAC Sektion UTO, 40 Schlafplätze, bew. März–April und Juni–Sept., Tel. 0041/41/887 04 20).

Gipfelaufstieg: In östlicher Richtung Steiglein über Steilstufe. Danach in nordöstlicher Richtung Halden und im Frühsommer mit Firn gefüllte Rinne hinauf zur Flüelücke (2965 m). Über den steilen Südostgrat unterhaltsam hinauf zum P. 3251 und am nun weniger steilen Grat, einen Turm südseitig umgehend, zum Gipfel.

Fleckistock von Nordwesten vom Sustenpass

Aussicht: Westlich gegenüber Sustenhorn, im Nordwesten Titlis, im Norden Chli Spannort, im Osten die Talfurche des Reusstals.

25 Sustenhorn, 3503 m (648 mPr)

PD–

5 Std.

1400 mH

Gletscherpult zwischen Dammastock und Sustenpass

Schwierigkeiten: Insgesamt **PD–**. Hochalpiner Gletscherhatscher.
Mühen: Hüttenzustieg 700 mH (2–3 Std.), Gipfelaufstieg 700 mH (3 Std.).
Gefahren: Gletscher ernst nehmen!
Freuden: Ein technisch leicht erreichbarer Aussichtsbalkon.
Karte, Spezialführer: → Fleckistock.

Der südlich vom Sustenpass dominierende Gipfel zeigt eine vergletscherte Westseite. Nach Norden und Osten bricht er felsig ab.
Anreise: Von Osten von Wassen an der Gotthard-Autobahn oder von Westen von Meiringen zum *Sustenpass* (2225 m).
Hüttenzustieg: Von der vierten Serpentine westlich der Passhöhe Stichstraße zum Hotel Steingletscher und weiter zum Steinlimigletscher. Nun Steig über den Bach und in südlicher Richtung über einen felsigen Sporn hinauf zur *Tierberglihütte* (2795 m, SAC Baselland, 70 Schlafplätze, bew. April–Sept., Tel. 0041/33/ 971 27 82).
Gipfelaufstieg: Von hier zuerst nach O unter der Steilflanke des Vorderen Sustenlimihorns vorbei zu den Felsen beim P. 3288. Am Grat (Achtung auf Wechten!) in nördlicher Richtung hinauf zum Gipfel.
Aussicht: Im Norden die gewaltigen Südabstürze des Titlis und seiner Trabanten, im SW der Dammastock.
Andere lohnende Routen: Im Sommer wird bei starker Ausaperung der gletscherärmere Aufstieg von Süden von der Göschener Alp über die Chelenalphütte vorteilhafter (siehe Skizze).

PD

7 Std.

2200 mH

26 Gross Spannort, 3198 m (616 mPr)

Der östliche Trabant des Titlis

Schwierigkeiten: Insgesamt **PD**. Leichte Kletterei I.
Mühen: Hüttenzustieg 960 mH (3 Std.), Gipfelaufstieg 1200 mH (4 1/2 Std.).
Gefahren: Besonders später im Jahr bei starker Ausaperung ungemütlich bis ungenießbar zerschrundeter Gletscher.
Freuden: Ein richtig hochalpiner Gipfel.
Karte, Spezialführer, Anreise: → Titlis.
Skizze: → Schlossberg.

Häufig bestiegener Gipfel – besonders als Frühjahrsskitour – östlich vom Titlis. Die Erstbesteigung gelang den Briten Mansell, Thompson, Spankie, Sowerby mit J.M.Tresch und A. Zgraggen 1867.
Hüttenzustieg: Von Engelberg vom Parkplatz Herrenrütli zur Alp Stäfeli und markierten Steig, in östlicher Richtung mehrere Runsen querend und über Wiesenrücken, zur *Spannorthütte* (1956 m, SAC UTO, 45 Plätze, bew. Juli–August, Tel. 0041/41/637 34 80).
Gipfelaufstieg: Nach Südosten Steig zur Schlossberglücke (2627 m). Nun zuerst nach SO über den Glattfirn aufsteigend unter dem Gross Spannort vorbei und in das südlich von ihm gelegene Spannortjoch. Durch steiles Couloir der Südseite (oder westlich davon in den Felsen) zum Gipfel.

PD+ !

6 Std.

2130 mH

27 Schlossberg, 3133 m (506 mPr)

Ein selten besuchtes Schloss

Schwierigkeiten: Insgesamt **PD+**. Kletterstellen bis III+, aber relativ kurz.
Mühen: Hüttenzustieg 960 mH (3 Std.), Gipfelaufstieg 1130 mH (3 1/2 Std.).
Gefahren: Wenig benutztes Klettergelände vom Abenteuertyp.
Freuden: Gipfel abseits allen Trubels.
Karte: LKS 1:50000 Blatt 255 Sustenpass, Titlis Nordseite 245 Stans.
Spezialführer: SAC Urner Alpen Band 3.
Karte, Spezialführer: → Titlis.
Hütte, Zustieg zur Schlossberglücke: → Gross Spannort.

Der Schlossberg – auch einfach Schloss genannt – wird durch die tief eingehauene Schlossberglücke vom Gross Spannort abgetrennt. Erstmals bestiegen wurde er 1863 durch E. Cattani und E. Imfanger über die damals noch nicht so wüst ausgeaperte Nordwestflanke. In der Südwestwand wurden einige Kletterrouten eröffnet, ansonsten ist der Berg unbeleckt geblieben.

Gipfelaufstieg: Westlich der Schlossberglücke hinter großem Felsblock einsteigen. Gestuft über Schrofen schräg rechts zum abschüssigen Band im unteren Drittel der Wand. Kamin zum zweiten Band. Nach links (W) zu schmaler Felsrippe, die westlich der Kante des Südgrates ein Couloir unten teilt. Im Kamin westlich dieser Rippe zum schuttigen oberen Teil der Südseite. Schuttfelder zum Gipfel. – Für den Abstieg sind Sicherungsmittel installiert.

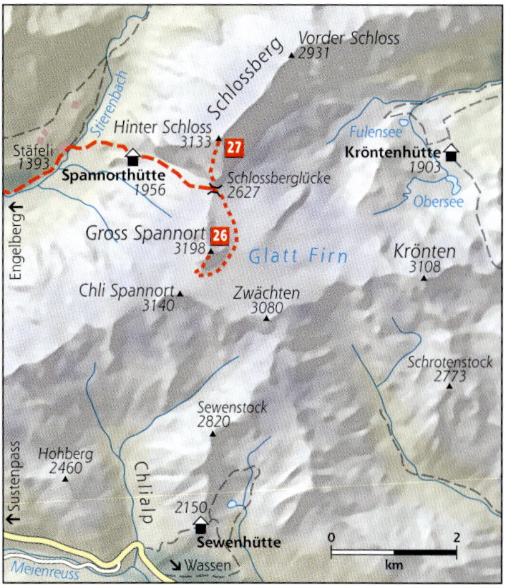

28 Galenstock, 3586 m (251 mPr)

Der Granitbau über dem Furkapass

Schwierigkeiten: Insgesamt **F+**. Gletscher im Sommer weithin aper.
Mühen: Aufstieg 1310 mH (5–6 Std.).
Gefahren: Bei angemessener Erfahrung und Ausrüstung moderat.

Freuden: Aussichtspunkt über dem Rhônegletscher und Furkapass.
Karte, Anreise, Spezialführer, Skizze: → Dammastock.

F+

7 Std.

1310 mH

Der von Süden gesehen beherrschende und von dort felsig schroffe Gipfel östlich des Furkapasses. Erstmals bestiegen wurde er bereits 1845.

Gipfelaufstieg: Wie zum Dammastock bis zum Gletscherboden vor P. 2769 des Galenstock Südwestgrates. Hier in östlicher Richtung über einen Seitenarm des Gletschers hinauf bis kurz vor den Galensattel (3113 m). In der SW-Flanke hinauf zum Südgrat. Daran zum Gipfel.

Aussicht: Nördlich »nebenan« der Dammastock, jenseits von einem verdammt langen Verbindungsgrat.

Östliche Urner Alpen

Die Berge östlich vom tief eingeschnittenen Reusstal. Die Grenze zu den Glarner Alpen ist wenig ausgeprägt und verläuft südlich vom Klausenpass, östlich von Düssi und Schärhorn.

PD

4 Std.

2100 mH

29 Oberalpstock, 3328 m (679 mPr)

Auf den höchsten Berg der östlichen Urner Alpen

Schwierigkeiten: PD. Gletschertour.
Mühen: Hüttenzustieg 1400 mH (5 Std., mit Lift bis Caischvedra 3 ½ Std.), im Winter mit Nutzung der Skilifte zum Piz Ault von dort 1 Std.), Gipfelaufstieg 700 mH (2 ½ Std.).
Gefahren: Vorsicht ist auf dem Gletscher immer ratsam.
Freuden: Die Panoramagenüsse sind hier nur im Winter gegen Bares auch mit geringeren Mühen zu haben.
Karten: LKS 1:50 000, Blatt 256 Disentis.
Spezialführer: SAC Urner Alpen Ost.

Auch Piz Tgietschen. Der gletschergeschmückte Berg trägt den höchsten Gipfel der östlichen Urner Alpen. Die Besteigung gestaltet sich im Winter weniger mühsam als im Sommer, weil man bis zum Piz Ault Skilifte nutzen und den Hüttenzustieg verkürzen kann.
Anreise: Bis Disentis Bahn möglich.
Hüttenzustieg: Von Disentis über Funs zum Ortsteil Acletta. Lift nach Caischavedra (1862 m) oder Weg durch das Val Acletta zum P. 2072 (Querweg) und Steig folgend weiter hinauf über die Scharte des Brünnigrätlis (2739 m). Jenseits über den Brünnifirn und einen Sattel zur *Camona da Cavardiras* (2649 m; SAC Winterthur, 70 Schlafplätze, bew. Juli–Sept., Tel. 0041/81/947 57 47).
Gipfelaufstieg: Von Hütte nach Westen über Sattel und flachen Brunnifirn zum steilen, langen Gipfelhang. Direkt oder mit Rechtsbogen zum Gipfel.
Aussicht: Witenalpstock und Piz Giuv (SW), Bristen (W), Piz Medel (SO).

30 Piz Giuv, 3098 m (624 mPr)

PD !

7 Std.

1100 mH

Einer der stillen Berge

Schwierigkeiten: PD.
Mühen: Gipfelaufstieg direkt vom Oberalppass 1100 mH (4 Std.).
Gefahren: Heikle Firnpassagen (Eisausrüstung!). Im Winter teilweise sehr lawinengefährdet. Bei Nebel Orientierung schwierig.
Freuden: Gewöhnlich ein recht ruhiger Berg.
Karten, Spezialführer, Skizze: → Oberalpstock.
Andere lohnende Routen: Aufstieg zum Sattel auch von Nordosten von der Etzlihütte (2 ½ Std., Hüttenzustieg 4 Std.).

Auch Schattig Wichel genannt. Felsiger Berg, im Winter Skiziel.
Anreise: Autostraße zum Oberalppass (2044 m).
Gipfelaufstieg: Vom Pass östlich ein Sträßchen hinauf zum Pass Tiarms. Auf abzweigendem Weg nach Norden hinauf ins Val Val zum P. 2367. 200 m nördlich davon über den Bach und am Ostufer hinauf zum P. 2561. Nun in nordöstlicher Richtung über die erste Stufe hinauf und in einem Bogen nach Norden zur Scharte zwischen Giuvstöckli II und IV. Jenseits 50 m steil in einem Couloir hinab auf ein Firnplateau. Nun etwa auf gleicher Höhe die Ostflanke von Rot Wichel und Piz Giuv queren zum Sattel zwischen Hälsi und Giuv. Über den leichten Ostgrat zum Gipfel.
Aussicht: Nordöstlich hinter dem Witenalpstock der Oberalpstock.

Oberalpstock von Disentis

PD– I

5 Std.

2300 mH

31 Bristen, 3073 m (567 mPr)

Ein hübscher Hatscher auch für Solisten

Schwierigkeiten: PD–. Leichte Kletterei an brüchigem Fels. Orientierung!
Mühen: Zur Hütte 1300 mH (4 Std.), Gipfelaufstieg 1000 mH (3 Std.).
Gefahren: Das schrofige Gelände ist zwar nichts für Unerfahrene und Gehfaule, enthält aber als gletscherfreier Aufstieg recht geringe Risiken.
Freuden: Ideale Bergbesteigung mit leichtem Gepäck und ohne Gedränge, auch für Alleingänger geeignet.
Karten, Spezialführer, Skizze: → Oberalpstock.

Der markante nordwestliche Eckpfeiler hoch über dem Reusstal. Das Gestein ist etwas brüchig und der zu steigende Höhenunterschied ist lausig groß. Von St. Anton oder Bristen (Bus!) her erleichtert neuerdings ein Hüttchen den Aufstieg. Die erste Ersteigung des Gipfels gelang F. Lusser und H. Indergand 1823.

Anreise: Mit Bahn oder Auto nach Amsteg an der Gotthard-Autobahn bzw. -Bahnlinie. Von dort rasch nach *St. Anton* (596 m) gleich an der Mündung des Maderanertals oder besser noch nach *Bristen* (770 m).

Hüttenzustieg: Von St. Anton in südöstlicher Richtung (oder von Bristen zuerst nach SW) Steig mit vielen Zickzacks zum Bristensee und *Bristenhüttli* (2140 m, privat, 14 Schlafplätze, Hüttenwart Herger Alois, Tel. 0041/41/885 18 94).

Gipfelaufstieg: Über Moränen zum unteren Ende des Firns, dann schräg links über die Bergflanke rechts vom NO-Grat. Später auf diesem über den Rot Bristen zum Vorgipfel. In leichter Kletterei zum höchsten Punkt.

Aussicht: Im Südosten der Oberalpstock, Tiefblick ins Reusstal.

Bristen von Norden, bei Meiringen (im Frühjahr)

32 Gross Düssi, 3256 m (475 mPr)

PD II !

5 Std.

2300 mH

Auf den Schrofenberg über dem Brünntal

Schwierigkeiten: PD. Leichte Kletterei, aber ungeputzter Fels.
Mühen: Zur Hütte 1050 mH (3 ½ Std.). Gipfelaufstieg 1440 mH (4 Std.).
Gefahren: Wenig begangenes Gelände mit Orientierungsschwierigkeiten.
Freuden: Ruhige Berge.
Karten, Spezialführer: → Oberalpstock, zusätzlich LKS 246 Klausenpass.
Andere lohnende Routen: NW-Grat von der Hüfihütte, PD.

Auch Piz Git genannt. Besonders nordseitig vergletscherter Gipfel. Die erste Ersteigung unternahm A. Escher von der Linth zusammen mit G. Tresch im Jahr 1841.

Anreise: Von der Gotthard-Autobahn über Amsteg ins Maderanertal.

Hüttenzustieg: Von *Bristen* (770 m) das Tal hinauf, oben von Balmenschachen (bis hierher Fahrmöglichkeit) in östlicher Richtung Steig ins Brunnital zur *Hinterbalmhütte* (1812 m, priv., bew. Dez.–Okt., Tel. 0041/41/883 19 39).

Gipfelaufstieg: Im Tal 1 km hinauf bis kurz vor Waltersfire, dann in nordöstlicher Richtung über Grashänge (Pfadspuren) zum P. 2192. Nun in östlicher Richtung hinauf, zuletzt über Moränen, zum Firn. Über Firn und Fels hinauf zum Südgrat. Am Grat in leichter Kletterei zum Gipfel.

Aussicht: Im Osten gegenüber das Panorama beherrschend der Tödi, im Südwesten der Oberalpstock. Im Süden jenseits der langen vom Oberalppass nach Osten zielenden Talfurche des Vorderrheins die Berge der Adulaguppe.

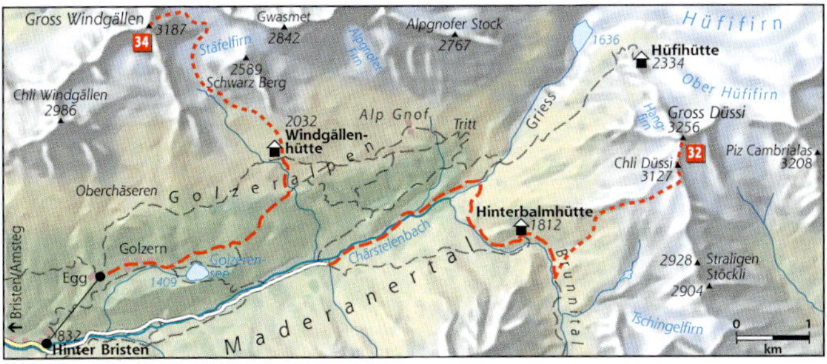

P II!

8 Std.

1350 mH

33 Gross Schärhorn, 3295 m (441 mPr)

Vom Klausenpass auf den westlichen Nachbarn der Clariden

Schwierigkeiten: PD. Oben auch über Gletscher.
Mühen: Gipfelaufstieg 1350 mH (5–6 Std.).
Gefahren: Es ist ratsam, den Gletscher ernst zu nehmen.
Freuden: Einen markanten Gipfel in einem Zuge vom Tal zu ersteigen.
Karten, Spezialführer, Skizze: → Gross Düssi.
Andere lohnende Routen: SO-Flanke von der Hüfihütte (PD, 4 Std.).

Ansehnlicher Gletschergipfel mit hochalpinem Ambiente. Die Zufahrt zum hoch gelegenen Klausenpass erlaubt die Besteigung als Tagestour.

Anreise: Von Altdorf oder Glarus zum Klausenpass (1948 m).

Gipfelaufstieg: Vom Klausenpass südwestwärts zu den Hütten von Chammli (2049 m). Über Moränen zum Griesfirn. Diesen hinauf zum steilen oberen Teil. Zuerst ganz links halten, dann bei breiten Querspalten nach rechts zur Gletschermitte. Dort aufsteigen zur Chammlilücke (2854 m). Nun den untersten Abbruch des Ostgrates auf der Nordseite umgehen, dann zum Grat oder gleich direkt zur Schulter. Über den breiten Bergrücken und die steilen Gipfelfelsen zum höchsten Punkt.

Aussicht: Gegenüber der Tödi und der Gross Düssi.

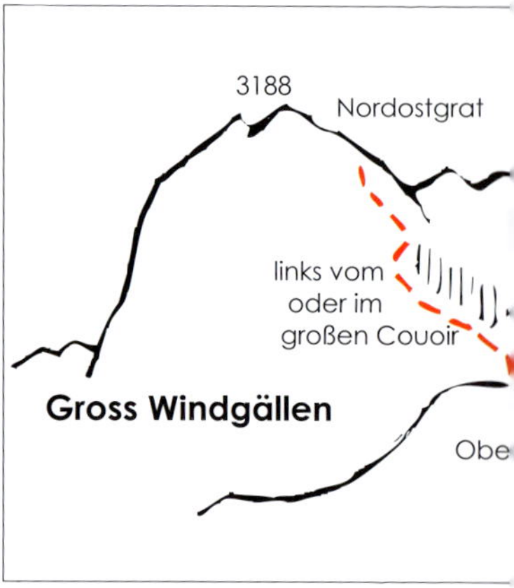

34 Gross Windgällen, 3188 m (410 mPr)

Klettergipfel über dem Reusstal

AD III ! (IV)

7 Std.

1650 mH

Schwierigkeiten: **AD**. Kletterei bis III. (Mit zunehmender Ausaperung wird die Route schwieriger, im Spätsommer auch Stellen IV).
Mühen: Hüttenzustieg 450 mH (2 Std.), Gipfelaufstieg 1200 mH (4 Std.).
Gefahren: Teils brüchiger Fels. In Rinne Steinschlaggefahr. Einsames und ernstes Gelände, nur für wirklich Erfahrene!
Freuden: Ursprüngliche Hochregion.
Karten, Spezialführer, Skizze: → Gross Düssi.
Andere lohnende Routen: SO-Flanke westlich der Südrinne, von Moränenrücken an den am tiefsten in den Stäfelfirn hineinreichenden Felsen aus (AD, bis IV, 5 Std., weniger steinschlaggefährdet).

Scharf geschnittener Gipfel aus Kalk östlich von Erstfeld und Silenen, hoch über Reuss- und Maderanertal. Die erste Besteigung gelang G. Hoffmann mit J. und M. Treschin 1848 über die Ostrinne.
Anreise: Bahn oder Autobahn bis Amsteg an der Mündung des Maderanertals. In diesem rasch hinauf nach *Bristen* (770 m).
Hüttenzustieg: Von Bristen Gondelbahn nach Golzeren (1600 m), dann Steig zur *Windgällenhütte* (2032 m, AACZ Zürich, 89 L, Tel. +41/41/8851988).
Gipfelaufstieg: Von der Hütte Weg nach N, dann Pfad nach NW in die Mulde zwischen Schwarzberg und P. 2217. Nun steiler über Schutt zu Sattel, danach abwärts zum Ursprung des östlichen Arms des Stafelsbaches. Über den Stäfelfirn, die untere Steilstufe links vermeiden, die zweite mit Rechtsbogen umgehen. Vom oberen Boden des Gletschers zum Fuß des markanten Couloirs. Einstieg je nach Randkluft, normalerweise über einen Felskopf unter der Wand des NO-Grates (bei starker Ausaperung nur über die plattige Wand des NO-Grates, IV). Vom Felskopf links über brüchigen Fels und senkrechte Stufe, dann in der Mitte der Rinne auf einen großen Felskopf. Über Firn oder Schutt schräg links zum Fuß eines markanten Felsturmes in der Mitte der Rinne. Den Turm links umgehen. Oberhalb davon rechts auf Schuttrücken und über eine dritte Steilstufe zu Scharte im obersten Teil des NO-Grates. Links der Gratkante zum Gipfel.
Aussicht: Im Osten Düssi und Tödi, nach Westen Tiefblick ins von eiszeitlichen Gletschern ausgehobelte Reusstal.

Gross Windgällen

GLARNER ALPEN

Diese Berge schließen östlich an die Urner Alpen an. Auch sie bestehen teils aus kristallinen Gesteinen, teils aus Kalk. Die oft kleinräumigen Wechsel des Gesteins und der Lagerungsverhältnisse verdeutlichen die gewaltigen Kräfte, die bei der Auffaltung der Alpen wirkten. Die Vergletscherung ist hier übersichtlicher als in den vorher beschriebenen Gebieten, aber die Berge sind auch hier stolze Riesen.

Ausblick vom Titlis nach Osten zum Oberalpstock, rechts in der Ferne der Tödi

35 Tödi, 3614 m (1447 mPr)

Wo der SAC erfunden wurde

PD oder **AD !**

8 Std.

1800 mH

Schwierigkeiten: PD. Von S überwiegend Gletscheraufstieg, deshalb im Einzelnen stark von den Verhältnissen abhängig. Von N und W insgesamt **AD–**, am Berg überwiegend bröckeliger Fels mit Kletterei bis III.
Mühen: Von Süden und Osten zur Hütte 700 mH (2 ½ Std.), Gipfelaufstieg 1500 mH (5–6 Std.), von Norden und Westen zur Hütte 1000 mH (5 Std.), Gipfelaufstieg 800 mH (5–6 Std.).
Gefahren: Spaltenreicher Gletscher, der später im Sommer bei starker Ausaperung unpassierbar werden kann. Südwestanstieg abwärts geschichteter, brüchiger Fels, bei Neuschnee heikel und dann zu meiden!
Freuden: Auf einem königlichen Gipfel stehen.
Karten: LKS 1:25 000, 1193 Tödi, 1194 Flims, 1:100 000 Blatt 38 Panixerpass.
Skizze: → auch Gr. Schärhorn.
Spezialführer: Luchsinger, SAC Glarner Alpen, Bern; Tubbesing, Gebietsführer Glarner Alpen, Bergverlag Rother, München.

Dieser breite, aber allseits steil abweisende Klotz ist der höchste Gipfel der Glarner Alpen. Er besteht aus autochthonem (= an dieser Stelle abgelagertem, also nicht nachträglich hierher geschobenem) Jurakalk. Bereits 1788 wurde der Südgipfel Stoc Grond (3422 m) durch Pater Placidus a Spescha bestiegen. Der höchste Punkt (Piz Russein) wurde nach vielen Versuchen erstmals am 1. September 1824 durch Augustin Bisholm und Placi Curtschellas bestiegen, wobei der Aufstieg über die steinschlagträchtige Südwestflanke erfolgte. Die – irrtümlicherweise als erste Überschreitung erlebte – Besteigung des Gipfels 1861 durch Rudolf Theodor Simler und Georg Sand mit den Führern Gabriel Zweifel und Heinrich Elmer inspirierte Simler zur Gründung des Schweizer Alpen Clubs (SAC): »Dies alles überwältigte mich. Meinen

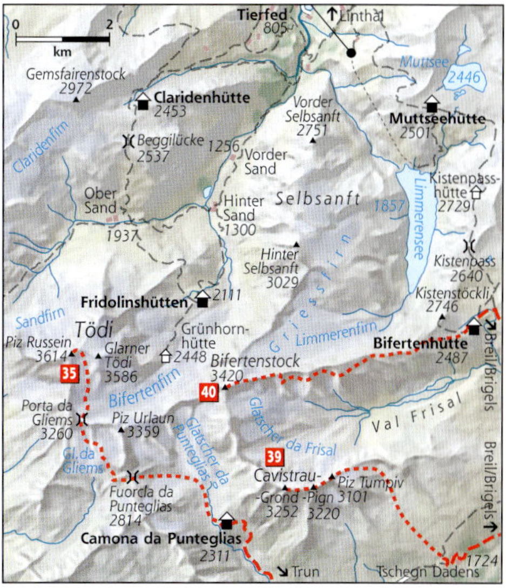

35

schwachen Kräften konnte ich die Erforschung dieser Gegenden allein nicht zutrauen und so reifte in mir der Gedanke an eine Assoziation der Freunde der Bergwelt.« Der Verein wurde 1863 gegründet und konzentrierte sich zuerst stark auf die Tödigruppe. Der alte Normalweg von Fridolinhütte und Grünhütte wird neuerdings durch starke Ausaperung im Sommer rasch unpassierbar. Deshalb werden hier nur die Aufstiege von Süden und Nordwesten beschrieben. Letzterer hat zwar einen langen Zugang und führt über miserablen Fels, wird jedoch von der Ausaperung nicht so sehr betroffen wie die Gletscherrouten. Bei Neuschnee ist er allerdings undiskutabel.

Anreise: Über Chur Bahn oder Autostraße nach *Trun* (852 m), für den Zugang von Norden zum Klausenpass.

Hüttenzustieg von S und O: Von Trun über Schlans ein Sträßchen hinauf zur Alp da Schlans Sut (1723 m). In westlicher Richtung etwas abwärts ins Val Punteglias zur Alp da Punteglias (1631 m; direkt von Trun 1 Std. mehr). Im Tal hinauf zum Fuß der Felsstufe (1832 m). Rechts Markierung und Pfad folgend zur *Camona da Punteglias* (2311 m; SAC Winterthur, 42 L, bew. Juli–Sept., Tel. 0041/81/943 19 36).

Gipfelaufstieg von Süden und Osten: Von der Hütte zuerst nordwärts in Richtung Gletscher, dann im Bogen nach links unter Dolomitwänden zur Scharte Fuorcla da Punteglias (2814 m). Jenseits über Firn oder Geröll etwa 80 mH absteigen und rechts haltend zum Glatscher da Gliems. In seinem westlichen Teil hinauf zum Fuß der Felsen des Stoc Grond. (Variante: Erst auf dem östlichen Gletscher aufsteigen und am Fuß des den Gletscher teilenden Felsrückens nach links recht hässliche 50 mH absteigen auf den westlichen Gletscherteil und dort gerade hinauf.) Oben nach rechts ansteigen, zuletzt am Bergschrund rechts auf abwärts geschichtetem Fels (Drahtseil) zur Porta da Gliems (3260 m). Zum östlichen Felssporn des Stoc Grond queren (bei unpassierbaren Spalten direkt absteigen) zum Bifertenfirn. Nun in großem Bogen über den zerschrundeten Gletscher ansteigend zum Grat zwischen Piz Russein und Glarner Tödi und von dort rasch zum Gipfel.

Hüttenzustieg von Norden: Wie im Aufstieg zum Clariden zum Chammlijoch, dann über den Hüfifirn, am Fels des P. 3127 vorbei und im Bogen zum Fuß des Claridenhorns. Unterhalb vom

35

Claridenpass vorbei und dann südwärts zum großen Kolk am Hinteren Spitzalpelistock und zur *Planurahütte* (2947 m, SAC Glarus, 80 Schlafplätze, bew. Juli–Sept., Tel. 0041/41/885 16 65).

Gipfelaufstieg über die SW-Flanke: Über den Sandfirn nach S zum Sandpass (2781 m). Den Chli Tödi den Steigspuren nach südseitig umgehen zum Westfuß des Tödi. Dort unter der ersten, auffallend gelben Felsstufe nach rechts queren bis hinter die große Rinne. Erst nach ihrer Querung nach links und zwischen zwei kleineren Rinnen zügig aufsteigen zu Schutthängen und schuttbedeckten Felsstufen. In halber Wandhöhe nach links zum Westgrat zu einem markanten Gendarm. Nun am flacher werdenden Westgrat zum Gipfel.

Aussicht: Gewaltiges Panorama, im Westen bis zum Berner Oberland und Walliser Alpen, im Osten gegenüber der Bifertenstock, im Süden Piz Medel.

Nebengipfel: Der Glarner Tödi (3586 m) ist vom Gipfelgrat rasch mit zu besteigen. Ebenso ist der historisch bemerkenswerte Stoc Grond (3422 m) von der Porta da Gliems über Firn gut erreichbar.

Blick ins Tal des Hinterrheins

PD+	IV ?
❄	30°
🏠	7 Std.
⛰	2600 mH

36 Ringelspitz, 3247 m (840 mPr)

Felsnadel hoch über dem Kunkelspass

Schwierigkeiten: **PD+**. Nach Bergsturz etwa IV.
Mühen: Von Tamins 1350 mH (4 Std.), Gipfelaufstieg 1250 mH (4–5 Std.).
Gefahren: Hochalpiner Aufstieg mit Gletscher und Kletterei.

Freuden: Auf einem kecken schlanken Gipfel stehen.
Karten: LKS 1:50 000, Blatt 247 Sardona.
Spezialführer: SAC Bündener Alpen Band 1.

Auch Piz Barghis. Der aufregend schlanke Felsturm ist der höchste Gipfel der Tamina- und Plessur-Gruppe der Bündener Alpen. Erstbesteigung G. Sand-Frank mit Heinrich und Rudolf Elmer 1865. Der heutige Normalweg über den Mittelgrat wurde 1887 durch W. Gröbli mit D. Kohler und J. B. Zimmermann begangen. Der Ausgangspunkt Kunkelspass war Flussbett des Urrheins.

Anreise: Von Chur nach *Tamins* (662 m).

Hüttenzustieg: Von dort für private Kfz gesperrtes Sträßchen zum Kunkelspass (1357 m). Vom Pass westwärts im Wiesentälchen kleine Straße zur Schleife im Talgrund. Nun auf zuerst undeutlichem Steig nach W über Wiese, dann durch den Wald hinauf zur Grossalp (1833 m). Nach NW hinauf zur *Ringelspitzhütte* (1998 m; SAC Rätia, 40 Schlafplätze, bew. Juli–Sept., Tel. +41/79/632 24 34).

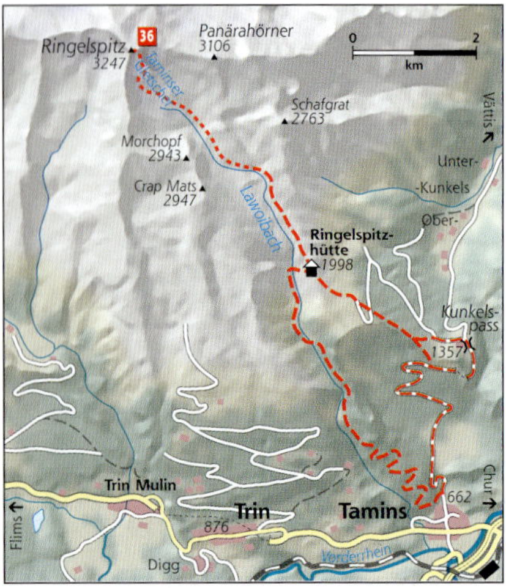

Gipfelaufstieg: Nach NW hinauf, am Berghüttli (2126 m) vorbei, bis zum Lawoibach. Weiter hinauf in die weite Mulde der Sandböden (2449 m). Nach NW hinauf zum Taminser Gletscher. Mit Bogen nach Westen gelangt man bei P. 2935 zum Mittelgrat. Auf diesem weiter bis zum gelben Kontaktband unterhalb einer sehr steilen Stufe. Diese westseitig umgehen und an zwei griffigen Rissen zu Gratscharte. Direkt am Grat weiter (III-), dann in einer Runse östlich des Grates, schließlich zum Ringelfirnplateau. Über eine schieferige Halde zur Nordostkante des Gipfelturms. Dieser ist durch Bergsturz schwieriger geworden (IV ?).

Aussicht: Von den Ötztaler Alpen bis zum Weißhorn im Wallis.

Nebengipfel: Vorderer Ringel (3225 m), vom Ringelfirn leicht.

37 Hausstock, 3158 m (655 mPr)

Berg zum Bewundern des Tödi

F+ !

5 Std.

1850 mH

Schwierigkeiten: **F+**. Etwas leichte Kletterei.
Mühen: Zustieg bis Panixerpass 1100 mH (3 Std.), Gipfelaufstieg 750 mH (3 Std.).
Gefahren: Ernsthaft wegen der Abgeschiedenheit.
Freuden: Bergeinsamkeit fast garantiert.
Karten, Spezialführer: → Tödi.

Markante Felspyramide nordöstlich des Tödi, erstmals bestiegen durch Oswald Heer im Jahr 1832.

Anreise: Von Chur durchs Tal des Vorderrheins nach Rueun. Hinauf nach Panix (1300 m) oder von Norden (Zürich) über Weesen, Glarus und Schwanden nach Elm und Straßenende bei Wichlen.

Zustieg: Von Panix oder Wichlen Steig über Panixerpass zur Panixerpasshütte (2407 m, Baudirektion des Kanton Glarus, 8750 Glarus, 14 Schlafplätze, Tel. 0041/55/642 60 67, Verkehrsbüro Elm).

Gipfelaufstieg: Vom Pass nach NW hinauf zum Glatscher da Mer. Auf dem Gletscher den unteren Teil des Ostgrates südseitig vermeiden, dann am schuttigen Grat, zuletzt in leichter Kletterei (bei gutem Firn auch in der Südostflanke direkt) zum Gipfel.

Aussicht: Beherrscht im SW der Tödi.

F

8 Std.

1300 mH

38 Piz Segnas, 3099 m (607 mPr)

Ein Berg mit Hut

Schwierigkeiten: F. Schutt und Firn, im Detail stark abhängig von den Verhältnissen.
Mühen: Gipfelaufstieg von der Bergstation 1100 mH (3–4 Std.).
Gefahren: Gletscherfrei, aber alpines Gelände, oft mit Firn.
Freuden: Alpiner Bergbahnausflug.
Karten, Spezialführer: → Tödi.

Der Gipfelaufbau besteht – ebenso wie der des benachbarten Piz Sardona – aus den sehr alten Gesteinen der Verrucano-Decke, die bei der Auffaltung der Alpen über die viel jüngeren Flyschschichten geschoben wurde, die jetzt den Sockel des Berges bilden. Die Erstbesteigung erfolgte 1861 durch G. Sand-Frank mit Heinrich Elmer.

Anreise: Anreise: Von Chur nach *Flims* (1081 m), auch von N nach Elm (960 m).

Gipfelaufstieg: Von Flims Bahn bis Alp Naraus (1838 m), dann nach W zur Camona da Segnas (2102 m). Im Kar Steig hinauf bis vor den Pass dil Segnas (über diesen auch Steig von Elm). Noch vor dem Pass im Kar unterhalb des SW-Rückens je nach Verhältnissen auf Firn oder Schuttrücken im Zickzack zum Sattel beim südlichen Vorgipfel (3012 m). An schmalem Schiefergrat zum höchsten Punkt. – Auch SW-Rücken direkt vom Pass dil Segnas nicht schwierig.

Aussicht: Rundsicht über die östlichen Glarner Berge.

Nebengipfel: Der weniger selbständige, aber gleichfalls beeindruckende, nordöstlich benachbarte Piz Sardona (3056 m, auch Surenstock genannt) ist über den verbindenden Bergrücken (Surenjoch, 2946 m) vom Piz Segnas her leicht erreichbar.

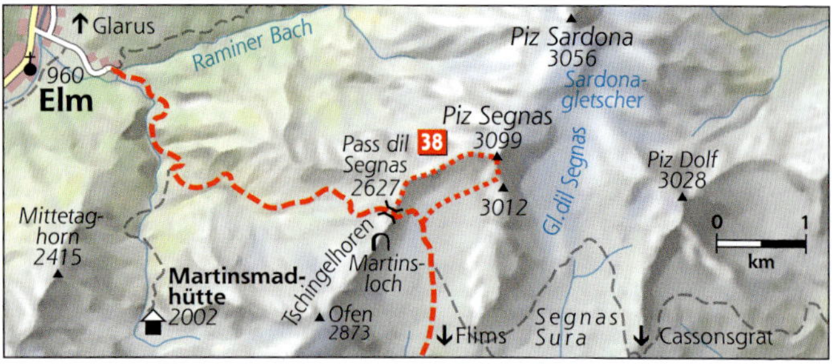

39 Grond Cavistrau, 3252 m (448 mPr)

Südöstlicher Trabant des Tödi

AD III !

9 Std.

1600 mH

Schwierigkeiten: Insgesamt **AD**. Kletterei bis III .
Mühen: Aufstieg von O ab Alp da Schlans Sut: Gipfelaufstieg 1600 mH (5–6 Std.).
Gefahren: Abenteuergelände auf Fels, Schrofen, Schutt und mit schwieriger Orientierung.
Freuden: Ein richtig hochalpiner Gipfel.
Karte, Spezialführer, Anreise: → Tödi.

Vom Tal ist dieser Gipfel markanter und wahrnehmbarerer als der Tödi. Der höchste Punkt wurde erstmals vom Piz Tumpiv her über den Pign Cavistrau und den Ostgrat durch R. Elmer – als einzigem Teilnehmer einer größeren Gruppe – am 19. Juli 1865 erreicht.
Gipfelaufstieg: Von Schlans Fahrsträßchen zur Alp da Schlans Sut (1723 m). In nordöstlicher Richtung weglos in das Val Dadens. Hinter dem P. 2457 nach NW biegend über Schutthalden und eine Art Rinne von Osten her auf den Tumpiv (3101 m). Am Grat in südwestlicher Richtung, Türme umgehend, zum Gipfel des Cavistrau Pign (3220 m). Weiter immer am Grat hinab zur Cavistraulücke und dann hinauf auf den Cavistrau Grond.

Grond Cavistrau von SO, rechts Tumpiv

AD III !

9 Std.

1600 mH

40 Bifertenstock, 3420 m (357 mPr)

Der zweithöchste Gipfel der Glarner

Schwierigkeiten: AD. Kletterei bis III .
Mühen: Hüttenzustieg ab Alp Quader 600 mH (2 Std.), von Breil/Brigels 1000 mH (4 Std.), Gipfelaufstieg 1000 mH (5 Std.).
Gefahren: Die teils kaum sicherbaren Bänderquerungen verlangen absolute Trittsicherheit und umsichtigen Umgang mit dem reichlich herumliegenden Lockermaterial. Im Gipfelbereich auch Firn, zuletzt eventuell auch Wechten!
Freuden: Ein richtig hochalpiner Gipfel.
Karte, Spezialführer, Anreise: → Tödi.

Auch die Besteigung des nördlich vom Gran Cavistrau versteckten Bifertenstockes verlangt gediegene Erfahrung mit ungeglättetem Hochgebirge. Als erste Ersteigung dieses beachtlichen Trümmerhaufens ist die der Herren Roth, Sand und Raillard mit H. Elmer, Vordermann und Stüssi am 7. September 1863 über den Bänderweg überliefert.

Hüttenzustieg: Vom nordöstlich von Schlans gelegenen *Breil* (1287 m) Fahrsträßchen in nordöstlicher Richtung in Kehren hinauf zur Alp Quader (1906 m). Nun in langer Querung nordwestwärts ansteigen in Richtung Kistenpass (von unten Einmündung des zuerst im Talgrund verlaufenden alten Weges von Breil) bis unterhalb des rechts gelegenen Piz d'Artgas. Hier nach links hinauf zur schon sichtbaren *Bifertenhütte* (2482 m, SAC Basel, 21 Plätze, im Sommer am Wochenende bew., Tel. +41/81/941 23 36).

Gipfelaufstieg (»Bänderweg«): Westwärts zum Limmerenpass und über den Ostgrat in Richtung P. 3096. Im oberen Drittel dieses Teilstücks nach links in die Südostflanke (auf Steigspuren achten!) und zum Rand der ersten großen Wandeinbuchtung der Südwand. Dort bei einigen großen Blöcken auf das markante Schuttband, das die Wand zwischen dem helleren Sockel und den braungrauen Deckschichten durchzieht. Auf diesem Band die Wandeinbuchtung luftig queren, unter der Scharte P. 3064 durch, zur Kante vor einer zweiten großen Wandeinbuchtung. Auf der Fortsetzung des Bandes auch diese queren (teils heikle Unterbrechungsstellen!) bis zur westlichen Begrenzungskante. Nun eine Rinne queren und zu Firnfeld. Dieses hinauf zum Grat. Nach Westen rasch zum Vorgipfel (3368 m) und am Grat weiter zum Gipfel.

Aussicht: Im Westen gewaltig der Tödi mit seiner Gletscherflanke.

41 Clariden, 3267 m (413 mPr)

Vom Klausenpass auf den westlichen Nachbarn des Tödi

PD | ❄ | 6 Std. | 1350 mH

Schwierigkeiten: **PD**. Zum Chammlijoch und am Gipfelaufbau Firn/Eis.
Mühen: Vom Klausenpass 1320 mH Aufstieg (4 Std.).
Gefahren: Im oberen Teil empfiehlt sich, den Firn zu erreichen und ihn wieder zu verlassen, bevor er allzu sehr aufweicht.
Freuden: Einsame Berge.
Karten, Spezialführer: → Tödi, dazu LKS 1192.
Skizze: → Gross Schärhorn.

Der zentrale Gipfel der am stärksten vergletscherten Untergruppe der Glarner Alpen. Erste Besteigung E. v. d. Linth mit G. Tresch im Jahr 1841.
Anreise: Von Altdorf oder Glarus zum Klausenpass (1948 m).
Gipfelaufstieg: Von der Passhöhe auf einem Pfad westlich am Rah Stöckli vorbei und in der Flanke des Tierälpligrates weiter. Oben auf dem breiteren Rücken zum Iswandli und direkt hinauf ins weite Chammlijoch (3031 m). Am Westgrat zum Vorgipfel (3193 m). Jenseits hinab in den Sattel und über Flanke und Grat zum höchsten Punkt.
Aussicht: Beherrscht vom nahen Tödi.

42 Vorab, 3028 m (401 mPr)

Höher als der Skizirkus

F | ❄ | 2 Std. | 450 mH

Schwierigkeiten: **F**. Elementarer Schneehatscher.
Mühen: 450 mH (1 ¼ Std.), eventuell noch reduzierbar durch Sessellift.
Gefahren: Am ehesten durch Kollision mit skifahrenden Zeitgenossen.
Freuden: Kommunikatives Unternehmen – wenn die Bahn fährt!
Karten, Spezialführer: → Ringelspitz.
Skizze: → Hausstock.

Als Skigebiet satt vermarkteter Seilbahngipfel oberhalb Flims. Bei der Erstbesteigung durch A. Escher von der Linth 1842 war es hier stiller.
Anreise: Von Chur über Flims nach Laax. Seilbahnen zum Vorabfirn.
Gipfelaufstieg: Ab Bergstation nach NW und W. Im Sommer kein Bahnbetrieb, dann Hatscher (siehe Skizze)!
Aussicht: Westlich gegenüber der Hausstock, im SW der Tödi.

SILVRETTA

Berühmt sind diese Berge wegen ihrer herrlichen Skitouren. Aber auch im Sommer bieten sie lohnende hochalpine Unternehmungen. Die aus kristallinen Gesteinen aufgebaute Gebirgsgruppe liegt zwischen dem Arlberg und dem Unterengadin. Über ihren Hauptkamm verläuft die Grenze zwischen Österreich und der Schweiz.

PD II

6 Std.

2200 mH

43 Piz Linard, 3410 m (1027 mPr)

Auf den höchsten Silvrettaberg

Schwierigkeiten: Insgesamt **PD**, mit Kletterei bis II.
Mühen: Zur Hütte 1150 mH (3 Std.), Gipfelaufstieg 1050 mH (4 Std.).
Gefahren: Man/frau sollte sich in hochalpinem Gelände mit wenig festem und schuttigem Fels auskennen. Durch die Ausaperung entwickelt sich in fortgeschrittener Jahreszeit zunehmende Steinschlaggefahr. Für Unerfahrene auch wegen der Vielfalt an Anforderungen rasch gefährlich.
Freuden: Auf dem höchsten Gipfel der Silvretta stehen.
Karten: LKS 249, 5017.
Spezialführer: Günther Flaig, Silvretta alpin, Bergverlag Rother, München 2000.
Andere lohnende Routen: Südostgrat (AD, III, 4 Std.).

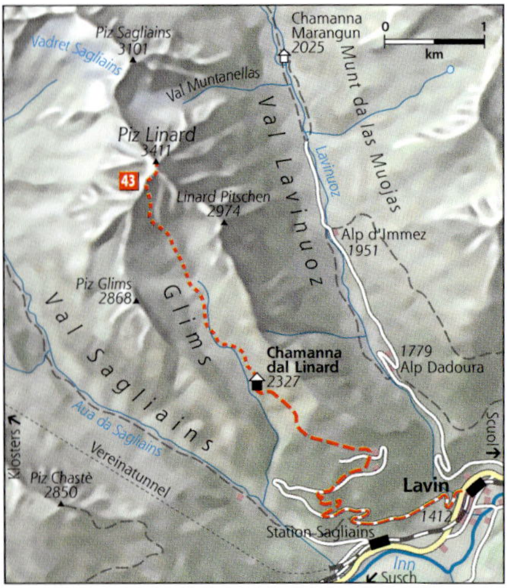

Der höchste Gipfel der Silvretta, dem auch gerne weitere Superlative angehängt werden. Die mächtige, vierseitige, aus Hornblendegneis bestehende Felspyramide ist von Süden vom tief eingeschnittenen Inntal um Zernez und Susch aus gesehen ein imponierender Blickfang. Die erste Besteigung gelang J. Madutz und O. Heer bereits im Jahr 1835.

Anreise: Durch das Inntal zum 2 km nordöstlich von Susch gelegenen Dörfchen Lavin (1412 m).

Hüttenzustieg: Von der Brücke der Straße über den Lavinuoz-

43

bach. Wirtschaftsweg durch Wiesen und später Wald (»God Laret«) zu einer Weggabelung. Hier rechts (NO) im Zickzack hinauf zu Lichtung. Nun auf Fußweg in westlicher Richtung, zuletzt etwas abwärts in ein kleines Tal (Val Glims) und darin zur *Linardhütte = Chamanna dal Linard* (2327 m, SAC Unterengadin, 41 Schlafplätze, bew. Juli–Sept., Tel. 0041/79/629 61 91).

Gipfelaufstieg: Von der Hütte im Tal hinauf und zur rechten (östl.) der beiden steilen Rinnen, die von der in der Wand eingelagerten großen Schutthalde (bzw. dem Firnfeld) nach links herabzieht. In dieser Rinne (auf Schutt, Firn oder auch daneben auf Fels) zum linken unteren Ende der Schutthalde (bzw. des Firnfelds). Den Schutt oder Firn gerade hinauf, zuletzt in Rinne zum Südwestgrat. Auf ihm zum Gipfel.

Piz Linard von Süden

Aussicht: Grandios nach allen Seiten, vom Wallis bis zu den Ötztalern, zum Ortler, zur Bernina und zu den Dolomiten.

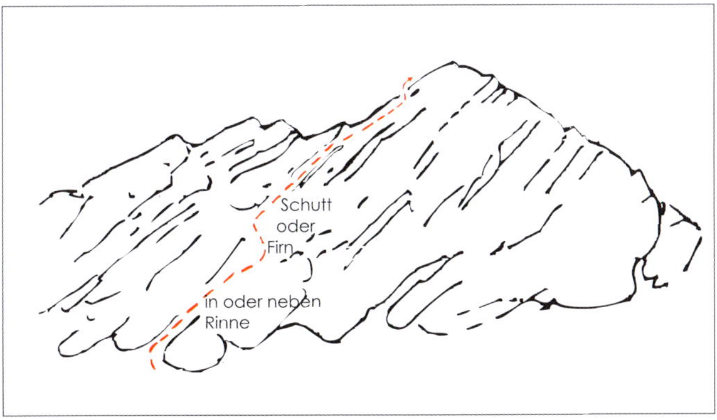

Piz Linard von Südosten gesehen von der Hütte

PD– II !

6 Std.

1200 mH

44 Piz Murtèra, 3044 m (458 m)

Das unscheinbare südwestliche Gegenüber des Piz Linard

Schwierigkeiten: Insgesamt **PD–**, mit Kletterei bis II.
Mühen: Gipfelaufstieg 1200 mH (4 Std).
Gefahren: Viel Schutt und etwas schuttiger Fels.
Freuden: Etwas für gründliche Sammler.
Karte, Spezialführer: → Piz Linard.

Zerfallender, nordseitig mit einem Gletscherchen besetzter Berg zwischen Val Saglians und Val Fless. Von der Ostzufahrt zum Flüelapass im Val Fless nordwärts 3 km aufsteigen und dann ostwärts hinauf ins Val Gross. Von diesem über die schrofige Westflanke mühsam, aber ohne besondere Schwierigkeiten zum Gipfel. Hier sagen sich Gemsen, Murmeltiere und Dohlen gute Nacht.

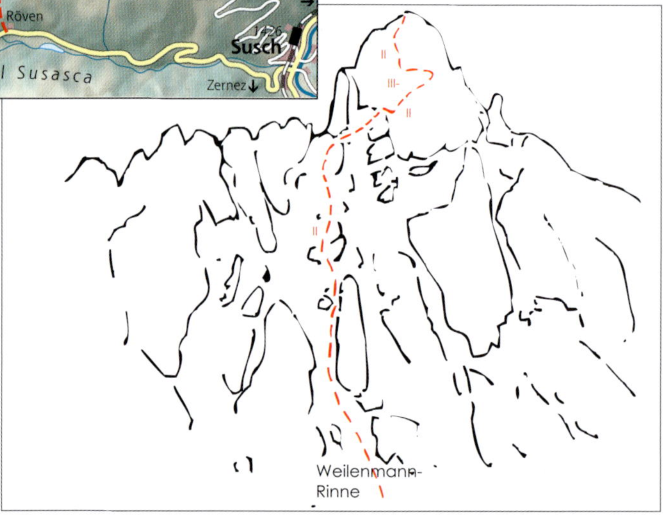

Fluchthorn von Süden

45 Fluchthorn, 3399 m (647 mPr)

Vom Jamtal auf den massigsten Silvrettaberg

PD+ II

8 Std.

1680 mH

Schwierigkeiten: Insgesamt **PD+**, teils II und kombiniertes Gelände.
Mühen: Zur Hütte ab Scheibenalm 330 mH (1 ½ Std., ab Brücke P. 1697 3/2 Std. mehr), Gipfelaufstieg 1350 mH (4–6 Std.).
Gefahren: Die Ausaperung hat das kombinierte Gelände nicht schöner gemacht. Wegen der später im Jahr unerquicklichen Steinschlaggefahr ist für Besteigungen der Frühsommer vorzuziehen.
Freuden: Was für ein zünftiger Berg!
Karten: AV-Karte 1:25 000, Blatt 26 Silvretta, LKS 5017.
Spezialführer: Günther Flaig, AVF Silvretta alpin, Bergverlag Rother, München 2000.
Andere lohnende Routen: Überschreitung aller drei Gipfel.

Der dreigipfelige Felsberg im Nordosten der Gebirgsgruppe rangiert zwar der Höhe nach nur an zweiter Stelle in der Silvretta, ist jedoch schwieriger und an Masse wuchtiger als der Piz Linard. Der Südgipfel erreicht die größte Höhe. Die erste Ersteigung gelang J.J. Weilenmann und Pöll 1861.

Anreise: Von Bludenz oder Landeck nach *Galtür* (1584 m).

Hüttenzustieg: Von Galtür im Jamtal ganztägig mit Pkw frei bis Brücke P. 1697, von 17–8 Uhr auch bis zur Scheibenalm (1833 m). Dann obligatorisch zu Fuß im Tal weiter zur *Jamtalhütte* (2165 m, DAV Sektion Schwaben, 220 Schlafplätze, Winterraum, bew. 20.2.–25.5. und 25.6.–Anf. Okt., Tel. 0043/5443/84 08, Tal 83 94).

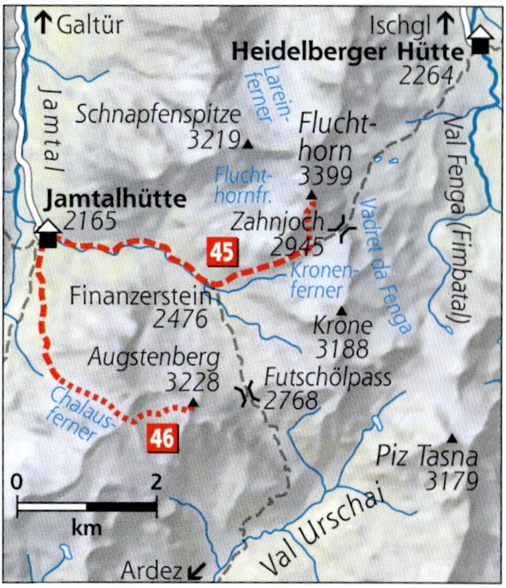

Gipfelaufstieg: Von der Hütte in östlicher Richtung das Tal des Futschöglbaches auf gutem Steig hinauf zum Finanzerstein (2476 m, 1 Std., Hüttchen). Nun links den Steig hinauf zum Fuß der Südflanke des Fluchthorns. In der linken der beiden markanten, von einer Felsrippe getrennten Rinnen (»Weilenmannrinne«, bei schlechtem Schnee oder starker Ausape-

45 rung oben auch auf der Felsrippe) hinauf zu Scharte oberhalb vom Südwestgrat. Um Felskopf herum zum Fuß des Gipfelaufbaus. Nach rechts abwärts queren bis zur zweiten Rinne. Darin gleich zu überhängender Verengung. Diese mit einer Links-Rechts-Schleife überwinden und so auf die rechte Begrenzung der Rinne gelangen. Leichte Querung, einen Spalt zwischen Blöcken passieren, eine Rinne queren und in die weniger schwierige Flanke. Darin links in der Rinne zum Gipfel.

Aussicht: Im Westen die Hochgipfel und Gletscher der Silvretta, im Norden das Verwall, im Südosten die Berge des Unterengadin.

PD– I

6 Std.

1480 mH

46 Augstenberg, 3228 m (431 mPr)

Auf den Gipfel am Talschluss des Jamtals

Schwierigkeiten: Insgesamt **PD–** mit Kletterstellen I und Gletscher (mit stark wechselnden Verhältnissen).
Mühen: Zur Hütte 330 mH (1 ½ Std.), Gipfelaufstieg 1150 mH (4 Std.).

Gefahren: Gletscher ernst nehmen.
Freuden: Der fünfthöchste Berg der Silvretta.
Karte, Anreise, Hütte, Spezialführer, Skizze: → Fluchthorn.

Ansehnlicher Doppelgipfel mit imponierenden Nordabstürzen zum Jamtal hin, auch oft mit Ski bestiegen. Der Nordgipfel ist der höchste Punkt.

Gipfelaufstieg: Von der Jamtalhütte Steig in genau südlicher Richtung, unter dem Steinmännli vorbei zum Chalausferner. Diesen je nach Passierbarkeit der Spalten, gewöhnlich auf seiner linken Seite, hinauf zur Fuorcla Chalaus (3003 m, 3 Std.). Von dort (nach Süden, auf Wechten achten!) in die obere Firnmulde des Vadret da Chalaus. Aus dieser in östlicher Richtung zum Gipfel.

Aussicht: Ringsum offen, im Westen Piz Buin und Dreiländerspitze, im Südwesten Piz Linard, in der Ferne im Süden die Bernina, im Südosten die Ortlergruppe, im Osten Samnaun und dahinter Ötztaler, im Nordosten die Fluchthörner, im Norden das Verwall.

Nachbargipfel: Die südliche Augstenspitze (3225 m) 200 m nebenan.

47 Flüela-Wisshorn, 3085 m (632 mPr)

Vom Pass direkt zum Gipfel

F+	I
P	5 Std.
	900 mH

Schwierigkeiten: Insgesamt **F+**, mit leichten Kletterstellen (I).
Mühen: Gipfelaufstieg 900 mH (3–4 Std.).
Gefahren: Moderat.
Freuden: Ein hübsch anzusehender Berg.
Karten: LKS 1:50 000, Blatt 248.
Spezialführer: → Piz Linard.

Der südlichste Gipfel der Silvretta steht nördlich vom Flüelapass gegenüber vom Flüela-Schwarzhorn und ist aus hellem Gneis aufgebaut.
Anreise: Von Davos (1560 m) oder Susch (1426 m) auf den Flüelapass, zum Wegerhaus (2207 m, 2 km nördl. der Passhöhe).
Gipfelaufstieg: In zuerst nordöstlicher, dann südöstlicher Richtung Steig hinauf ins Kar und zur Winterlücke (2797 m). Von dort links vom blockigen Nordwestgrat zum Vorgipfel und rechts vom Grat zum Gipfel.
Aussicht: Südlich gegenüber befindet sich das aus schwarzem Amphibolith aufgebaute Flüela-Schwarzhorn und die Vadretgruppe. (siehe 3000er, Band Südliche Ostalpen).

Rhizocarpon geographicum vulgo »Landkartenflechte«

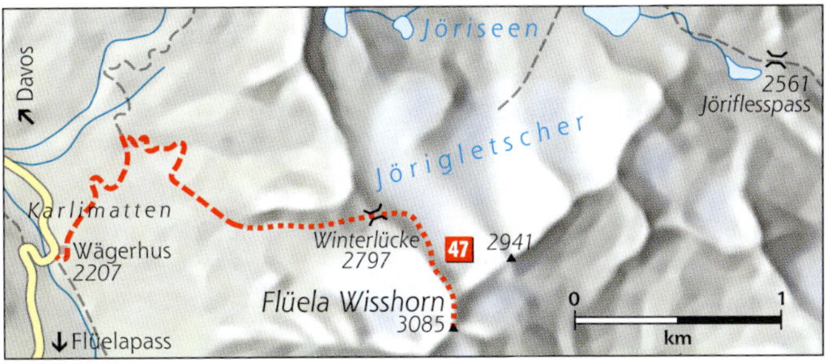

PD	II
❄	
🏠	5 Std.
⛰	1300 mH

48 Piz Buin, 3312 m (514 mPr)

Auf den höchsten Punkt des Silvretta-Grenzkammes

Schwierigkeiten: Insgesamt **PD**. Kletterei teils II und I.
Mühen: Zur Hütte 400 mH (2 Std.), Gipfelaufstieg 900 mH (3–4 Std.).
Gefahren: Der Fels ist abgeklettert, aber nicht besonders fest. Eispickel, Steigeisen und Seil ratsam.
Freuden: Auf einem der großen Silvrettaberge stehen.
Karte, Spezialführer: → Fluchthorn.

Der höhere, östlichere der beiden markanten benachbarten Berge ist der höchste Gipfel im Silvretta-Hauptkamm (Großer Piz Buin, auch Piz Buin Grond genannt). Die erste Besteigung erfolgte 1865 durch J. A. Specht und J. Weilenmann mit F. Pröll und J. Pfitscher.

Anreise: Mautstraße von Galtür oder Gaschurn zur *Bieler Höhe* (2037 m).

Hüttenzustieg: Östlich der Bieler Höhe über den Staudamm und auf gutem Steig durch das Ochsental zur *Wiesbadener Hütte* (2443 m, DAV Wiesbaden, 200 Schlafplätze, bew. Febr.–Mai und Ende Juni–Okt., Tel. 0043/5558/42 33).

Gipfelaufstieg: Von der Hütte zuerst talaufwärts in Richtung Dreiländerspitze, dann rechts hinauf in die Gletschermulde unter dem Vermuntpass. Gewöhnlich gespurt nach rechts zum Fuß des »Wiesbadener Grätle«. Über gestufte Wand (II und I) zur linken Gratscharte (2993 m). Jenseits über Blöcke hinab auf den Firn des Ochsentaler Gletschers. Nach rechts (SW) bis hinter den NW-Sporn des Piz Buin Grond. Dahinter nach links und – noch vor der Buinlücke – in die Felsen der Westflanke. Darin

Piz Buin von Nordwesten vom Silvretta Stausee

über Schutt und Firn zu einer sperrenden Stufe. Darunter nach links und in der Nordflanke in Rinne (»Kamin«, II, Bohrhaken) über die Stufe hinauf. Danach wieder in die Westflanke und dort zum Gipfel.

Aussicht: Einer der Top-Aussichtsberge der Silvretta.

Nachbargipfel: Der westlich gegenüber gelegene Kleine Piz Buin (3256 m, Piz Buin Pitschen; NW-Grat von der Fuorcla dal Cunfin, II und I). Östlich des Vermuntpasses die Dreiländerspitze (3197 m, PD, W-Grat II).

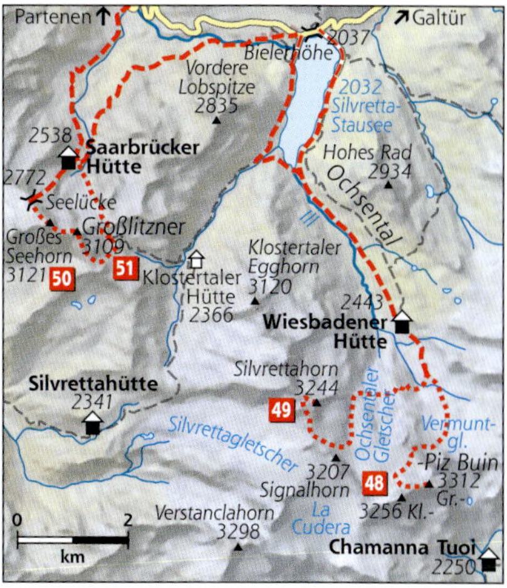

49 Silvrettahorn, 3244 m (201 mPr)

Aussichtskanzel gegenüber dem Piz Buin

F+ I

5 Std.

1250 mH

Schwierigkeiten: Insgesamt **F+**. Gletscher und Kletterei bis I.
Mühen: Zur Hütte 400 mH (2 Std.), Gipfelaufstieg 850 mH (3–4 Std.).
Gefahren: Gletscher.
Freuden: Aussicht.
Karte, Spezialführer: → Fluchthorn.
Anreise, Hütte, Skizze: → Piz Buin.

Der formschöne Aussichtsgipfel südlich vom Silvrettastausee. Erstbesteigung 1865 durch J. Jacot mit den Führern Jegen und Schlegel.

Gipfelaufstieg: Von der *Wiesbadener Hütte* 300 m talaufwärts, dann bei Gabelung rechts zum Ochsentaler Gletscher. Diesen queren zum Westufer. Dort nach links (S, Spalten) hinauf bis auf 2900 m Höhe, zum Fuß der Nordostwand des Signalhorns. Jetzt scharf nach rechts und hinauf zur nördlichsten Egghornlücke am Fuß des Silvrettahorns. Über den Südgrat auf Steigspuren über eine Felsstufe (I). Am nun schmaleren Grat (I) zum Gipfelaufbau und zuletzt auf der Nordwestseite zum Gipfel.

Aussicht: Großartige Rundsicht, besonders eindrucksvoll der Piz Buin.

PD II

5 Std.

1400 mH

50 Großes Seehorn, 3121 m (433 mPr)

Ein Hauch von Matterhorn

Schwierigkeiten: Insgesamt **PD**. Felskletterei bis II.
Mühen: Hüttenzustieg 800 mH (2–3 Std.), Gipfelaufstieg 600 mH (3 Std.).
Gefahren: Der heftig geschrumpfte Gletscher kann durch Aufstieg über den Schutt westlich davon vermieden werden. Dafür verlangt die Westflanke obligatorisch den Umgang mit Firn und später in der Saison auch Blankeis. Für Abseilen 50-m-Seil nötig!
Freuden: Großes Seehorn und Großlitzner sind die Genusskletterberge der Silvretta.
Karten: AV-Karte 1:25 000, Blatt 26 Silvretta, auch LKS 5017.
Spezialführer: G. Flaig, Silvretta alpin, Bergverlag Rother, München 2000.
Andere lohnende Routen: Aufstieg über den Großlitzner (→ Tour 51) und den Südostgrat (AD, III, 4–6 Std.).
Skizze: →Piz Buin.

Der höchste Gipfel im Nordwestkamm der Silvretta bildet zusammen mit der schnittigen Scheibe des südöstlich benachbarten Großlitzners ein eindrucksvolles Ensemble. Über den Grat verläuft die Grenze Österreich – Schweiz.

Anreise: Von Galtür oder Gaschurn Mautstraße zum westlich der *Bieler Höhe* (2036 m) 250 mH tiefer gelegenen Vermuntstausee.

Hüttenzustieg: Vom südlichen Ende des Sees, vom Vermuntstauwerk (1753 m), markierten Steig das Tal hinauf zur *Saarbrückener Hütte* (2538 m, DAV Saarbrücken, 87 Lager, Tel. 0043/5558/42 35). Hierher auch Steig direkt von der Bieler Höhe.

Gipfelaufstieg: Von der Hütte in südwestlicher Richtung Steig am Gletscherrest vorbei zur Seelücke (2776 m, Grenze). Je nach Verhältnissen in der Mitte der Flanke über Firn und schuttige Rinnen etwa 200 m empor, dann links über Stufen und Bänder zu einer Scharte des Nordwestgrates. An diesem zum Gipfel. Für den Abstieg ist bis zum Firn hinab eine Abseilpiste eingerichtet.

Aussicht: Nebenan der schroffere Großlitzner, dahinter die vergletscherten höheren Berge der Gruppe.

Großes Seehorn und Groß Litzner vom Vermunt-Stausee

51 Großlitzner, 3109 m (130 mPr)

Über die aufregend schmale Gratscheibe

AD III

8 Std.

1800 mH

Schwierigkeiten: Luftige hochalpine Kletterei, **AD**, bis III.
Mühen: Zur Hütte 800 mH (2–3 Std.), bis Seehorn-Gipfel 1000 mH (5–7 Std.).
Gefahren: Ernsthafte Kletterei, Übung und Bergerfahrung unerlässlich. Für Abstieg 50-m-Seil und Beherrschung der Abseiltechnik nötig
Freuden: Die Genusskletterei der Silvretta.
Karte, Spezialführer, Anreise, Hütte, Abstieg: → Großes Seehorn.

Die gewaltige, von Osten und Westen gesehen aufregend schmale Felsscheibe wird meist in einer großzügigen Überkletterung des Grates bis zum Großen Seehorn bestiegen. Dies gilt als die schönste Klettertour der Silvretta. Sie wurde bereits 1866 durch Jules Jacot mit den Führern Christian Jann und A. Schlegel erstmals begangen.
Zustieg: Von der Saarbrückener Hütte in südöstlicher Richtung hinauf über Gletscherrest zum Litznersattel (2737 m, 1 Std.). Nach Süden um Gletscherbuckel und einen felsigen Sporn herum und in der steilen Firnmulde nördlich des Winterbergs (eventuell schwierige Randkluft) hinauf zum blockigen Grenzgrat. Auf diesem gen Nordwesten hinauf bis vor den Gipfelaufbau des Großlitzners.
Kletterroute: Den Vorgipfel links (SW) auf Bändern umgehen zur Scharte vor dem Vorturm. Auch diesen links (SW) umgehen zur Litznerscharte zwischen Vorturm und Gipfelturm. Links der Gratkante (SW-Seite) gestuft empor, dann unter einer Steilstufe schräg rechts auf einen Absatz. Schräg rechts über eine Platte zur Pfeilerkante und daran zum zweiten Absatz. Knapp rechts an der Kante des Gipfelturms, zuletzt über Überhang, zum dritten Absatz. Gestuft zum dritten Absatz. Gestuft zum Gipfelüberhang, diesen rechts an der Kante hinauf und über eine Platte direkt zum Gipfelgrat.
Gestuft abklettern zu Abseilring vor Querspalt. Gestuft hinab zu Abseilring oberhalb einer schrägen Platte. Über einen Risskamin abseilen. Von seinem Fuß gestuft hinab zu Absatz. Links Rinne hinab zu kleinem Absatz. Dann schräg rechts hinab zum Fuß des Gipfelturms. Rasch über Blöcke oder Firn in die Scharte zwischen Großlitzner und Großem Seehorn (»Hochjoch«, ca. 2980 m). Nun am weniger schwierigen Südostgrat des Großen Seehorns auf dessen Gipfel (II und I, 1 Std. ab Hochjoch).

SAMNAUN

Die weniger wilden Berge östlich der Silvretta, zwischen Verwall und Inntal, sind ein wohl etabliertes Skigebiet. Was auch schwer zu übersehen ist.

F

5 Std.

1060 mH

52 Hexenkopf, 3035 m (496 mPr)

Ein behäbiger schwarzer Berg

Schwierigkeiten: **F**. Steige und markiertes wegloses Gelände.
Mühen: Bergbahn-»Hütte«. Gipfelaufstieg ab Kölner Haus 1060 mH (3 Std.).
Gefahren: Kaum.
Freuden: Ein zünftiger Wanderberg.
Karten: Kartenbeilage 1:100 000 im AV-Führer Samnaungruppe.
Spezialführer: AV-Führer Samnaungruppe, Bergverlag Rother, München.

Der Berg liegt im Norden des Samnaungebiets und ist aus dunklem Gneis aufgebaut. Seine Besteigung verlangt lediglich Steigarbeit und gutes Wetter.

Anreise: Von der Inntalstraße von Ried nach *Serfaus* (1427 m).

Hüttenzustieg: Mit der Kabinenbahn zum *Kölner Haus* (1965 m, DAV Köln, 80 Schlafplätze, Tel. 0043/5476/62 14).

Gipfelaufstieg: Auf Weitwanderweg 712 nach SW über das Arrezjoch (2587 m) zur Hexenseehütte. Nun nach N hinauf zum Masnerjoch. Am oder nahe dem blockigen Ostgrat (markiert) zum Gipfel.

Aussicht: Im Westen gegenüber das Verwall, im Südosten die Ötztaler.

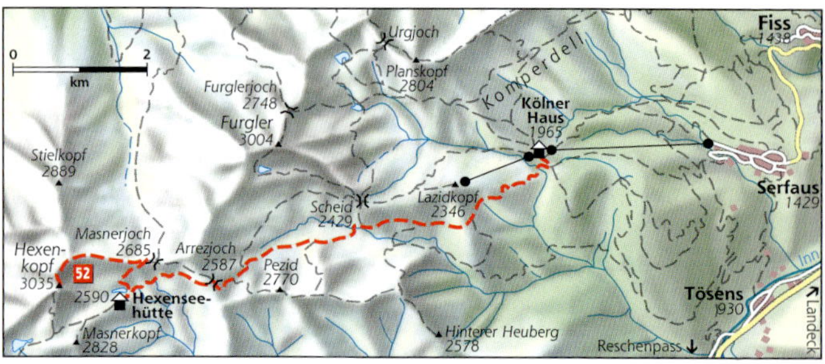

53 Muttler, 3294 m (446 mPr)

Auf den höchsten Berg des Samnaun

PD– !

P 10 Std.

1590 mH

Schwierigkeiten: **PD–**. Hatscher mit etwas leichter Kletterei.
Mühen: Lumpige 1590 mH Gipfelaufstieg (7 Std.).
Gefahren: Einsames Gelände.
Freuden: Einsames Gelände.
Karten: LKS 1:50 000, Blatt 249 Tarasp.
Spezialführer: SAC Bündner Alpen 8, AV-Führer Samnaungruppe, Bergverlag Rother, München.

Die breite, abgerundete Pyramide aus Bündner Schiefer ist der höchste Gipfel der Samnaungruppe. Der hier beschriebene Aufstieg apert früh aus und enthält deshalb nicht die Tücken der Firnanstiege, welche die gleichfalls wenig schwierigen und im Sommer gleichfalls oft begangenen Nordanstiege von Samnaun aus aufweisen.

Anreise: die Straße von Landeck aus in Richtung St. Moritz bis rauf nach Ramosch, dann nordwestwärts durch das Val Finestra hinauf bis man zum Gasthof *Hof Zuort* (1711 m) gelangt.

Gipfelaufstieg: Alpweg durch Wald ins Val Tiatscha zur Alp Pradgiant (2075 m).

Auf Steigspuren das Tal weiter hinauf zur Waldgrenze. Nun in weitem Bogen von rechts nach links über steile Schutthalden zum Sattel P. 2950 im unteren Teil des Südwestgrates. Am Grat zum Gipfel.

Aussicht: Im Westen Silvretta mit Fluchthörnern, im Osten gegenüber die Ötztaler Berge mit der Weißkugel, im Süden Piz Sesvenna.

54 Stammerspitz (Piz Tschütta), 3254 m (404 mPr)

PD+ II !

P 9 Std.

1590 mH

Auf den ruppigsten Berg des Samnaun

Schwierigkeiten: PD+ . Schrofenrinne mit heikler Kletterei bis II.
Mühen: Lumpige 1590 mH Gipfelaufstieg (7 Std.).
Gefahren: Brüchiges und steilschlaggefährdetes Gelände – ernst!
Freuden: Einsames Gelände.
Karten, Spezialführer, Anreise: → Muttler.

Der Berg ist sowohl aus brüchigem Dolomit als auch aus Schiefern, die bei Nässe wegen des Tongehalts rutschig sind, aufgebaut. Hier werden deshalb nur Liebhaber spröder Objekte ihre Freude haben, die mit so etwas umzugehen vorher schon geübt haben. Der Westgipfel wurde erstmals 1881 von dem Briten J.P. Farrar mit den Führern Alois Praxmarer aus dem Kaunertal und Heinrich Prinz aus Samnaun bestiegen. Den höheren Ostgipfel erreichte der Leiziger Professor K. Schulze mit Johann Nell und Seraphim Kuppelwieser erstmals am 16. August 1884.

Sumpfdotterblume

Gipfelaufstieg: Von *Hof Zuort* wie zum Muttler zur Alp Pradgiant (2075 m). Etwa 100 mH aufsteigen, dann ab- und jenseits aufsteigend den Tobel Tiatscha nach NW queren. Auf dem Grasrücken »Tschütta« zuerst schräg links, dann in der Mitte hinauf zu Buckel unter den kahlen Schieferhalden (»Rastplatz«, 2860 m; die Mitte des Grashangs ist auch von dem östlich benachbarten Grasrücken »Urezza« aus durch Querung der östlichen Rinne erreichbar). Über die heiklen Schiefer hinauf zu Bänderterrasse (»Kalkmauer«). Im mittleren Couloir über heikle glatte Platten (II) hinauf, nach Bedarf auch auf den brüchigen Randfelsen, zuletzt rechts zum westlichen Zacken des Ostgipfels und zum höchsten Punkt.

VERWALL

Große dunkle Gneisberge prägen das Gebirge nördlich der Silvretta und südlich der Talfurche des Arlbergpasses, mit langen Zustiegen durch skiunfreundlich enge Täler und langen Gipfelrouten. Dies ist ein ernsthaftes Hochgebirge abseits von Trends und Trubel. Dreitausender sind hier die höchsten Gipfel.

Hoher Riffler von NO

55 Hoher Riffler, 3168 m (1328 mPr)

Der Herrscher des Verwall

Schwierigkeiten: Insgesamt **F+**. Bis Südgipfel Steig, zum Hauptgipfel 30 m nette, herzhaft luftige Kletterei (III-).
Mühen: Zur Hütte 1200 mH (3–4 Std.), Gipfelaufstieg 800 mH (2–3 Std.).
Gefahren: Hochalpine Steiganlage. Entsprechende Ausrüstung nötig.
Freuden: Einem Herrscher aufs Haupt zu steigen.
Karten: Übersichtskärtchen im AV-Führer genügt.
Spezialführer: Luzian, AV-Führer Verwall, Bergverlag Rother, München, 2005.

F+	III-
❄	
Hütte	4 Std.
Aufstieg	2000 mH

Der mit schroffen Wänden und Graten imponierende höchste Gipfel dieses Gebirges. Er liegt im nordöstlichen Teil der Gruppe, hoch über dem Stanzertal. Der Südgipfel wurde 1864 erreicht. Die

55

erste Erkletterung des höheren Nordgipfels gelang im Jahre 1887 J. Volland nach Aufstieg über den Pettneuer Ferner.

Anreise: Mit Bahn oder Auto nach *Pettneu* (1217 m) im Stanzertal.

Hüttenzustieg: Im Malfontal nach S hinauf zur Materialbahn, dann nach O zur Edmund-Graf-Hütte (2375 m, ÖAV Touristenklub Innsbruck, Juli–Sept., 95 L, Tel. 0043/5448/85 55).

Gipfelaufstieg: Von der Hütte nach NW Steig über Rundhöcker ins Schuttkar zwischen Kleinem Riffler und Blankahorn. Darin hinauf zum Sattel (2950 m). Rechts, unterhalb vom Blankahorn, Firnreste überqueren und Steig über die blockige W-Flanke zum Südgipfel. Zum Nordgipfel steiles Wandl griffig abklettern zu Scharte, rechts an Riss über kleingriffige Platte luftig zu Zacken, Grat weiter zum Kreuz (30 m, III-).

Aussicht: Im Norden Lechtaler, im Südosten Ötztaler Alpen.

Nebengipfel: Nebenan schroff Blankahorn (3129 m, O-Grat II), Kleiner Riffler (3014 m, vom Sattel leicht).

56 Kuchenspitze, 3148 m (580 mPr)

Auf den zentralen Berg des Verwall

AD III !

6 Std.

1900 mH

Schwierigkeiten: **AD** mit Kletterei bis III.
Mühen: Zur Hütte 1100 mH (4 Std.), zum Gipfel 800 mH (3–4 Std.).
Gefahren: Teilweise über Gletscher. Die Effekte stärkerer Ausaperung sind dabei allemal für Überraschungen gut. Deshalb ist alpine Allrounderfahrung gefordert, ebenso wie Eisausrüstung.
Freuden: Ein alpiner Berg.
Karten: AV-Karte 1:25 000, Blatt 28/2 Verwall, mittleres Blatt.
Spezialführer: Luzian, AV-Führer Verwall, Bergverlag Rother, München.
Andere lohnende Routen: Ostgrat (AD+, III, 4 Std.).

Der fünfgipfelige Felskamm verläuft in NW-SO-Richtung und lässt sich keineswegs so simpel besteigen wie der Name vermuten lässt. Das Gestein enthält Hornblende und bietet guten Kletterfels. Der höchste Punkt wurde erst 1884 durch W. Strauß mit den Führern Gottlieb Lorenz und Josef Ladner erreicht. Der Aufstieg über den gesamten Ostgrat erlaubt eine Besteigung ausschließlich über Fels, ist aber schwieriger und komplizierter.

Kuchenspitze von Osten vom Paznauntal

Anreise: Mit Bahn oder Auto nach *St. Anton* (1302 m) am Arlberg.

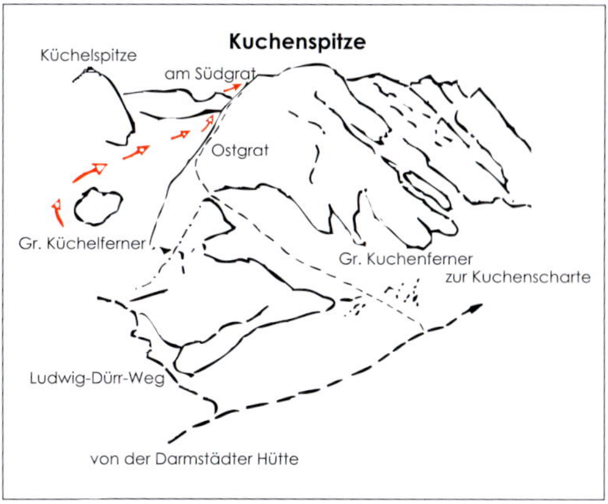

Kuchenspitze

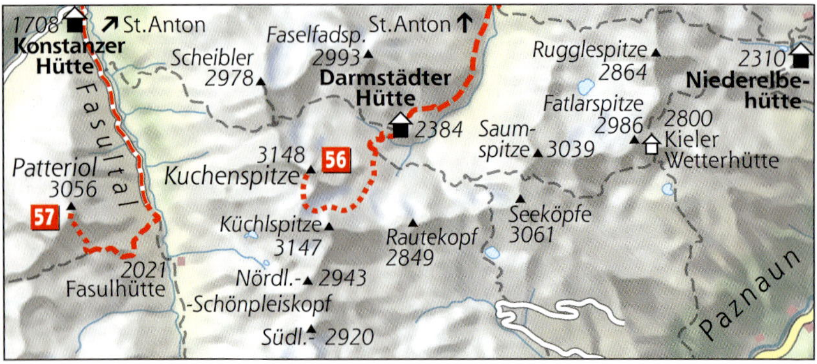

Hüttenzustieg: Das Moostal hinauf zur *Darmstädter Hütte* (2384 m, DAV Darmstadt, 86 Schlafplätze, bew. Juli–Sept., Tel. 0043/5446/31 30).

Gipfelaufstieg: Von der Hütte Ludwig-Dürr-Weg zum Küchelferner. Über diesen zum Eisbruch. Links davon über Wandstufe zum oberen Gletscherteil. Von dort in Rinne zur südlichen, tiefsten Scharte des Verbindungsgrates Küchelspitze–Kuchenspitze. Westseitig hinab auf den Kleinen Kuchenferner. Über den Gletscher, zuletzt über die höchste steile Firnzunge und 45° geneigte Platten (ausgeapert bis IV+!) zum Grat. Links zum Gipfel.

Aussicht: Südlich die Silvretta, im Norden die Lechtaler Alpen.

Nebengipfel: Die nur 1 m niedrigere südlich benachbarte Küchelspitze ist von der Scharte des Verbindungsgrates über den schwierigen Nordgrat (IV) zu erreichen.

Patteriol von Süden

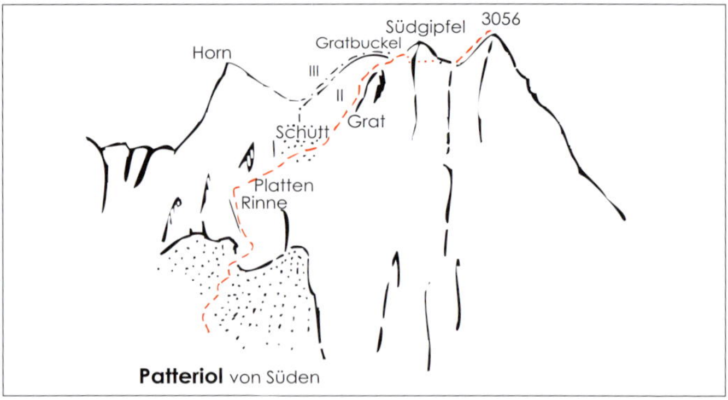

Patteriol von Süden

57 Patteriol, 3056 m (436 mPr)

Die große Felsburg über dem Verwalltal

Schwierigkeiten: **AD–**, Kletterei bis III.
Mühen: Zur Hütte 500 mH (3 Std.), Gipfelaufstieg 1300 mH (4–5 Std.).
Gefahren: Wenig begangenes, schrofiges, schuttiges und steinschlagträchtiges Gelände. Helm unbedingt ratsam.
Freuden: Ein Hauch von Exklusivität.
Karte, Anreise, Spezialführer: → Kuchenspitze.
Skizze: → Hoher Riffler.

AD– III **!**

❄ 30°

7 Std.

1800 mH

Diese vielleicht schönste Berggestalt der Gebirgsgruppe besteht wie die Kuchenspitze aus Hornblende. Die erste belegte Ersteigung gelang Ingenieuren mit den Gemsenjägern Engelbert Rauch, Josef Reich und Auer sowie einem Kaiserjäger im Jahre 1860.

Hüttenzustieg: Von St. Anton Arlbergstraße bis Hotel Moserkreuz, links Fahrweg in das Verwalltal und am Stiegeneck vorbei zum Rasthaus Verwall. Das Tal zur *Konstanzer Hütte* (1708 m, DAV Konstanz, 70 Schlafplätze, bew. Juni–Sept., Tel. 0043/664/512 47 87).

Gipfelaufstieg: Im Fasultal Steig in Richtung Schafbühljoch bis zum »Kugelt Stan« (2023 m). Noch vor der Brücke auf dem Bruckmann-Weg nach Westen hinauf und über Halde zum Fuß der Südwand zu der Stelle, wo der Fels am weitesten in den Schutt herabreicht. Zuerst rechts haltend ansteigen, dann auf Bändern nach links (W) in schluchtartige Rinne. Darin und später rechts (O) davon über Platten zum Hochkar. Von seinem unteren Ende zuerst nach rechts (O) queren, dann schräg ansteigen auf einen Grat. Diesen im Zickzack (II) hinauf bis kurz unter den Südwestgrat und zuletzt eine plattige Rinne querend in eine Gratscharte. (Hierher auch – heute üblicher, weil weniger steinschlaggefährdet, aber bis III – indem man vom Hochkar aus geradeaus zur Scharte zwischen dem links befindlichen »Horn« und dem oberen Südwestgrat aufsteigt und an diesem in netter Kletterei, schwierige Stufen seitlich umgehend, zum blockigen Gratbuckel und der Scharte gelangt.)
Nordostseitig über Platten und Bänder etwa 60 m absteigen, rechts ein breites Band kurz ansteigen und dann links entlang einer schmalen Rissrampe über die Platten abklettern. Vom Ende der Rampe rechts in die Scharte zwischen Süd- und Hauptgipfel. Am Grat und seitlich davon zum Gipfel.

Aussicht: Östlich gegenüber die Kuchenspitze.

LECHTALER ALPEN

Diese Berge liegen nördlich der Linie Arlbergpass-Landeck. Aus weithin weichen und brüchigen Kalksedimenten aufgebaut, zeigen sie meist sanfte Formen und weithin begrünte Hänge. Nur gelegentlich enthalten sie harte und feste Schichten. Diese sind dann meist von den abtragenden Kräften herauspräpariert worden und bieten die wenigen lohnenden Klettereien.

PD– II

4 1/2 Std.

2150 mH

58 Parseierspitze, 3036 m (1220 mPr)

Der höchste Berg der Lechtaler

Schwierigkeiten: **PD–** mit Kletterei bis II.
Mühen: Zur Hütte 1200 mH (4 Std.), Gipfelaufstieg 950 mH (3 Std.).
Gefahren: Am Gipfelaufbau können weiter oben Steigende jene weiter unten schnell mit Steinschlag bedrohen, deshalb wirkt hier ein Helm gesundheitsfördernd. Am Grinner Ferner spät im Jahr Blankeis. Vom Aufstieg ab Augsburger Hütte direkt durch die Gasillschlucht wird wegen Steinschlaggefahr ausdrücklich abgeraten!
Freuden: Ein herrlicher Aussichtspunkt.
Karte: AV-Karte 1:25 000, Blatt 3/3 Lechtaler Alpen, Parseier Spitze.
Spezialführer: Seibert, AVF Lechtaler Alpen alpin, Bergverlag Rother, München.
Andere lohnende Routen: Zur Patrolscharte auch von der Memminger Hütte über den Spiehlerweg und das Parseierjoch (oft nasse Mergelpassagen, trotz einigem Draht herb).

Als höchster Berg der Nördlichen Kalkalpen wird die Parseierspitze gelegentlich gefeiert. Aber das hieße, die nördlichen Schweizer Kalkberge zu ignorieren, die ja schließlich auch in den Alpen und auch auf ihrer Nordseite liegen und teilweise deutlich höher sind. Dass die Parseierspitze trotz ihrer weichen, rasch erodierenden Fleckenmergel als höchster Berg ringsum stehen geblieben ist, das verdankt sie ihrer Kappe aus hartem Aptychenkalk, der den weichen Bergsockel vor rascher Abtragung schützt. Die erste Ersteigung gelang J. A. Specht und Sieß im Jahr 1869.

Anreise: Von Landeck nach *Grins* (1000 m).

Hüttenzustieg: Vom Schwimmbad (1080 m, P) Steig über Wildbad, Steiniger Boden und Gasill-

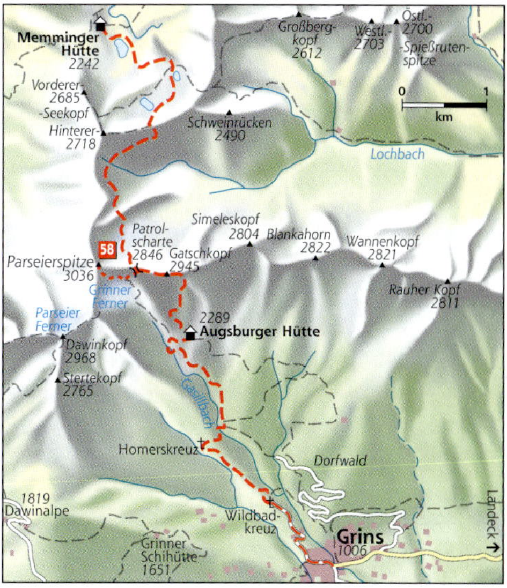

boden über zahlreiche Kehren hinauf zur *Augsburger Hütte* (2289 m; DAV Augsburg, 70 Schlafplätze, bew. von Juli–Sept., Tel. 0043/664/950 21 65).

Gipfelaufstieg: Auf dem Steig in vielen Zickzacks durch die schrofige, steinschlagträchtige Flanke hinauf auf den Gatschkopf (2945 m) und über seinen Westgrat hinab zur Patrolscharte (2846 m). Hinab auf den Rest des Grinner Ferners, diesen queren zur Südostflanke der Parseierspitze. Links eine von rechts herabziehende Rinne empor, weiter oben den Steigspuren und Markierungen folgend nach links und gerade zum Gipfel.

Aussicht: Im Süden die Ötztaler Alpen, im Südwesten Verwall und Silvretta.

Parseierspitze von Nordosten

ÖTZTALER ALPEN

Dieser Raum zwischen Inntal und Vinschgau und zwischen Reschenpass und Ötztal ist das am stärksten vergletscherte Gebiet der Ostalpen. Obendrein stehen hier zwei der drei höchsten Berge Österreichs. Nur in den nördlichen Teilen des Gebirges gibt es die festen Orthogneise, die als glutflüssige Schmelze in die Sedimente eingedrungen sind und entweder zur Bildung von besonders schroffen Berggestalten mit hellen Granitgneisen oder dunklen Amphibolithen führten. Bei weitem überwiegend sind jedoch Schiefergneise und Gneisglimmerschiefer anzutreffen, die leicht verwittern und weniger spektakuläre Bergformen bilden. Sie gewinnen erst durch die Eisbedeckung faszinierendes Ambiente. Insofern nimmt die zunehmende Ausaperung diesen Bergen einiges von ihrer alpinistischen Attraktivität. Die Routen weisen hier meist nur moderate Schwierigkeiten und obendrein brüchiges Gestein auf. Deshalb kommen hier Kletterer nur am Kaunergrat auf ihre Kosten. Im Allgemeinen ist dies ein Gebirge für alle, die klassische hochalpine Bergtouren lieben.

Zentrale Ötztaler Alpen

Der zentrale Teil der Ötztaler Berge wird durch die zwar dünner gewordene, aber immer noch weit gespannte Gletscherbedeckung geprägt.

Wildspitze von Nordwesten vom Hinteren Brunnkogel

59 Wildspitze, 3768 m (2261 mPr)

Der höchste Berg von Nordtirol

PD–

6 Std.

850 mH

Schwierigkeiten: **PD–**, mehr wegen des hochalpinen Ambientes als wegen technischer Geländeschwierigkeiten.
Gefahren: Bei gutem Wetter und gebahnter Spur am ehesten solche, die durch Fehlverhalten von den dann meist zahlreich vertretenen Zeitgenossen ausgehen. Anseilen auf dem Gletscher allemal ratsam. Außerdem ist hinreichende Akklimatisation nötig, sonst kann es hier im Gipfelbereich bei nur noch zwei Drittel des auf Meereshöhe verfügbaren Sauerstoffs für entsprechend sensible Menschen schon zu heftigen Entzugserscheinungen kommen.
Mühen: Zur Hütte klassisch ab Vent 950 mH (3 Std.), bei Benutzung des bei Bedarf auch schon früh um 5 Uhr fahrenden Liftes 500 mH (2 Std.). Auch Rucksacktransport bis ganz zur Hütte ist im Angebot. Gipfelaufstieg ab Breslauer Hütte 950 mH (3 Std.), ab Pitztaler Tunnelbahnstation oder Braunschweiger Hütte 850 mH, aber weit durch Skizirkus und über Gletscher (4–5 Std.).
Freuden: Umso größer, je mehr man durch azyklisches Steigen die große Zahl von Mitbesteigern vermeiden kann.
Karte: AV-Karte 1:25 000, Blatt 30/6 Ötztaler Alpen, Wildspitze.
Spezialführer: Klier, AVF Ötztaler Alpen, Bergverlag Rother, München.
Andere lohnende Routen: Ab Mittelbergjoch über Schuchtkogel und Wildspitze-Nordostgrat (AD–, oben Wechten, 4 Std.).

Erstmals bestiegen wurde der Südgipfel durch den Venter Führer Leander Klotz und einen einheimischen Begleiter im Jahre 1848. Das ehemals makellose Weiß dieses mächtigen Berges hat in den letzten Jahrzehnten gelitten – in den südseitigen Flanken wird im Sommer Felsbraun dominant, der einstmals höhere Nordgipfel hat durch Abschmelzen seiner Firnkappe 4 Meter an Höhe verloren, das ehemals pralle Firndreieck der Nordwand zeigt zunehmend Fels, und die Gletscher sind auch nicht mehr, was sie mal waren. Schon ganz und gar nicht der von Schneeraupen verhunzte, mit Liften zunehmend vollgestellte und neuerdings auch im Vorfeld mit einer

aus dem Fels gesprengten Talabfahrt veredelte Mittelbergferner.

Anreise: Durch das Ötztal über Sölden nach Vent (1895 m).

Hüttenzustieg: Weg Nr. 919 oder Lift hinauf zu den Stableiner Mähdern (2356 m) und das Tal des Rofenbaches querend zur *Breslauer Hütte* (2844 m, DAV, 200 Schlafplätze, Tel. 0043/5254/81 56).

Wildspitze von Norden von der Braunschweiger Hütte

Gipfelaufstieg: Von der Breslauer Hütte Steig nach NW, zuletzt Steinmännern folgend durch Blockfelder zum Mitterkarferner. Über den Gletscher allmählich steiler hinauf und zuletzt in nördlicher Richtung zur steilen Fels- oder Firnrinne, die von der Mitterkarscharte (auch »Mitterkarjoch«) herabzieht. Der sperrende Felsriegel in der Mitte wird links über eine Platte erklettert (auch Aufstieg rechts über Schutt und Fels möglich, Fixseile), danach steile Flanke zur Scharte (3470 m, hierher auch mit jeweils ausgiebiger und deutlich ernsthafterer Gletscherwanderung von N vom Pitztal her über Mittelbergferner, Mittelbergjoch und oberen Taschachferner oder von W von der Vernagthütte her vom Brochkogeljoch über die Gletscherterrasse unter dem Hinteren Brochkogel durch querend).

Von der Scharte fast eben in nordöstlicher Richtung den Gletscherhang queren in die Firnmulde. Darin steil hinauf (Spalten!) und in flacherem Gelände rechts zum Südwestgrat. Daran über Firn, im Sommer auch jetzt meist völlig ausgeapert über Fels, zum Südgipfel. Bei Übergang zum Nordgipfel ostseitige Wechten beachten!

Aussicht: Wie bei einem so dominierenden Gipfel zu erwarten, recht reichhaltig. Wer genau wissen will, was er/sie von dort oben alles sieht, nimmt am besten eine Karte mit.

Nebengipfel: Der westlich benachbarte Hintere Brochkogel (3628 m) wird am leichtesten über seinen luftigen Südostgrat bestiegen.

60 Hochvernagtspitze, 3535 m (295 mPr)

Ganz schön hoher Gipfel fernab vom Trubel

PD–	!
40°	
6 Std.	
1650 mH	

Schwierigkeiten: **PD–**, ernsthafte Gletschertour.
Mühen: Hüttenzustieg 850 mH (4 Std.), Gipfelaufstieg 800 mH (4 Std.).
Gefahren: Ein weitläufiger, durchaus mit Spalten ausgestatteter Gletscher.
Freuden: Ein nach wie vor großartiger, alpiner Berg.
Karte: AV-Karte 1:25 000, Blatt 30/2 Ötztaler Alpen, Weißkugel.
Spezialführer, Anreise, Skizze: → Wildspitze.
Andere lohnende Routen: Der Fluchtkogel (3497 m, 256 mPr) ist von der Vernagthütte über Guslarferner, Oberes Guslarjoch und Südhang in 2 ½ Std. zu erreichen.

Inmitten weiter Gletscherflächen ist dieser Berg ein großartiges Ziel, das seinen Besteigern ein höheres Maß an Mühen und Können abverlangt als die höheren Randberge. Die erste Besteigung gelang dem Gletscherpfarrer Franz Senn und E. Neurauter mit C. Granbichler am 9. Sept. 1865.

Hüttenzustieg: Von Vent Steig durch das Rofental zur *Vernagthütte* (2755 m, DAV Würzburg, 130 Schlafplätze, bew. März–Mai und Juli–Sept., Tel. 0043/664/141 21 19).

Hochvernagtspitze, links fern Weißkugel von NO vom Hint. Brunnenkogel

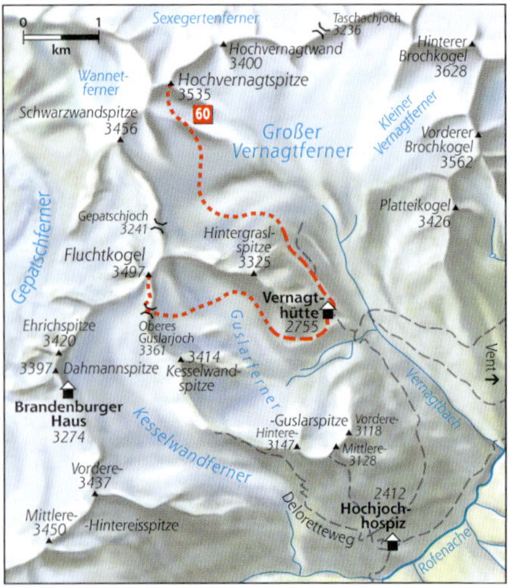

Gipfelaufstieg: Nordwestwärts Moränensteig zum Großen Vernagtferner. Auf diesem in westlicher Richtung bis kurz vor das Gepatschjoch und dann nordwärts östlich der Schwarzwandspitze hinauf, zuletzt steil zum Südeck (P. 3510). Nun nordostwärts auf fast ebenem Firn zum Gipfel.

Aussicht: Auch in Zeiten von globaler Erwärmung liegt hier noch jede Menge Eis ringsum. Im Osten Brochkogel und Wildspitze, im Süden hinter dem Fluchtkogel die Weißkugel.

Hinterer Brochkogel, Weißkugel (fern) und ganz rechts Hochvernagtspitze von Norden

61 Innere Schwarze Schneide, 3367 m (288 mPr)

Söldener Restgipfel über Autotunnel und Lift

F	I
Leiter	
Schneeflocke	20°
P	2 ½ Std.
Auf-/Abstieg	590 mH

Schwierigkeiten: Insgesamt **F**, mit versicherten Kletterstellen I.
Mühen: Gipfelaufstieg vom Ende der Straße 590 mH (1 ½ Std.).
Gefahren: Auch ein sommerskiplanierter Gletscher kann Spalten haben.
Freuden: Ein rasch mitzunehmender Gipfel.
Karte, Spezialführer, Anreise, Skizze: → Wildspitze.

Mundgerecht aufbereiteter, aber auch entsprechend banalisierter Gipfel. Immerhin ist ein nicht uninteressantes Stück Grat noch selbst zu ersteigen.
Gipfelaufstieg: Nach Auffahrt von Sölden-Pitze vom Parkplatz Tiefenbachferner über den skigeplätteten Gletscher zum Tiefenbachjoch (3234 m) und am mit Eisen behängten Südgrat zum Gipfel.
Aussicht: Das diverse die Landschaft verstellende Gerät erlaubt hier und da einige Durchblicke auf Gebirge.

62 Hinterer Brunnenkogel, 3438 m (272 mPr)

Der Glitzergipfel als Realsatire

F–	
Seilbahn	1 Min.
Auf-/Abstieg	5 mH

Schwierigkeiten: Keine außer einigen Treppenstufen.
Mühen: Griff zum Portemonnaie. Aufstieg 5 mH (1 Min.)
Gefahren: Die üblichen Restrisiken.
Freuden: Neben der Ausübung diverser trendiger Rutschsportarten vor allem die klassischen Disziplinen Kaffeetrinking, Panoramagucking, Postkartenkaufing, Eisessing, Schlangestehing usw.

Der einstmals schöne Gipfel ist jetzt als Tranche II der Pitztaler Gletscherbahn per Luftseilbahn satt konsumierbar, sobald man die Röhre von Mittelberg durch den Mittagskogel gut hinter sich gebracht hat.
Die Erbauer des Objektes konnten sich nicht einmal verkneifen, die Bergstation – wie anderswo üblich – unterhalb des Gipfels zu errichten, sondern setzten sie absolut skyline-unverträglich mitten auf den höchsten Punkt des Berges.

Ötztaler Alpen – Grenzkamm

Die Berge bilden hier im Wesentlichen einen großen, in West-Ost-Richtung verlaufenden Gratkamm. Die Passstraße über das Timmelsjoch verbindet im Osten das Ötztal mit dem Vinschgau.

Hintere Schwärze und Similaun von Westen von der Fineilspitze

63 Hintere Schwärze, 3624 m (605 mPr)

Über den Marzellferner auf den schwarzen Grat

PD	I
❄	30°
Hütte	6 Std.
Aufstieg	1750 mH

Schwierigkeiten: Insgesamt **PD**. Gletschertour, zuletzt Blockkletterei.
Mühen: Zur Hütte 600 mH (3 Std.), Gipfelaufstieg 1150 mH (4–5 Std.).
Gefahren: Ernst zu nehmender Gletscher.
Freuden: Unterwegssein auf einem der Überreste des Eiszeitalters.
Karte: AV-Karte 1:25 000, Blatt 30/1 Gurgl.
Skizze: → Similaun.
Spezialführer: Klier, AVF Ötztaler Alpen, Bergverlag Rother, München.

Südseitig schroff, nordseitig noch üppig mit Eis überzogen, so stellt sich dieser steile höchste Zacken des östlichen Hauptkammes stattlich dar. Die erste Besteigung unternahmen die Führer B. Klotz und J. Scheiber mit dem Touristen E. Pfeiffer am 10. Sept. 1867.
Anreise: Mit Bahn und Bus oder dem Auto nach *Vent* (1896 m).
Hüttenzustieg: Von Vent auf Wirtschaftsweg, teils auf abkürzenden Steigen, durch das Viedertal zur *Martin-Busch-Hütte* (2501 m, DAV Berlin, 100 Schlafplätze, bew. März–Mai und Mitte Juni–Anf. Okt., Tel. 0043/5254/81 30).
Gipfelaufstieg: Von der Hütte über den Niederjochbach, danach links um den Marzellkamm herum und auf dem spaltenreichen Marzellferner nahe dem westlichen Ufer ansteigen bis hinter die großen Brüche. Danach links ins flachere obere Gletscherbecken. (Hierher in letzter Zeit auch links der Gletscherbrüche am östlichen Rand oder auch mühsamer über den Blockhang daneben). Über die große Firnrampe schräg hinauf ins östliche Marzelljoch und am Südwestgrat über zwei Felsstufen zum Gipfel.
Aussicht: Im Osten Hohe Wilde, im Nordosten Ramolkögel, im Westen nebenan der etwas niedrigere Similaun.

Blick vom Similaun nach Osten auf Hintere Schwärze (l) und Hochwilde (r)

PD AD-	I/ III
❄	35°
🏠	8 Std.
⛰	1300 mH

64 Weißkugel, 3738 m (566 mPr)

Die weiße Spitze über dem Vinschgau

Schwierigkeiten: Über Hocheisjoch **PD**, zuletzt I; O-Grat **AD-**, bis III.
Mühen: Zum Hochjochhospiz 550 mH (2½ Std.), zur Bellavista 800 mH (2 Std.) oder Bahn und 400 mH (1¼ Std.), zur Weißkugelhütte 630 mH (2½ Std.). Zum Gipfel ab Bellavista 900 mH (4 Std.).
Gefahren: Gletscher! Alter Weg kann jetzt am Bergschrund heikel bis unpassierbar sein (aktuellen Zustand in Hütten erfragen!). Alternative O-Grat Fels, deutlich schwieriger, abseilen!
Freuden: Ein unvergesslicher großer Berg.
Karte: AV-Karte 1:25 000, Blatt Weißkugel
Anreise, Spezialführer: → Wildspitze.
Auch lohnend: N-Grat (AD, komb., 6 Std.).

Der ansehnlich schroffe zweithöchste Berg der Ötztaler Alpen ist Knotenpunkt langer Gratkämme. Die erste Besteigung gelang erst 1861 J.A. Specht mit Leander Klotz. Neben dem klassischen Zustiegshatsch von Vent her gibt es die dekadente Versuchung der Grawand-Bahn von Kurzras zur Bellavista. Die globale Erwärmung knabbert auch hier an der Eispracht und kann sogar schon den alten Normalweg im Sommer durch einen zu weit aufgerissenen Berg-

Südlicher Vorgipfel der Weißkugel, hinten Lagaunspitze

schrund am Hocheisjoch unpassierbar machen. Dann wird der Ostgrat zum neuen Normalweg, schwieriger, aber interessant und mit sicheren Bohrhaken nervenschonend. Für diese Route ist die Weißkugelhütte besonders günstiger Ausgangspunkt.

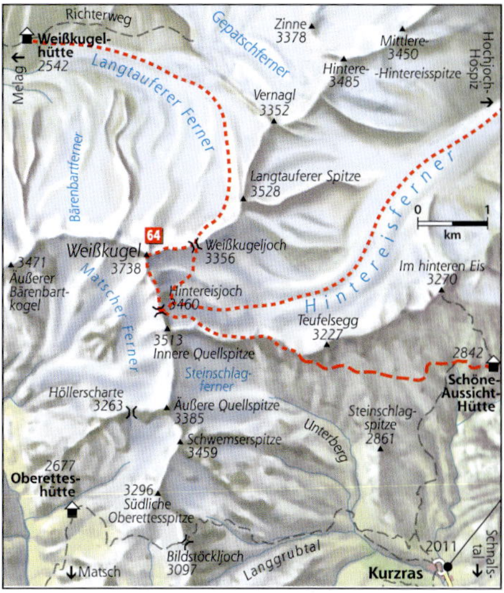

Hüttenzustieg: Von NO von Vent den Titzentalerweg (Nr. 902) zum *Hochjochhospiz* (2413 m, DAV Berlin, 90 L, Tel. 0043/664/ 540 25 74); von S von Kurzras Steig direkt oder Bergbahn Grawand und dann nach NW durch Skigebiet hinab zum *Berggasthaus Schöne Aussicht/Bellavista* (2642 m, privat, 67 L, Tel. 0039/ 0473/67 91 30). Von W vom Reschenpass über Graun nach Melag, dann Steig zur Weißkugelhütte (2542 m, CAI, 48 L, Tel. 0039/0473/66 21 40)

Gipfelaufstieg: Vom Hochjochhospiz: Den nur lumpige 10 km langen Hintereisferner hinauf zum **Hintereisjoch** (3460 m, davor jetzt oft weiter Bergschrund). Hierher kürzer von der Bellavista nach W auf Steig unter dem Teufelsegg durch zum wenig markanten Steinschlagjoch (3238 m) und nordseitig über den obersten Hocheisferner zum Joch. Vom Joch nach N steilen Hang zum Vorgipfel. Am schmalen Grat luftig zum Gipfel. Wenn der Bergschrund am Joch unpassierbar ist, dann auf dem oberen Hocheisferner zum **Ostgrat** (hierher auch von der Weißkugelhütte im weiten Bogen unter der Langtaufererspitze durch über das Weißkugeljoch). Am Grat in netter Kletterei (teils III, meist II, an Standplätzen Bohrhaken, auch zum Abseilen) zum Gipfel.

Aussicht: Im Norden und Osten Ötztaler Gletscherweiten, im Süden der Vinschgau und dahinter der Ortler, im Westen Sesvenna.

PD– I

40°

3 Std.

1600 mH

65 Fineilspitze, 3514 m (495 mPr)

Die Firnschneide über dem Grab des Mannes im Eis

Schwierigkeiten: Insgesamt **PD–** mit Stellen II und I.
Mühen: Zur Hütte 1100 mH (4 Std.), Gipfelaufstieg 500 mH (2 Std.).
Gefahren: Zu steiles Gelände, um rumzualbern.
Freuden: Auf einen ansehnlich schnittigen Berg steigen.
Karte: AV-Karte 1:25 000, Blatt 30/2 Weißkugel.
Anreise, Hütte, Spezialführer, Skizze: → Similaun.

Die erste Besteigung dieses stattlichen Berges erfolgte am 8. Sept. 1865 durch den bekannten Venter »Gletscherpfarrer« und Mitbegründer des Alpenvereins Franz Senn im Zuge der ersten Bergführerausbildung mit den Führern C. Granbichler und J. Gstrein. Eine schnittige Gratschneide ist das, die dort über dem Hauslabjoch aufragt, hoch über der Stelle, wo 1991 im Eis der bestens erhaltene Körper eines bronzezeitlichen Mannes gefunden wurde. Er wurde weltweit bekannt als »Similaunmann« oder reichlich flapsig, aber bewusst gefällig: »Ötzi«. Seine Untersuchung korrigierte und ergänzte unser Bild über die Lebensbedingungen der Menschen vor 5300 Jahren um sensationelle Details. Darüber hinaus belegen die Lagerungsumstände seines Körpers, dass der Fundort zum Zeitpunkt seines Todes eisfrei war, dass damals also eine noch stärkere »Warmphase« geherrscht haben muss, als wir sie heute haben.

Am Gipfelgrat der Fineilspitze

Gipfelaufstieg: Von der Similaunhütte immer am Grat zum Tisenjoch (»Ötzi-Denkmal«) und weiter zum Hauslabjoch. Am Nordostgrat oder links auf Seitengrat zum Gipfel.

Aussicht: Im Westen die Weißkugel, im Osten der Similaun.

66 Similaun, 3599 m (250 mPr)

Der Berg der Karawanen

F

3 Std.

1700 mH

Schwierigkeiten: F, mit Gletscher.
Mühen: Zur Hütte ab Vent 1100 mH (4–5 Std.), zum Gipfel 600 mH (2 Std.).
Gefahren: Gletscher nahe dem südlichen Rand friedlich. Bei Vereisung am Gipfelgrat Steigeisen nötig.
Freuden: Großartiger Rundblick.

Karte, Anreise, Spezialführer: → Hintere Schwärze.
Andere lohnende Routen: Aufstieg ab Martin-Busch-Hütte über Marzellkamm (Steig und Blockwerk) oder entlang dem östlichen Rand des Niederjochferners, zuletzt wie Normalweg, F.

Im Sommer wie im Winter ist dieser Berg beliebt. Kein Wunder, denn seine Besteigung von Norden und Westen ist technisch leicht und das Ambiente großartig.

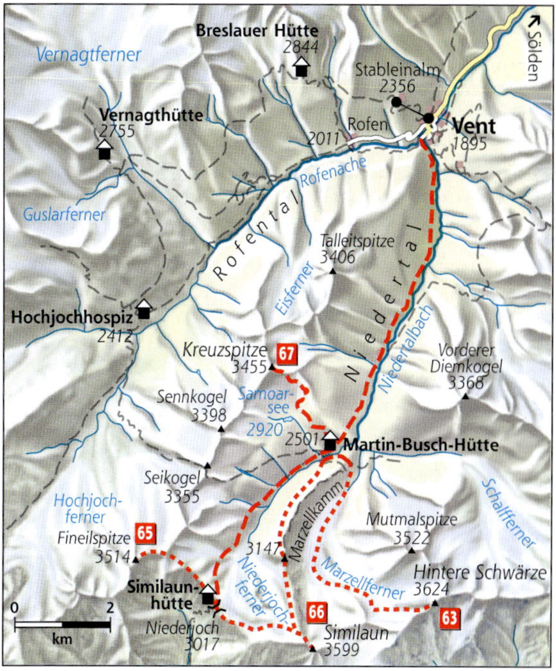

Hüttenzustieg: Wie bei Hintere Schwärze bis Martin-Busch-Hütte. Nun den Steig das Tal weiter hinauf, zuletzt auf Firn am Rand des Niederjochferners zur *Similaunhütte* (3019 m, privat, 100 Schlafplätze, Tel. Hütte 0039/0473/66 97 11 oder Tal Österreich 0043/5234/301 22).

Gipfelaufstieg: Von der Similaunhütte in östlicher Richtung den Spuren nach zuerst flach, dann über einen felsigen Buckel und immer auf dem Firn des Westrückens.

Aussicht: Eindrucksvoller Tiefblick in die Nordostwand und auf den Marzellferner sowie hinüber zur Hinteren Schwärze.

F	Steig
(Hütte)	4 Std.
(Aufstieg)	1550 mH

67 Kreuzspitze, 3457 m (230 mPr)

Der Panoramawanderberg des Franz Senn

Schwierigkeiten: **F**, Steig oft mit Firnfeldern.
Mühen: Zur Hütte 600 mH (2 ½ Std.), Gipfelaufstieg 960 mH (2–3 Std.).
Gefahren: Im Frühsommer unterbrechen Firnfelder den Steig – Vorsicht!
Freuden: Großartiger Rundblick.
Karte, Anreise, Hütte: → Hintere Schwärze.
Skizze: → Similaun.

Ein stattlicher Aussichtsberg ist dies, zwischen dem Hofental und dem Viedertal, auch wenn es hier nur noch wenig perennierenden Firn gibt. Aber es ist ein Berg mit Geschichte, einer der Berge, die der berühmte Venter »Gletscherpfarrer« Franz Senn als Erster bestieg. Das war an diesem Berg zusammen mit C. Granbichler, und zwar im Jahr 1865, dem gleichen Jahr, in dem das Matterhorn erstmals erstiegen wurde.

Gipfelaufstieg: Markierter Steig über die Südostflanke und oben über den Südostgrat zum Gipfelkreuz.

Aussicht: Im Norden die Wildspitze, im Osten die Ramolkögel, im Süden Hintere Schwärze und Similaun, im Westen die Weißkugel.

Seelenkogel von Nordnordosten

68 Hinterer Seelenkogel, 3470 m (398 mPr)

Steiler Aufstieg zu den Gletscherfirsten

F+ !

2 ½ Std.

1850 mH

Schwierigkeiten: Insgesamt **F+** mit versicherter Stelle.
Mühen: Zur Hütte 1350 mH (4–5 Std., Rucksacktransport mit Materialbahn möglich), Gipfelaufstieg 500 mH (1–2 Std.).
Gefahren: Bei Nebel Orientierungsschwierigkeiten. Gut auf die markierten Steigspuren achten! Helm ratsam. Trittsicherheit unerlässlich.
Freuden: Wunderbare Aufstiegslinie.
Karte, Anreise, Spezialführer: → Hochwilde.
Skizze: → Ramolkogel.

Der Hintere Seelenkogel ist der höchste Gipfel im östlichen Bereich des Ötztaler Grenzkammes. Von Nordwesten gesehen ein keckes Felshorn, von Südosten ein felsiger Bug – der Berg hat Gesicht. Erstmals bestiegen wurde er 1871. Die Besteigung in einer Rundtour zusammen mit der Hochwilde erspart einen Hüttenaufstieg.

Hüttenzustieg: Von Pfelders in westlicher Richtung den markierten Steig steil hinauf zur *Planferner Hütte = Rifugio Plan = ehemalige Zwickauer Hütte* (2980 m, jetzt privat, 90 Schlafplätze, bew. Juli–Sept., Tel. 0039/0473/64 60 02).

Gipfelaufstieg: Markierten Steigspuren folgend über den Ostgrat.

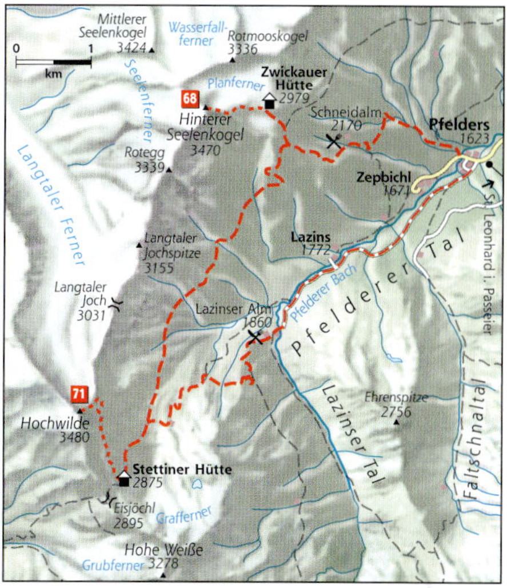

PD– II

4 Std.

1650 mH

69 Großer Ramolkogel, 3549 m (363 mPr)

Sammlerfreuden oberhalb Gurgl

Schwierigkeiten: PD– Stellen II.
Mühen: Zur Hütte 1100 mH (4 Std.), zum Gipfel 550 mH (3 Std.).
Gefahren: Am Grat u.U. Wechten.
Freuden: 3000er in Serie.
Karte, Führer: → Hint. Schwärze.

Dieser beachtliche Berg wird gewöhnlich im Doppelpack mit der Überschreitung des Mittleren Ramolkogels bestiegen. Der erste Mensch hier oben war J. J. Weilenmann 1862.

Anreise: Mit Bus oder Auto nach *Obergurgl* (1910 m).

Hüttenzustieg: Von Obergurgl auf gutem Steig 902 (auch Weitwanderweg) südwestwärts zum *Ramolhaus* (3006 m, DAV Hamburg, 54 Schlafplätze, bew. Juli–Sept., Tel. Tal 0043/5256/62 23; E-Mail: info@edelweiss-gurgl.com).

Gipfelaufstieg: Von der Hütte nach NW hinauf unter das Ramoljoch und nordwärts weiter über den Ramolferner (Spalten) zum Sattel P. 3367 zwischen Nördlichem und Mittlerem Ramolkogel. Nach W am Grat (I) auf den Mittleren Ramolkogel (3518 m) und weiter (zwei Passagen II) auf den Großen Ramolkogel.

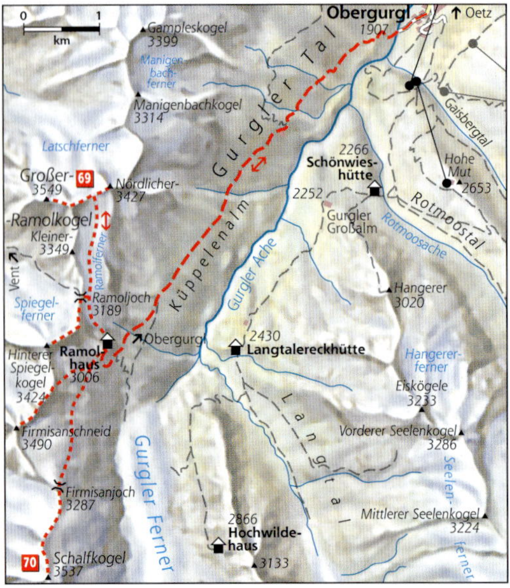

Aussicht: Nordwestlich gegenüber die Wildspitze.

Nebengipfel: Wer seinen Sammlertrieb noch mehr ausleben will, der kann zusätzlich den Kleinen Ramolkogel (3349 m) und den Nördlichen Ramolkogel (auch Anichspitze, 3427 m) sowie den Hinteren Spiegelkogel (3424 m) und die Firmisanschneide (3490 m, 203 mPr) besuchen.

70 Schalfkogel, 3537 m (348 mPr)

Der Zweithöchste beim Ramolhaus

PD–	I
❄	35°
Hütte	4 Std.
Aufstieg	1640 mH

Schwierigkeiten: Insgesamt **F**, mit Kletterstellen I.
Mühen: Hüttenzustieg 1100 mH (4 Std.), Gipfelaufstieg 550 mH (3 Std.).
Gefahren: Ein alpiner, aber nicht besonders gefährlicher Berg. Wechten!
Freuden: Ein hübscher Zusatzgipfel für die Aufstiegsmühen zur Hütte.
Karte, Spezialführer, Anreise, Hütte, Skizze: → Ramolkogel.

Dies ist ein weiterer schöner und beliebter Berg, den man/frau beim Besuch des Ramolhauses mit besteigen kann. Der Gipfel wurde bereits 1839 durch F. Mercey bestiegen.

Gipfelaufstieg: Vom Ramolhaus südwärts unter der Firmisanschneide durch und über spaltenreichen Firn zum Firmisanjoch. Nun am Nordgrat zum Gipfel des Schalfkogels.

Aussicht: Südlich gegenüber die Hintere Schwärze.

Schalfkogel von NO

F

3 ½ Std.

1850 mH

71 Hochwilde, 3480 m (346 mPr)

Einsamer Eckpfeiler im Süden

Schwierigkeiten: F mit Klettersteig.
Mühen: Zur Hütte 1200 mH (4 Std.), Gipfelaufstieg 650 mH (2–3 Std.).
Gefahren: Moderat. Kein Gletscher. Helm und Klettersteigset ratsam.
Freuden: Fern vom Trubel sein.
Karte: AV-Karte 1:25 000, Blatt 30/1 Gurgl, auch Tabacco 039 Passeiertal.
Spezialführer: Klier, AVF Ötztaler Alpen, Bergverlag Rother, München.
Andere lohnende Routen: Aufstieg vom Hochwildehaus (2883 m, 5 Std. von Gurgl) über die NW-Seite (Gletscher, 4 Std.).

Den Eckpfeiler des langen Grenzkammes zwischen Timmelsjoch und Similaun, den kann man von Norden als Gletscherhatscher oder von Süden mit kürzerem Zustieg und rasch ausaperndem Klettersteig haben. Die Erreichung der Hütte kostet zwar Schweiß, aber die Besteigung lässt sich durch den Stettiner Höhenweg gut mit dem Besuch der Zwickauer Hütte und des Hinteren Seelenkogels verbinden. Erstmals bestiegen wurde der hübsche Berg bei der militärischen Vermessung durch J. Ganahl und Einheimische im Jahr 1858.

Anreise: Von der Timmelsjochstraße von Moos im Passeiertal nach *Pfelders* (1622 m).

Hüttenzustieg: Im Tal in südwestlicher Richtung hinauf nach Lazins und zum Lazinser Kaser, zuletzt in Kehren zum *Rifugio Petrarca = Eisjöchlhütte = ehem. Stettiner Hütte* (2875 m, 110 Schlafplätze, bew. Juli–Sept., Tel. 0039/0473/64 67 89).

Gipfelaufstieg: Von der Hütte auf dem Klettersteig »Grützmacher Steig« über den Südgrat zum Gipfel.

Gipfelgrat der Weißkugel

Südlichste Ötztaler Alpen

Diese Berge südlich des Ötztaler Hauptkammes bestehen aus dem Saldurkamm und der Texelgruppe hoch über dem Vinschgau – ein Stück Idylle. Die Texelgruppe ist als Nationalpark besonders geschützt. Die beachtlichen, nur zu Fuß zu überwindenden Höhenunterschiede sorgen dafür, dass die Landschaft vom heftigen Besucherandrang verschont wird.

Lagaunspitze von der Bellavista

F+

5 Std.

1050 mH

72 Roteck, 3337 m (462 mPr)

Schrofenberg im Nationalpark

Schwierigkeiten: Insgesamt **F+**, mit Stellen I.
Mühen: Zur Hütte ca. 1000 mH (3 Std.), zum Gipfel 1050 mH (3–4 Std.).
Gefahren: Schrofiges Gelände.
Freuden: Abgelegene Wildnis.
Karte, Spezialführer: → Lagaunspitze.

Das Roteck ist der höchste Gipfel der Texelgruppe, noch etwas höher als die für die Berggruppe den Namen gebende Texelspitze und der Lodner. Die erste Besteigung erfolgte erst 1872 durch Th. Petersen, R. Raffeiner und I. Kobler. Und an den Schrofen der Südwand und des Südsüdostgrates versuchte kein Geringerer als Eugen Guido Lammer in seiner wildesten Phase das Gruseln zu lernen.

Anreise: Mit dem Auto von Töll im Zieltal steil hinauf nach *Partschins/Parcines* (681 m) bis zum Parkplatz Wasserfallwiesen-Birkenwald.

Hüttenzustieg: Eine Viertelstunde hinauf zur Seilbahn, diese bis Steinerhof. Auf schmalem Steig nach NW durch Wald empor zum Gasthaus Nassereith (1560 m), weiter über Gingglalm und Kuhalm zur *Lodnerhütte* (2262 m, CAI Meran, 59 Schlafplätze, bew. Juni–Sept., Tel. 0039/0473/96 73 67).

Gipfelaufstieg: Von der Hütte auf Steig nach Westen hinauf, bei Weggabelung rechts abzweigen und Steiglein über steile Grashänge und unter Felsen hinauf zum Kar Schafbank zwischen Ostgrat und einer davon herabziehenden Felsrippe. Über diese Felsrippe aussteigen zum Grat. Daran mit Kletterei über Vorgipfel zur breiten Gipfelschneide.

73 Lodner, 3228 m (447 mPr)

Auf den Kletterberg Texelgruppe

PD+ III

7 Std.

2000 mH

Schwierigkeiten: **PD+**, Kletterei bis III (2 Stellen), oft II.
Mühen: Hüttenzustieg 1000 mH (3 Std.), Gipfelaufstieg 1000 mH (4 Std.).
Gefahren: Einsames Gelände, mit teils richtig exponierter Kletterei.
Freuden: Geologisch interessanter Berg.
Karten, Spezialführer, Hütte: → Roteck.

Der markante Felsklotz südlich von Hoher Wilde und Eisjöchl ist teils aus Kalk und teils aus Kristallin aufgebaut. Die erste Besteigung erfolgte durch W. Hecht mit dem Führer J. Pinggera im Jahre 1872. Ihre Route über den Lodnerferner ist inzwischen durch Ausaperung so heikel und schwierig geworden, dass sie kaum mehr begangen wird. Der heute übliche Normalweg über den luftigen Nordwestgrat wurde 1896 durch den Briten A. Swaine mit A. v. Waltershausen erstmals begangen.

Gipfelaufstieg über den Nordwestgrat: Von der Lodnerhütte nordwärts Steig am Bach entlang zur Einmündung des Baches vom Roteckferner. Den Bach überqueren und ostwärts zum Fuß des Nordwestgrates. Daran über den ersten Gratbuckel, den zweiten rechts (SW) luftig umgehen. Dann luftiges Gratstück und zwei Platten überwinden. Der obere Grataufschwung direkt am Grat (III) und zuletzt am Rand der Firnkuppe zum Gipfel.

74 Mastaunspitze, 3200 m (435 mPr)

Schutthatschergipfel zwischen Schnalstal und Schlandrauner Tal

F+

P 7 Std.

1700 mH

Schwierigkeiten: Insgesamt **F+**.
Mühen: Zum Gipfel 1700 mH (5–6 Std.).
Gefahren: Bei etwas Vorsicht minimal.
Freuden: Abgelegene Wildnis.
Karte, Spezialführer: → Lagaunspitze.
Andere lohnende Routen: Von Norden vom Mastaunjoch (auch vom Schlandrauner Tal mühsam, aber leicht erreichbar) über den blockigen Nordgrat (F+, I).

Der höchste Gipfel im behäbigen Bergkamm zwischen den südwärts zum Vinschgau gerichteten Tälern Schnalstal und Schlandrauner Tal. Die erste Besteigung erfolgte bei der militärischen Vermessung 1854.

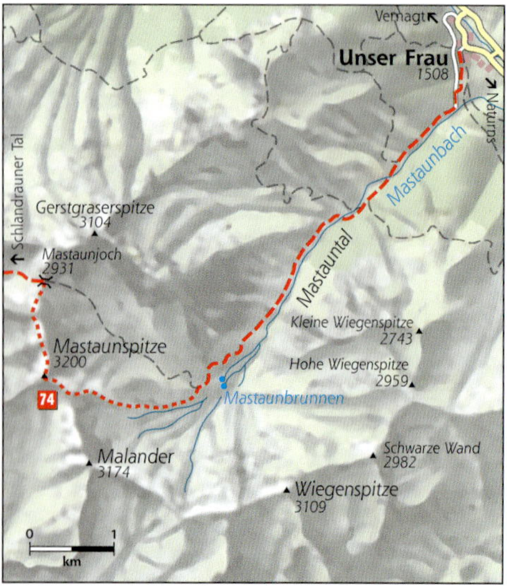

Anreise: Vom Vinschgau westlich von Naturns abzweigend durch das Schnalstal hinauf nach *Unserer Frau* (1508 m).

Gipfelaufstieg: Südwestwärts das Mastauntal hinauf bis zu den Quellen (Mastaunbrunnen, 2308 m). Nun westwärts über den Schutt eines Seitengrates hinauf zum P. 3135 des Hauptkammes und nach NW über Blockgrat zum Gipfel.

Aussicht: Irres Kontrastprogramm – im Norden der Ötztaler Hauptkamm, im Südwesten die Ortlergruppe, im Südosten in der Ferne die Dolomiten.

Mastaunspitze von Norden vom Similaun

75 Lagaunspitze, 3439 m (422 mPr)

Auf den höchsten Gipfel des Saldurkammes

PD I !

9 Std.

1600 mH

Schwierigkeiten: Insgesamt **PD**, mit Kletterei I.
Mühen: Zum Gipfel 1600 mH (6–7 Std.).
Gefahren: Hochalpines Gelände mit ernst zu nehmendem Gletscher. Zwar bietet sich zur Verkürzung des Aufstieges die Benutzung des Liftes zur Lazaunhütte (2427 m) an, jedoch ist der Betriebsbeginn um 9 Uhr zu spät, um am Gletscher noch vernünftige Verhältnisse vorzufinden. Deshalb empfiehlt sich für den Normalweg ein sehr früher Aufbruch vom Tal. (Für den luftigen und festen, als Genusskletterei gerühmten Ostgrat kann der Lift für eine schnelle Seilschaft nützlich sein.)
Freuden: Abgelegene Wildnis.
Karte: Tabacco-Karte 1:25 000, Blatt 04 Schnalstal.
Spezialführer: Klier, AVF Ötztaler Alpen, Bergverlag Rother, München.
Andere lohnende Routen: Ostgrat (AD, III, 6 Std.; gletscherfrei von N über Schutt und Firn zum P. 3157, dann am Grat, zuletzt sehr steil).

Das eindrucksvolle, mehrgipfelige Massiv der Saldurspitze (auch Salurnspitze) hat seinen höchsten Punkt im nach Osten vorgeschobenen Felsbau der Lagaunspitze. Während die Saldurspitze als Knotenpunkt der Grate bereits 1853 bei der militärischen Vermessung bestiegen wurde, wurde die Lagaunspitze erst 1876 durch C. Hecke mit G. Specthhauser erreicht.

Anreise: Im Schnalstal ganz hinauf nach *Kurzras* (2011 m).

Gipfelaufstieg: In westlicher Richtung Steig zur Lazaunhütte (2427 m, Liftstation) und nun nach SW das Tal weglos weiter zum rechten (orogr. linken), nördlichen der beiden von der Saldurspitze herabziehenden Gletscher. Über diesen (steil, spaltenreich) hinauf zur Scharte (3225 m) und über den blockigen Nordgrat auf die Saldurspitze (3433 m). Nach SO am brüchigen Grat (Zacken südwestseitig umgehen) hinab zu Sattel und über Blöcke und Schutt zum Gipfel.

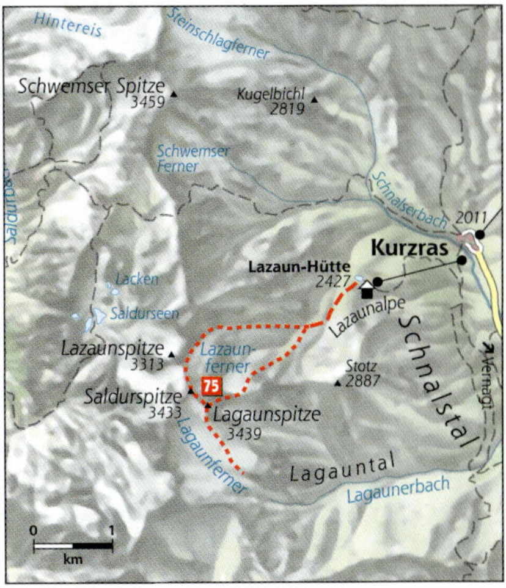

Aussicht: Ähnliches Kontrastprogramm wie von der Mastaunspitze.

Ötztaler Alpen – Kaunergrat und Glockturmkamm

Dies ist der nordwestliche Teil der Ötztaler Alpen. Westlich vom nach Norden ziehenden Kaunertal verläuft der Glockturmkamm, östlich davon der Kaunergrat. Die meisten dieser Berge sind spröd-schroffe Felsruinen.

PD II !

7 Std.

2050 mH

76 Rofelewand, 3353 m (523 mPr)

Wildromantischer Eckpfeiler des Kaunergrates

Schwierigkeiten: Insgesamt **PD**, Firnrinne und Kletterei mit Stellen II, bei starker Ausaperung eventuell auch schwieriger.
Mühen: Zur Hütte 700 mH (2 Std.), Gipfelaufstieg 1350 mH (4–5 Std.).
Gefahren: Die Effekte der Ausaperung bieten evtl. Überraschungen bezüglich Kletterschwierigkeit und unverdaulichem Schutt. Helm und volle Eisausrüstung ein Muss.
Freuden: Viel Feind, groß Ehr.
Karte, Spezialführer, Skizze: → Watzespitze.

Großartiger doppelgipfeliger Felsberg im nördlichen Teil des durch schroffe Felsklötze markanten Kaunergrates, zwischen Verpeiltal und Gschwandtal. Dies ist ein Ort für Romantiker, aber zugleich nur etwas für hochalpin erfahrene Leute. Die ersten Menschen am Gipfel waren die Mitglieder einer fünfköpfigen Touristenkarawane mit den Führern A. Ennemoser, J. Kirschner und G. Rauch im Jahr 1873.

Anreise: Von Landeck ins Kaunertal und hinauf bis nach *Feichten* (1289 m).

Hüttenzustieg: Auf einem Wirtschaftsweg durch das Verpeiltal zur *Verpeilhütte* (2016 m, DAV Frankfurt, 50 Schlafplätze, bew. Juni–Sept., Tel. 0043/664/250 14 08, Tal 0043/5475/229).

Gipfelaufstieg: Das Tal hinauf zum Schweikertferner und rechts zum Fuß der Südwestflanke des Berges. Im Bogen nach rechts gelangt man über Felsstufen und Bänder zum Beginn einer markanten Eisrinne. Durch die aufsteilende und sich verengende Rinne hinauf auf die Gratschulter des Westgipfels. Ein Blockgrat leitet zum Gipfel.

77 Watzespitze, 3532 m (482 mPr)

Der große Klotz im Kaunergrat

AD+ III+ **!**

7 Std.

1900 mH

Schwierigkeiten: Insgesamt **AD+**, mit Kletterei III+ und III. Auch für den Abstieg kann nur noch diese Route empfohlen werden!
Mühen: Zur Hütte 1100 mH (4 Std.), Gipfelaufstieg 800 mH (4 Std.).
Gefahren: Sorgfältige Orientierung nötig. Bei Schlechtwetter wird der Anstieg rasch sehr ernst. Helm unbedingt ratsam. Nur etwas für gestandene Allrounder. Unerfahrene riskieren hier Kopf und Kragen. Der früher übliche »Eisweg« ist jetzt im Sommer bei Ausaperung durch Steinschlag hoch riskant und kann nicht mehr empfohlen werden.
Freuden: Einer der anspruchsvollsten Dreitausender-Normalwege der nördlichen Alpen.
Karte: AV-Karte 1:25 000, Blatt 30/3 Kaunergrat.
Spezialführer: Klier, AVF Ötztaler Alpen, Bergverlag Rother, München.

Der Hausberg der Kaunergrathütte ist ein gewaltiger Felsbau. Die erste Ersteigung durch A. Ennemoser im Alleingang über den Eisweg bereits im Jahr 1869 war eine alpine Tat. Der frühere Normalweg über den »Eisweg« ist durch die Ausaperung ungenießbar und gefährlich geworden. Deshalb hat sich jetzt der gletscherfreie Aufstieg über den Ostpfeiler als neuer Normalweg eingebürgert.

Anreise: Durchs Pitztal mit Bus oder Auto nach *Plangeross* (1617 m).

Hüttenzustieg: Von Plangeross über die Pitztaler Ache und jenseits im Wald zuerst auf einem Wirtschaftsweg, dann auf einem markierten Fußweg steil über die Talstufe. Später weniger steil das lange Plangerosstal hinauf zur *Kaunergrathütte* (2817 m, DAV Mainz, 70 Schlafplätze, bew. Juni–Sept., Tel. 0043/5413/862 42).

Gipfelaufstieg: Gegenüber der Hütte zum Fuß des Ostpfeilers. Von rechts nach links auf Bändern ansteigend zur Kante. Daran und in Rinne zu Felskanzel. Nun 8 m hohen Aufschwung gerade hinauf (IV, 3 H) oder links umgehen (III+). Zu Rinne, darin 30 m hinauf, dann

links zum Grat. Daran zum 2. großen Felsaufschwung. Auf breitem Band schräg rechts zu Einbuchtung. Diese auf den ersten gut gangbaren Bändern nach links (gr. roter Pfeil!) verlassen zur Gratkante. An dieser zum Gipfel. Und dann alles wieder runter!

Aussicht: Im Norden Verpeilspitze, im Osten Hohe Geige.

Watzespitze von Südosten vom Aufstieg zur Kaunergrathütte

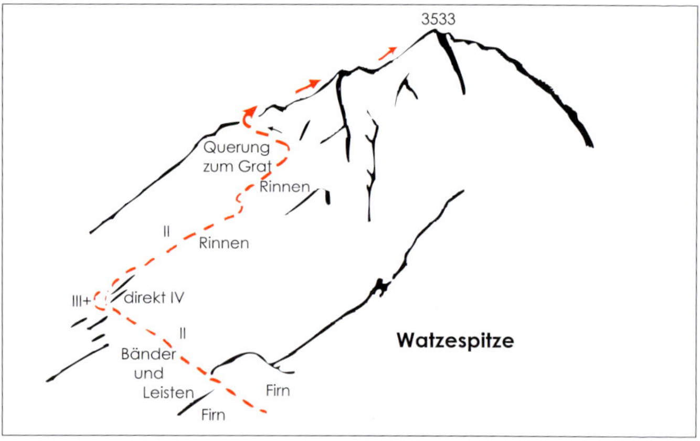

Watzespitze von Osten, gesehen von der Hütte

PD	II **!**
Hütte	4 Std.
Aufstieg	1700 mH

78 Verpeilspitze, 3428 m (418 mPr)

Der Hüttenberg der Zackengrate

Schwierigkeiten: **PD**, mit Stellen II.
Mühen: Zur Hütte 1100 mH (4 Std.), Gipfelaufstieg 600 mH (2–3 Std.).
Gefahren: Zwar gletscherfrei, aber alles, was so in steilem Felsgelände vorkommen kann.

Freuden: Eine hochalpine, aber in der Dimension und Position überschaubare Unternehmung.
Karte, Anreise, Hütte, Spezialführer: → Watzespitze.

Bizarrer Felsbau nördlich der Kaunergrathütte. Bei der Erstbesteigung im Jahr 1886 waren neben den Führern Stefan Kirschner, J. Penz und J. Praxmarer auch ein Fräulein A. Voigt und ein Herr Petersen dabei.
Gipfelaufstieg: Von der Hütte in die Schuttmulde beim P. 3053 und zum Eckpfeiler des Südostgrates. Nach rechts über steile Hänge mühsam zu einer Firn- oder Schuttrinne. Darin zu Scharte der linken Begrenzungsrippe. Auf Schuttband unter Überhang durchqueren, dann nordostwärts durch Schuttmulde und Rinne zum breiten Südostgrat. Diesen zur Gipfelwand. Links davon kurzen Kamin zu Scharte bei Felszacken. Jenseits (westseitig) auf Bändern mehrere Rinnen queren und in breiter Rinne zum Grat und Gipfel.
Aussicht: Gegenüber die Watzespitze!

79 Glockturm, 3353 m (411 mPr)

Parkplatzberg über dem Kaunertal

F I

5 1/2 Std.

1000 mH

Schwierigkeiten: Insgesamt **F**, je nach Wegwahl eventuell mit Stellen I.
Mühen: Gipfelaufstieg 1000 mH (4 Std.).
Gefahren: Normale Risiken.
Freuden: Stattlicher Gipfel zwischen Kaunertal und Reschenpass.
Karte, Spezialführer: → Weißkugel.

Der dominierende Gipfel im Bergkamm westlich des Kaunertals.
Anreise: Mit Bus oder Auto Mautstraße ins obere Kaunertal zum Parkplatz im oberen Riffltal (2350 m).
Hütte: Südlich vom Stausee *Gepatschhaus* (1925 m, DAV Frankfurt, 78 Lager, Juni–Sept, Tel. 0043/5475/489).
Gipfelaufstieg: Vom Parkplatz Steig 902 hinauf zum Rifflferner. Westwärts steil hinauf (Spalten) zum Gipfelhang. Gerade oder zum Blockwerk des Südostgrates ausweichend zum Gipfel.
Aussicht: Im Westen Reschenpass und Sesvenna, im Osten die Gletscherwelten der zentralen Ötztaler.

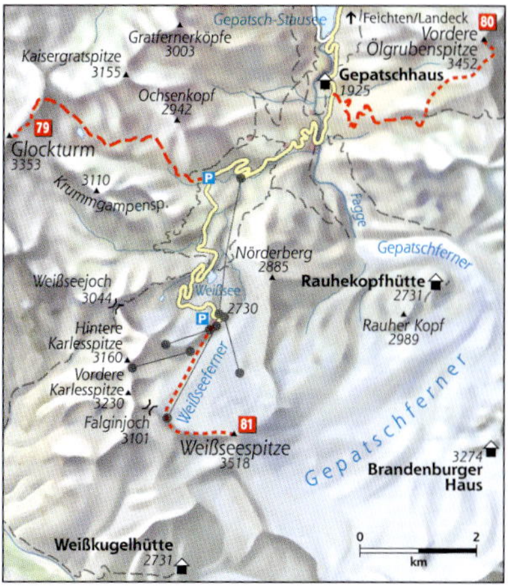

PD– II

P 7 Std.

1500 mH

80 Vordere Ölgrubenspitze, 3452 m (402 mPr)

Hatscherberg mit Bröckelgrat-Finish

Schwierigkeiten: Insgesamt **PD–**, mit Stellen II am Gipfelgrat.
Mühen: Gipfelaufstieg 1500 mH (5 Std.).
Gefahren: Am Gipfelgrat muss man mit brüchigem Fels umgehen.
Freuden: Aussicht.
Karte, Anreise, Hütte, Spezialführer, Skizze: → Glockturm.

Zwischen Kaunertal und Taschachtal Aufstieg moderat, allerdings in nicht immer bestem Felsmaterial. Erste Besteigung 1876.
Gipfelaufstieg: Vom *Gepatschhaus* auf Steig 924 in Richtung Ölgrubenjoch bis 2500 m. Nordwärts in die Äußere Ölgrube. Darin weglos hinauf. Zuletzt in steilen Rinnen gerade hinauf zur Scharte zwischen Ölgrubenkopf und Vorderer Ölgrubenspitze. Am Südgrat zum Gipfelaufbau. Links in markanten Rinnen zum Gipfel.

F+ I

P 4 Std.

760 mH

81 Weißseespitze, 3518 m (348 mPr)

DerTalschlussgipfel des Kaunertals

Schwierigkeiten: **F+**, mit Kletterstellen I.
Mühen: Gipfelaufstieg 790 mH (3 Std.).
Gefahren: Bei Schönwetter moderat, in der N-Wand Kollisionsgefahr mit Brettrutschern.
Freuden: Mautstraßen-Dreitausender.
Karte, Spezialführer, Anreise, Skizze: → Glockturm.
Andere lohnende Routen: Nordwand (AD, bis 50°, 500 mH).

Die Weißseespitze bildet den eindrucksvollen Talschluss des Kaunertales. Die erste Besteigung gelang Franz Senn, V.v. Mayerl und J. Wanderer mit I. Schöpf im Jahr 1870. Die erste Linie über die im westlichen Teil immer noch hübsche Nordwand wurde 1909 durch S. Plattner, F. Hohenleitner und R. Heuberger begangen.
Gipfelaufstieg: Vom Parkplatz am Ende der Straße ins Kaunertal (2730 m) entlang den Skipisten bis unter das Falginjoch. Steigspuren folgend zu glattem Wandl, das mit einem Fixseil überwunden wird. Nun über den breiten Westgrat, oben zwei Gratköpfe nordseitig umgehen oder überschreiten und zu einem Firnsattel. Zuletzt steil zur Gipfelkuppe mit großem Kreuz.
Aussicht: Östlich anschließend die Weiten des Gepatschferners, im Süden gegenüber prächtig die Weißkugel.

82 Seekogel, 3357 m (189 mPr)

Der schmalste Gipfel der Ötztaler

Schwierigkeiten: Insgesamt **AD+**, mit alpiner Kletterei III.
Mühen: Zur Hütte Gondelbahn und 50 mH (10 Min.), Gipfelaufstieg 1100 mH (5–6 Std.).
Gefahren: Ernsthafte Kletterei in meist festem, aber nicht ausgeputztem und teils grasigem Gestein. Für Sicherung ist selbst zu sorgen. Ebenso sind Abseilstellen selbst durch ergänzendes Material abzusichern.
Freuden: Unterwegs auf dem schärfsten Urgesteinsgipfel der Ötztaler.
Karte, Spezialführer: → Wazespitze.

AD+ III !!
9 Std.
1100 mH

Dies ist ein richtiger Klettergipfel mit gutem Fels, allerdings von alpiner Qualität und deshalb nix für Sportkletterer mit bloßer Hallen-, Klettergarten- und Plaisiererfahrung.

Anreise: Mit Bahn, Bus oder Auto nach *Mandarfen* (hinter Plangeross).

Hüttenzustieg: Gondelbahn von Mandarfen zur *Riffelseehütte* (2289 m, DAV Frankfurt/Main, 47 Schlafplätze, bew. Juni–Sept., Tel. 0043/5413/862 35).

Gipfelaufstieg: Dem Offenbacher Höhenweg folgend links um den See herum ins Riffeltal und dort wenig ansteigend, bis der Steig nach Süden biegt. Über schrofige, steile Grashänge heikel in die Scharte zwischen dem Felskopf des »Schneidigen Wändles« und der Seekogel-Südwand. Nordwärts auf brüchigem Sporn hinauf zu steilen Platten. Diese zuerst gerade hinauf, dann auf schmalen geneigten Platten links hinausqueren und nach etwa vier Seillängen zu geneigter Plattenflanke. An ihrem östlichen Rand über Blöcke empor, bald auch in einer Plattenrinne weiter bis etwa eine Seillänge unter den Ostgrat. Links auf ein kurzes breites Band und zu einer Nische. Gerade über die glatte Wand hinauf auf den Ostgrat. Am Grat zu einer schmalen Schneide, die überhängt. Diese Stelle südseitig umgehen. Weiter zum Turm. Diesen nordseitig an einem Riss querend umgehen. Hinauf auf einen großen Gratkopf und danach zu einem kleineren Kopf vor einer tiefen Scharte. Zuerst nordseitig hinab, dann südlich in steiler Plattenrinne zu einem kurzen überhängenden Riss. Nach einer Platte nordseitig einen kurzen Kaminriss hinab zum Grund der Scharte. Am Grat zu gelber Wandstufe. Zuerst in ihrer Mitte am Riss, dann auf einer Leiste nach links und durch ein Loch auf den Grat. Eine weitere Gratstufe über den

Seekogel (l) und Watzespitze von SO

Überhang erklettern und über das schmale Band von Norden her auf die Grathöhe. Der Grat wird nun breiter und leitet zum Gipfel. **Abstieg über die Südwand:** Am Ostgrat 30 m hinab in die erste Scharte. Riss 10 m südseitig hinab zum oberen Ende der die ganze Südwand durchziehenden Plattenrampe. Über diese ostwärts mehrere Seillängen abklettern. (Nie gerade hinunter und nie nach rechts!) Bei einer weiß gescheuerten Platte 3 m hinauf auf ein anderes Band. Auf diesem 10 m hinaus, dann 25 m abseilen zurück auf die Rampe. Weiter die Rampe hinab, bis man zum Wandfuß sehen kann. Hier erblickt man links eine blau gefärbte glatte Platte. An ihrem unteren Rand 8 m ansteigend queren und dann weniger schwierig auf grasigen Bändern weiter, nur wenig absteigend hinab. So gelangt man zu einem gelbbraunen, fast rechteckigen Ausbruch. Über die Platte in den Grund des Ausbruchs senkrecht hinab. Dann wieder ostwärts weniger schwierig weiter queren zum felsigen Kamm, der von der Scharte beim Schneidigen Wändle an die Südflanke heraufzieht. Über Gras und Stufen im Zickzack hinab bis zum letzten steilen Abbruch. Dieser kann frei abgeklettert werden, indem man an seinem oberen Rand auf Leisten weit nach Osten hinausquert und dann wieder westwärts abklettert zum Punkt, wo der Felskamm an die Wand stößt. Nun am besten links des Kammes über die Halde hinab, zuletzt über steile Grashänge hinab zum Riffelsee (nach Klier).

Ötztaler Alpen – Geigenkamm

Dieser Bergkamm zieht zwischen dem Pitztal und dem Ötztal vom zentralen Gletschergebiet nach Norden zum Inntal.

83 Luibiskogel, 3110 m (471 mPr)

Der Höchste im nördlichen Geigenkamm

PD– I

3 Std.

1740 mH

Schwierigkeiten: Insgesamt **PD–**, am Gipfelaufbau etwas Kletterei I.
Mühen: Vom Pitztal zum Gipfel 1740 mH (6 Std.), vom Ötztal Hüttenzustieg 1350 mH (4 Std.) und Gipfelaufstieg 750 mH (2 Std.).

Gefahren: Der Hauerferner ist bei Blankeis ernst zu nehmen!
Freuden: Ruhige Berglandschaft ohne Gedränge.
Anreise, Karten, Spezialführer: → Watzespitze.

4 km nördlich der Hohen Geige liegt dieser markante Doppelgipfel, den noch ein Gletscherchen ziert.

Aufstieg vom Pitztal: Vom oberhalb von Sankt Leonhard gelegenen Weiler *Piösmes* (1400 m) vom südlichen Ortsrand auf Wirtschaftsweg in Richtung Loibisalm. Am felsigen Steilaufschwung in südlicher Richtung abzweigen und hinauf zur Luibisalm (2070 m). Weiter zu den Luibisböden und in östlicher Richtung über Schutt und Blöcke des Kares, zuletzt in steiler Felsgasse hinauf zur Luibisscharte (2914 m). Jenseits hinab auf den Hauerferner und in nördlicher Richtung zur Südostseite des Gipfelaufbaus. Über Schutt und mit Steighilfen versehenes Wandl zum Gipfel.

Aufstieg vom Ötztal: Von *Längenfeld* (1167 m, Therme) entweder über die Pestkapelle oder vom Ortsteil Lehn aus über die Innerbergalm zur Hauerseehütte (2383 m, bew. Juni–Sept.). Hinauf zum Hauerferner, um den Sockel des Südostgrates links herum und wie oben beschrieben zum Gipfel.

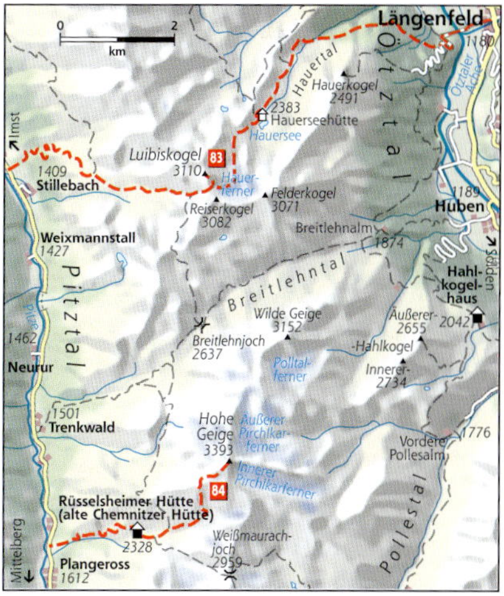

F+	I
❄	30°
Hütte	5 Std.
↗↘	1770 mH

84 Hohe Geige, 3393 m (434 mPr)

Auf den hohen Berg des Kammes zwischen Pitz- und Ötztal

Schwierigkeiten: Insgesamt **F+**, Steig und Steigspuren mit Stellen I.
Mühen: Zur Hütte 720 mH (2 Std.), Gipfelaufstieg 1050 mH (3–4 Std.).
Gefahren: Bei guten Bedingungen nichts Außergewöhnliches. Man/frau sollte jedoch für Firnrinnen oder Firnfelder ausgerüstet sein.
Freuden: Ein toller Aussichtsberg.
Karte, Anreise, Spezialführer: → Watzespitze.
Skizze: → Luibiskogel

Ganz schön gewaltig ist dieser Berg, mit tief eingeschnittenen Gletscherkaren auf seiner Nord- und Ostseite, aber im Sommer jetzt völlig aperen Südseiten. Die erste Besteigung erfolgte im Zuge der Landesvermessung durch Hauptmann Ganahl und Gefolge 1853.

Hüttenzustieg: Vom Parkplatz 1 km nördlich von Plangeross in östlicher Richtung über den bewachsenen Schwemmfächer und steile Talhänge in vielen Kehren zur *Rüsselsheimer Hütte (früher Chemnitzer Hütte,* 2328 m, DAV Rüsselsheim, 43 Schlafplätze, bew. Juli–Sept., Tel. 0043/664/280 81 07).

Gipfelaufstieg: Etwa 100 mH Steig talaufwärts zu Wegegabelung. Links (nordwestwärts) den schrofigen Hang steil hinauf, oben zwei Rinnen queren. Den weniger deutlich werdenden Steigspuren nach über Felsrücken und Hang zum Gipfelgrat und über Blöcke zum Gipfel.

Aussicht: Im Westen gegenüber prächtig wild der Kaunergrat.

Zuckerhütl vom Isidornieder, davor Aperer Wilder Pfaff und Schaufelnieder, fern Dolomiten

Stubaier Alpen

Die Berge zwischen Ötztal und Wipptal/Brenner sind von ähnlichem Gepräge wie die Ötztaler und Zillertaler Berge. Entsprechend bieten sie vor allem Ziele für klassisches Bergsteigen. Ebenso gilt auch hier, dass der Frühsommer vor der großen Ausaperung gewöhnlich die günstigste Tourenzeit ist.

85 Zuckerhütl, 3505 m (1031 mPr)

Auf den höchsten Gipfel der Stubaier Alpen

PD– II

55°

6 Std.

700 mH

Schwierigkeiten: Insgesamt **PD–**. Gletschertour mit steilem Finish – entweder nordseitig Firn/Eis oder südostseitig teils verdrahtete Blockkletterei (bis II).
Mühen: Von Bergstation Isidorjoch direkt 110 mH ↘ (beim Rückweg Gegensteigung!) und 600mH ↗. Zur Hütte 250 mH↘ (zurück Gegensteigung!), von dort zum Gipfel 50 mH ↘ und dann 650 mH ↗.
Gefahren: Gletscher ernst nehmen! Der sehr steile Gipfelaufbau ist unfallträchtig – besonders wenn hier hektisch überholt wird.
Freuden: Die sind hier meist mit vielen anderen Zeitgenossen zu teilen.
Karte: AV-Karte 1:25 000, Blatt 31/1 Hochstubai.
Spezialführer: Klier, AVF Stubaier Alpen, Bergverlag Rother, München.
Andere lohnende Routen: Beliebt ist die Kombination der Besteigung mit der des Wilden Freigers.

Diese kecke Firnkuppe über dem Sulzenauferner ist der höchste Gipfel der Stubaier Berge (wenn auch der benachbarte Wilde Pfaff als Knotenpunkt großer Grate in dieser Rolle viel überzeugender wäre). Erstmals erreicht wurde der Gipfel durch J.A. Specht und A. Tanzer im Jahre 1863. Die traditionelle Besteigung erfolgt von der Hildesheimer Hütte und ermöglicht hochalpenvernünftig frühen Aufbruch. Der Berg ist jedoch jetzt auch als Tagestour von der Bergstation am Isidorjoch aus machbar.

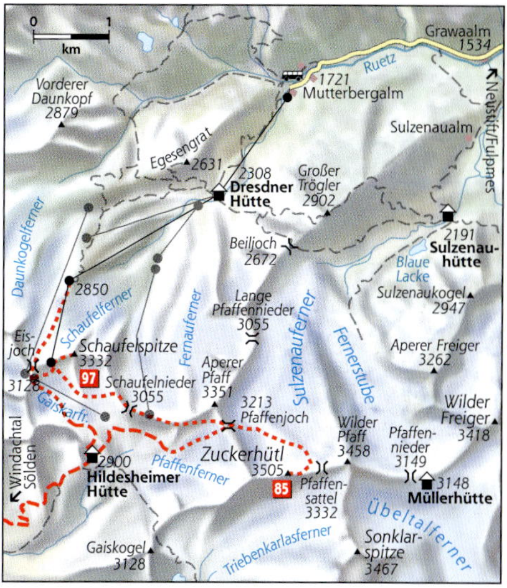

Anreise: Mit Bus oder Auto durch das Stubaital über Ranalt zur Talstation der Stubaier Gletscherbahn (1748 m).

Hüttenzustieg: Von der Bergstation am Isidornieder (3158 m) nach SO über den Gaißtalferner hinab zum südlichen Gletscherrand. Auf Steig rasch zur Hildesheimer Hütte (2900 m; DAV Hildesheim, 100 Schlafplätze, Tel. 0043/5254/2300). Aufstieg von Sölden 4 Stunden, vom Wirtshaus Fiegl (Taxidienst) 2½ Stunden.

Zuckerhütl von Norden

Gipfelaufstieg ab Hütte: Nach N Steig am kleinen See vorbei und in weitem Bogen nach O, unterhalb vom Schaufelnieder, zum Pfaffenferner. Dieser wird oberhalb der zerrissenen Steilstufe über Schutt querend betreten. An seinem nördlichen Rand zum Pfaffenjoch (3212 m, 1 Std.).

Jenseits in südöstlicher Richtung Hänge queren und über Gletscherboden (Spalten!) zum Pfaffensattel zwischen Wildem Pfaff und Zuckerhütl. Von dort am Ostgrat, zunehmend steiler, zuletzt rechts in der Nordseite (Firn, Eis) oder links (Draht, II) zur Südseite und in Blockkletterei zum Gipfel.

Gipfelaufstieg direkt ab Bergstation (Isidornieder, 3158 m): Zuerst am nördlichen Rand des Gaißtalferners nach O, dann über Moränen schräg hinab zum Schaufelnieder (3050 m, auch »Fernaujoch«, Liftstation). Nun an Trümmergrat nach O gegen den Aperen Wilden Pfaff etwa 200 mH aufsteigen, dann auf Steig rechts zu Schulter (Steinmann) und Blockhänge abwärts nach O querend zum Pfaffenjoch. Weiter siehe oben.

Aussicht: Nebenan Zentralalpenberge im Süden die Dolomiten.

Nebengipfel: Der Wilde Pfaff (3456 m) vom Pfaffensattel 30 Min. (I).

86 Habicht, 3277 m (518 mPr)

Die kühne Berggestalt zwischen Gschnitz und Ranalt

F+	I
❄	30°
Hütte	4 Std.
Aufstieg	2000 mH

Schwierigkeiten: Insgesamt **F+**, mit Stellen I und Klettersteig.
Mühen: Zur Hütte 1100 mH (3 Std.), Gipfelaufstieg 900 mH (2–3 Std.).
Gefahren: Beim Abstieg auf keinen Fall das Firnfeld und die Rinne in Richtung Nordosten abfahren (Abbrüche, wo schon böse Unfälle passierten)!
Freuden: Abwechslungsreicher Aufstieg.
Karte: AV-Karte 1:50 000, Blatt 31/3 Brennerberge.
Spezialführer: Klier, AVF Stubaier Alpen, Bergverlag Rother, München.

Den Bergkamm zwischen Stubaital und Gschnitztal, den beherrscht dieser dunkle Felsbau mit den nordseitigen Gletschern. Für die Schroffheit der Berggestalt ist der Normalweg recht moderat. Die erste Besteigung geschah durch Jäger oder Landvermesser.

Anreise: Mit Auto von Steinach nach Gschnitz Obertal zum Gasthaus Feuerstein (1281 m).

Hüttenzustieg: Vom Gasthaus nordwestwärts entlang der Materialbahn in vielen Zickzacks hinauf zur am Pinnisjoch gelegenen *Innsbrucker Hütte* (2379 m, AVS Touristenklub Innsbruck, 130 Schlafplätze, bew. Juni–Sept., Tel. 0043/5276/295).

Gipfelaufstieg: Von der Hütte in westlicher Richtung zu Gratrippe, steil in Kehren hinauf. Dann nordseitig am Grat weiter und Steig in Kehren hinauf zur Ostecke des Gipfelaufbaues. Über den übersichtlichen Habichtferner und Blöcke zum höchsten Punkt.

Aussicht: Im Südwesten Feuersteine und Wilder Freiger, im Süden der Pflerscher Tribulaun, im Norden jenseits des Inntals das Karwendel.

AD– III !

30°

10 Std.

1760 mH

87 Strahlkogel, 3288 m (500 mPr)

Kecker Spitz im Sellrain

Schwierigkeiten: **AD–**, mit Kletterei bis III.
Mühen: Gipfelaufstieg 1760 mH (6–7 Std.).
Gefahren: Kletterei in einsamer Gebirgsgegend.
Freuden: Ein selten besuchtes Ziel.
Karte: AV-Karte 1:25 000, Blatt 31/2 Sellrain.
Spezialführer: → Zuckerhütl

Der höchste Berg der nordwestlichen Stubaier ist gar nicht so leicht zu haben. Allerdings sieht er mit seinen hellen Gesteinsbändern richtig hübsch aus. Zuerst einmal ist der Aufstieg weit.

Der Fels bietet dann am Gipfelaufbau in den Schwierigkeiten ein kleines Crescendo.

Anreise: Im Ötztal von Umhausen nach Osten ins Horlachtal nach *Niederthai* (1538 m).

Gipfelaufstieg: Vom Ort ostwärts zum Wald und ansteigend ins Grastal. Darin hinauf zum Grastalsee (2534 m). Von der Mitte des Ostufers ein Tälchen hinauf zum Grasstaller Ferner. Links der Spalten hinauf zum flachen Firnboden (3000 m). Nun nordwärts über Schutt, Blöcke und Rinnen, zuletzt über Bänder zur Strahlkogelscharte. Südseitig etwas unterhalb der Grathöhe nach Osten zum Gipfelaufbau. Dort direkt an der Kante oder wenige Meter rechts davon zum Gipfel.

Nachbargipfel: Südlich gegenüber der Breite Grießkogel (3287 m), vom Firn über den Nordgrat leicht zu erreichen. Auch von Osten von der Winnebach-Seehütte (F+).

88 Pflerscher Tribulaun, 3097 m (498 mPr)

Das spröde Felshorn hoch über dem Pflerscher Tal

AD III

9 Std.

1800 mH

Schwierigkeiten: Insgesamt **AD**, mit brüchigen Kletterstellen III und Drahtseilpassagen.
Mühen: Zur Hütte 800 mH (2–3 Std.), Gipfelaufstieg 1000 mH (5–7 Std.).
Gefahren: Unzuverlässiger, selten begangener Fels.
Freuden: Ein auch auf der leichtesten Route anspruchsvoller Berg.
Karte, Anreise, Spezialführer: → Habicht.

Dieser schroffe Doppelgipfel ist einer der ruppigsten Berge im Gebiet dieses Führers. Der Normalweg beginnt am westlich des Gipfels eingeschnittenen Sandesjoch. Nachdem 1869 unbekannte Engländer mit Schweizer Bergführern abgeblitzt waren und 1872 H. Waitzenbauer mit dem Führer G. Pittracher den Ostgipfel erreicht hatte, gelang dem bekannten Berchtesgadener Führer Johann Grill (»der Kederbacher«) und G. Pittracher die erste Besteigung des höheren Westgipfels mit den Touristen G. Hofmann und N. Winhart am 22. September 1874.

Hüttenzustieg: Vom Gasthaus Feuerstein nach Süden das Tal des Sandesbaches hinauf zur *österreichischen Tribulaunhütte* (2064 m, TV Naturfreunde Innsbruck, 48 Schlafplätze, bew. Juni–Sept., Tel. 0043/664/405 09 51). Alternative von Süden: Von Innerpflersch (1246 m) von der Kirche markierten Steig 7 steil den Kogesgraben hinauf, nach 1 Std. bei Wegabzweigung nordwestwärts zum Sandesee und dem *italienischen Tribulaunhaus* (2369 m, CAI Sterzing, 45 Schlafplätze, bew. Juli–Sept., Tel. 0039/0472/63 24 70).

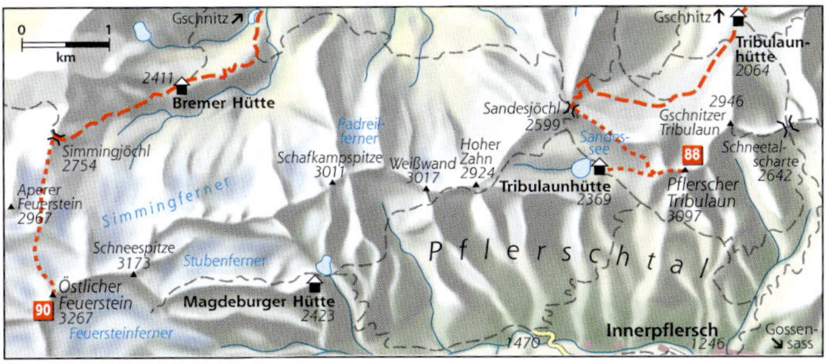

88

Gipfelaufstieg: Von der *österreichischen Tribulaunhütte* markierten Steig 130 zur Pflerscher Scharte (2599 m, auch Sandesjöchl genannt). Nun südostwärts über Schutt und Firn zum im Westgrat des Berges eingeschnittenen Sandesjoch (2821 m, 2 ½ Std.; hierher auch vom *italienischen Tribulaunhaus* in 1 ½ Std., indem man zuerst Steig nach Osten geht, dann die erste große Rinne in ihrem Grund teils mit Kletterei hinaufsteigt, nach einem Schuttfeld dem Steig nach zu schluchtartiger Rinne gelangt und über Steilstufen die letzte mit Rechtsschleife umgeht, 1 ½ Std., Kletterei bis II).
Nun am Westgrat ansteigen zu zwei Türmen. Diese auf Steigspuren umgehen. Bei Steilaufschwung rechts (S) zu Gratvorsprung. Über Schuttstufen und Bänder in eine enge Scharte und ein Kar. Auf der Westseite 10 m vor einem Kamin unterhalb von der Schlucht über einen Überhang (5 m, Drahtseil). Östlich der Schlucht 100 m hinauf, dann rechts in östlicher Seitenschlucht bis 15 m vor die Scharte. Links über Wand (Drahtseil) 60 m hinauf (III) zum Westgrat und rasch zum Gipfel.
Aussicht: Im Westen die Feuersteine und der Wilde Freiger.

Schrankogel von Westen (Telefoto)

89 Schrankogel 3497 m (479 mPr)

Der zweithöchste Stubaiberg

PD– I

7 Std.

1300 mH

Schwierigkeiten: Insgesamt **PD–**, Steig mit leichter Kletterei (I).
Mühen: Zur Hütte Jeep oder 650 mH (2 Std.), Gipfelaufstieg 1300 mH (5 Std.).
Gefahren: Gletscherfreier Anstieg, zuletzt gelegentlich Firngrat. Wenn der Gipfelgrat nicht aper ist, wird er rasch heikel.
Freuden: Bei guten Verhältnissen kann die Eisausrüstung im Tal bleiben.
Karte, Spezialführer: → Zuckerhütl.
Andere lohnende Routen: Ostgrat (PD, 6 Std. ab Franz-Senn-Hütte).

Die massige, ebenmäßige Felspyramide bildet den Talschluss des ins Ötztal mündenden Sulztals und wird häufig bestiegen. Bis »drei Klafter unter der Spitze« stieg der Botaniker Hargasser bereits am 20. September 1821. Bis zum Gipfel gelangte der Söldener Pfarrer Schöpf dann um 1840.

Anreise: Durch das Ötztal bis Unter-Längenfeld, von dort Sträßchen ins Sulztal nach Gries (1572 m).

Hüttenzustieg: Von Gries das Tal hinauf zur *Amberger Hütte* (2135 m, DAV Amberg, 92 Schlafplätze, bew. Juni–Sept., Tel. 0043/52 53/56 05).

Gipfelaufstieg: Von der Hütte den Steig im Tal hinauf bis 2600 m Höhe. Nun auf dem Steiglein in nördlicher Richtung hinauf zum Südwestgrat und daran mit einigen leichten Kletterstellen zum Gipfel.

Aussicht: Im Osten liegen die elegante Ruderhofspitze sowie der Schwarzenbergferner und der Alpeinferner, im Süden fällt die schroffe Wilde Leck auf.

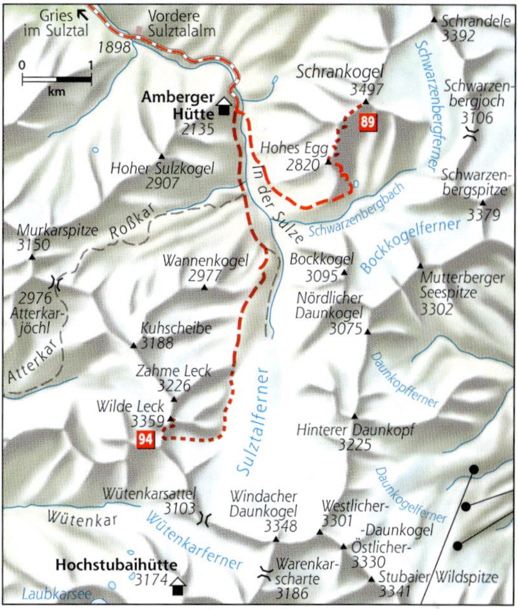

F+	
❄	°
Hütte	4 Std.
Aufstieg	1800 mH

90 Östlicher Feuerstein, 3267 m (427 mPr)

Der Gletscherberg über der Hütte der Hafenstadt

Schwierigkeiten: Insgesamt **F+**, leichte Gletschertour, Gipfelgrat I.
Mühen: Zur Hütte 1200 mH (3 ½ Std.), bei Nutzung von Taxi bis Laponesalm 950 mH (2 ½ Std.), Gipfelaufstieg 850 mH (2 ½ Std.).
Gefahren: Gletscher ernst nehmen!.
Freuden: Doppelgipfel am östlichsten Gletscherbereich der Stubaier.
Karte, Anreise, Spezialführer: → Habicht.
Skizze: → Pflerscher Tribulaun.

Dies ist ein Grenzgipfel östlich vom Wilden Freiger, im östlichsten Bereich der Stubaier, wo es noch richtige Gletscher gibt. Die erste Besteigung erfolgte um 1855 durch Landvermesser.

Hüttenzustieg: Vom Gasthaus Feuerstein Wirtschaftsweg zur Laponesalm und Steig weiter im Tal hinauf zur *Bremer Hütte* (2411 m, DAV Bremen, 65 Schlafplätze, bew. Juni–Sept., Tel. 0043/664/460 58 31).

Gipfelaufstieg: Von der Hütte Steig zum Simmingjöchl (2754 m, Zollhütte). In südlicher Richtung den Gletscherrest hinauf, unter dem aperen Feuerstein und der Nürnberger Scharte vorbei. Danach über den niedrigen Schuttgrat auf die westliche Seite wechseln. Dort in südwestlicher Richtung, zuletzt auf den Grat und zum Südwestgipfel (3245 m). Am Blockgrat, Zacken nördlich in der Flanke vermeidend, zum höheren Nordostgipfel (Kreuz).

Aussicht: Im Westen der Wilde Freiger, im Nordosten der Habicht.

Feuersteine von der Nürnberger Hütte

91 Ruderhofspitze, 3474 m (369 mPr)

Der alpinste Stubaiberg

PD	I
❄	45°
Hütte	6 Std.
Aufstieg	1750 mH

Schwierigkeiten: Insgesamt **PD**, fast reine Gletschertour. Am Gipfelaufbau Probleme bei starker Ausaperung.
Mühen: Zur Hütte 400 mH (1 Std.), Gipfelaufstieg 1350 mH (4–5 Std.).
Gefahren: Auf dem Gletscher Vorsicht vor Falltüren!
Freuden: Hochalpines Ambiente und ein formschöner Berg.
Karte, Spezialführer: → Zuckerhütl.

Sowohl nach der Gestalt wie auch nach den Mühen und Schwierigkeiten ist dies der hochalpinste Berg im Stubai. Er wird häufig bestiegen. Für das alpine Ausbildungszentrum Franz-Senn-Hütte ist er das Highlight. Erstbesteigung K. Bädeker & Co, 1864.

Anreise: Mit Auto durch das Stubaital bis Neustift, dann durch das Obergtal bis zur Oberisshütte (1742 m).

Hüttenzustieg: Weg im Tal hinauf zur *Franz-Senn-Hütte* (2149 m, ÖAV Innsbruck, 180 Schlafplätze, bew. Juni–Anf. Okt., Tel. Tal 0043/5226/22 18, E-Mail: horst@franzsennhuette.at).

Gipfelaufstieg: Auf dem markierten Steig 131 talein, später auf der Seitenmoräne des Alpeiner Ferners, zuletzt zum Gletscher. Auf diesem in südwestlicher Richtung, rechts vom zweiten Bruch hinauf zum oberen Boden. Nun südostwärts unterhalb der Wildgratspitzen ansteigen bis unter die östliche der drei Scharten (Hölltalscharte, rote Markierung) im Ostgrat des Schwarzenbergs. Nach Osten hinauf in die Firnmulde unter der Ruderhofspitze. Durch Ausaperung heikel in der Rinne zum Südgrat und daran zum Gipfel. (Bei ungünstigen Verhältnissen an der Rinne kann man auch zur Hölltalscharte aufsteigen und dem teils luftigen Blockgrat folgen, 30 Min. länger.)

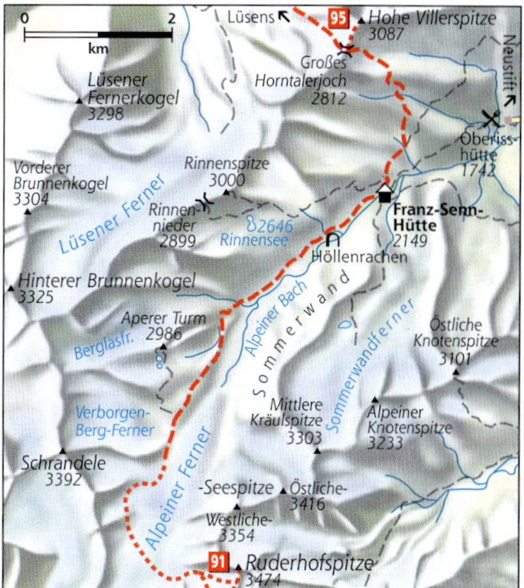

Aussicht: Im Westen der Schrankogel, im Süden das Zuckerhütl.

PD II !

5 Std.

900 mH

92 Acherkogel, 3007 m (353 mPr)

Felshorn zwischen Ötz und Kühtai

Schwierigkeiten: Insgesamt **PD**, mit Kletterstellen bis II, markiert.
Mühen: Bis 25 Min. an die Bielefelder Hütte heran Seilbahn, Gipfelaufstieg 900 mH (3 Std.).
Gefahren: Einige Kletterfertigkeit und Erfahrung im Umgang mit alpinem Gelände nötig. Wenn noch Firn in der Flanke liegt, kann der Aufstieg heikel sein und u. U. Eisgeräte verlangen.
Freuden: Ein keck anzusehender Berg.
Karte: AV-Karte 1:25 000, Blatt 31/2 Sellrain.
Spezialführer: Klier, AVF alpin Stubaier Alpen, Bergverlag Rother, München.

Diese scharf geschnittene Felspyramide bildet den nordwestlichen Eckpfeiler der Stubaier Berge. Sie erlaubt zwar bei Nutzung der Seilbahn zur Neuen Bielefelder Hütte eine mühelose Annäherung, sollte aber wegen des alpinen Geländes nicht unterschätzt werden. Die erste Besteigung gelang dem Führerlosen Salzburger Ludwig Purtscheller am 24. August 1881.

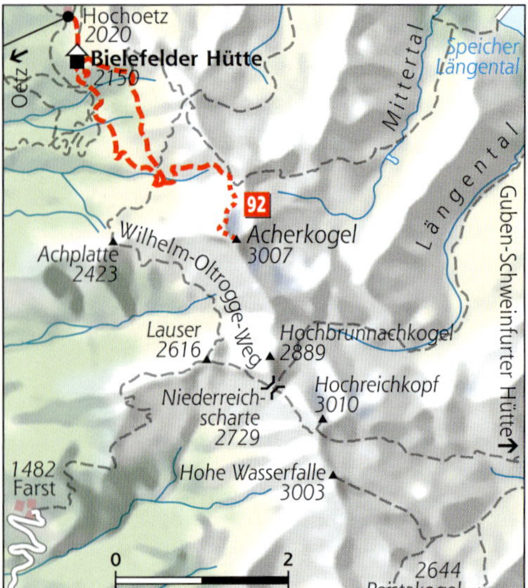

Anreise: Mit Bus/Auto nach *Ötz* (812 m). Talstation südlich vom Ort.

Hütte: Ab Bergstation Acherkogelbahn 25 Min. zur *Neuen Bielefelder Hütte* (2150 m, DAV Bielefeld, 60 Schlafplätze, Tel. 0043/5252/69 26) bew. Juni–Sept.).

Gipfelaufstieg: Von der Hütte steigt man zuerst den Weg entlang dem Lift hinauf bis zur Umlenkstation, dann Steig nach S ins Karle hinauf und darin bis kurz unterhalb der Mittertalscharte zur Mulde des (im Oktober 2006 leer vorgefundenen) Mattingsees. Unmarkierten Steig zur Nordflanke des Acherkogels und in einer Schuttschlucht (I) zu Schutthalde (im Frühsommer noch Firn). Steigspu-

92

ren folgend hinauf zur Steilstufe. Rechts weiter zu einer zweiten Schutthalde. Von ihrem linken oberen Ende (Steinmann) links queren auf eine Felsrippe. Diese mit Kletterei (I) hinauf zu gestuftem Gelände und zum Fuß der eigentlichen Nordwand (früh im Jahr Firnfeld; hierher auch von der Mittertalscharte in deutlich anspruchsvollerer Kletterei entlang dem Nordgrat, III). Nach rechts. Neben oder an der markanten Felsrippe (mit Kletterei, mehrere Möglichkeiten) den Steigspuren und Markierungen nach zum Westgrat. Am Grat rasch zum höchsten Punkt.

Aussicht: Im Norden gegenüber, jenseits des Inntals, die Mieminger Berge und dahinter die Zugspitze, im Südwesten der Geigenkamm.

93 Hoher Seeblaskogel, 3235 m (353 mPr)

Alpiner Hochwanderberg im Sellrain

F | ❄ | 4 Std. | 1800 mH

Schwierigkeiten: Insgesamt **F**, viel Schutt, zuletzt Gletscher.
Mühen: Zur Hütte 800 mH (2 Std.), Gipfelaufstieg 1000 mH (3 Std.).
Gefahren: Etwas Lockerschutt, am Gipfelgrat Wechten möglich.
Freuden: Hineinschnuppern in hochalpine Gegend.
Anreise: → Schrankogel.
Karte, Skizze: → Strahlkogel.
Andere lohnende Routen: Von NO vom Westfalenhaus auf dem Dr.-Siemons-Weg zum Tal des Grüne-Tatzen-Ferners und über diesen hinauf zum Gipfel.

Ein in den Schwierigkeiten zwar moderater, aber doch nicht mühelos zu besteigender Berg. Der Grüne-Tatzen-Ferner ist recht friedlich.

Hüttenzustieg: Von Gries in nordöstlicher Richtung Steig zur *Winnebachseehütte* (2361 m, DAV Hof, 46 Schlafplätze, bew. Juni–Anf. Okt., Tel. 0043/5253/51 97).

Gipfelaufstieg: Ostwärts Steig hinauf zum Bachfallengletscher. Vor seiner Zunge links gehen. Dann über Moränenhang in ein Tälchen, das in nordöstlicher Richtung hinaufleitet zu einem Grat. Diesem in nördlicher Richtung oberhalb vom Grüne-Tatzen-Ferner folgen bis 3100 m Höhe und danach hinab zur Scharte und auf den Gletscher. Nun in nördlicher Richtung ansteigen zum Ostgrat. Daran zum Gipfel.

Aussicht: Im Nordwesten Strahlkogel, im Süden Schrankogel.

PD III !

6 Std.

100 mH

94 Wilde Leck, 3359 m (309 mPr)

Steiler Felsberg über dem Sulztalferner

Schwierigkeiten: Insgesamt **PD**, mit Kletterstellen III und II.
Mühen: Zur Hütte Jeepverkehr oder 650 mH (2 Std.), Gipfelaufstieg 1100 mH (3–5 Std.).
Gefahren: Die Route ist zwar rot markiert, man sollte jedoch mit alpinem Schutt und bröseligem Fels umgehen können. Helm!
Freuden: Aussichtsbalkon über dem mittleren Ötztal.
Karte, Führer, Anreise: → Zuckerhütl.
Hütte, Skizze: → Schrankogel.

Gegenüber der Hohen Geige ragt der felsige, steile Felsbau der Wilden Leck als einer der westlichsten der Stubaier Berge auf. Seine Besteigung geht in ihren Anforderungen zwar deutlich über das Niveau alpiner Steige hinaus, weist jedoch nur moderate Kletterschwierigkeiten auf. Die erste Besteigung des ansehnlichen Gipfels holte sich um 1865 »der kühne Gemsenjäger Zachäus Grüner aus Sölden, aufgrund einer Wette« (Klier, S. 317).

Wilde Leck von Südwesten

Gipfelaufstieg: Von der *Amberger Hütte* auf der orografisch linken, westlichen Seite des Tals Steig 137 in südlicher Richtung zu Wegegabelung. Hier geradeaus weiter, über eine Steilstufe und auf einer alten Moräne zum Sulztaler Ferner. Nahe seinem westlichen Rand hinauf, unter dem Sockel des Ostgrates vorbei, zum Rest des Wilde-Leck-Ferners. Diesen hinauf, zuletzt in Rinne, zur Scharte P. 3320 im Südgrat (2 Std.).

Auf undeutlichem Band nach links (W) empor zu einer kleinen Wandstufe. Diese hinauf zu einem anderen Band. Auf diesem schräg rechts (O) ansteigend in Richtung Ostgrat. Nun wieder nach links und unterhalb vom Ostgrat gestuft ansteigend zum Gipfel.

Aussicht: Westlich gegenüber die Hohe Geige, im Südwesten Hochsölden mit seinem Skizirkus und dahinter die Wildspitze.

95 Hohe Villerspitze, 3087 m (285 mPr)

PD II !

8 Std.

1400 mH

Der Kampf mit der spröden Spitze

Schwierigkeiten: Insgesamt **PD**, mit schrofiger Kletterei II.
Mühen: Gipfelaufstieg 1400 mH (5–6 Std.).
Gefahren: Alpines, teils schrofiges Gelände. Wenn die Rinne nass oder vereist ist, kann man der Rampe zum Nordwestgrat folgen und daran aufsteigen (länger, aber nicht schwieriger).
Freuden: Richtig luftige Kletterei.
Karte, Spezialführer, Skizze: → Acherkogel.
Andere lohnende Routen: Überschreitung des Schaldersgrates vom Schaldersjöchl her (AD, III+, 4 Std.).

Während der höhere Lüsenser Fernerkogel noch über den vom Schrankogel nach Norden ziehenden Kamm an den zweithöchsten Gipfel des Stubai angeschlossen ist, wird der schroffe Felskamm der Villerspitze durch das Horntaler Joch deutlich abgetrennt. Die erste Besteigung gelang Carl Gsaller am 20. Juli 1878 und E. Richter, Chronist der Erschließung der Ostalpen, schrieb darüber: »Nachdem ein am 1. October 1877 gemachter Versuch, die Spitze zu erklimmen, an der Zaghaftigkeit des ihn begleitenden Führers Alois Tanzer gescheitert war, unternahm Gsaller allein den Kampf mit der spröden Spitze.«

Anreise: Von Gries im Sellrain Talstraße nach *Lüsens* (1636 m).

Gipfelaufstieg: Steig Nr. 132 nach SO zum Großen Horntaler Joch (2812 m, hierher auch in 1 ½ Std. über Steig von der Franz-Senn-Hütte, siehe Ruderhofspitze). Westlich der Höhe des Jochs aus Schuttmulde über Grashang hinauf zum Fuß der Felsen. Ostseitig über Blockwerk hinauf zum Beginn eines Grates. Hier nach links (W) queren (Steigspuren) zu Schuttmulde unter der Wand (Kapelle). Rechts Rampe hinauf zur Scharte. Über schwierigen Zackengrat (rechts, ostseitig umgehbar) zum Beginn einer schräg links empor ziehenden Rampe (der »Schiefe Gang«). Den Bändern und Rissen etwa 70 m folgen, dann vom Schuttfleck der Rinne über eine plattige Stufe bis zu einer Gabelung. In der linken Rinne zum Nordwestgrat und bald zum Gipfel.

Aussicht: Eindrucksvolle Nahblicke!

Am Nordwestgrat der Villerspitze

F

6 Std.

2100 mH

96 Wilder Freiger, 3418 m (269 mPr)

Beliebter Einsteiger-Dreitausender über der Nürnberger Hütte

Schwierigkeiten: F, mit Eis.
Mühen: Zur Hütte 900 mH (2 ½ Std.), Gipfelaufstieg 1200 mH (4 Std.).
Gefahren: Zahmer Gletscher.
Freuden: Ein leichter Hochgipfel.

Karte, Spezialführer: → Zuckerhütl.
Andere lohnende Routen: Von Süden vom besonders hoch gelegenen Becherhaus (3190 m, Zustieg von Ridnaun 7 Std., Tel. 0039/0472/76 62 56).

Der Wilde Freiger ist einer der am häufigsten bestiegenen Firngipfel der Stubaier Alpen. Sowohl nach den Anforderungen als auch nach dem Ambiente ist er besonders gut geeignet für Menschen, die erstmals auf einen richtigen Dreitausender wollen. Die Erstbesteigung erfolgte durch F. Leis mit zwei einheimischen Begleitern 1865.

Anreise: Mit Bus oder Auto durch das Stubaital nach *Ranalt* (1304 m) und weiter talein zur Schangelairalm (1380 m).

Hüttenzustieg: Steig zur Bsuechsalm (1580 m) und weiter das Tal hinauf zur *Nürnberger Hütte* (2280 m, DAV Nürnberg, 146 Schlafplätze, bew. Juni–Sept., Tel. 0043/5226/24 92).

Gipfelaufstieg: Südwärts Steig taleinwärts, unter der Urfallspitze

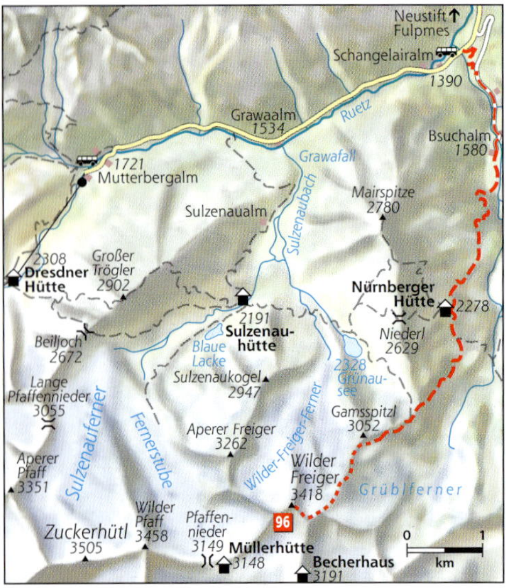

96

rechts hinauf, an der Seescharte vorbei in südwestlicher Richtung am nördlichen Rand eines Firnfeldes hinauf zum Grat. Nach Süden, mit Querung eines Eisfeldes (kann heikel sein!), zuletzt über Firnrücken zum P. 3324. Nun rechts (W) unter dem Signalgipfel durch querend zum höchsten Punkt.
Aussicht: Sowohl nach Süden (bis zu den Dolomiten) als auch nach Westen und Norden (Stubaier) eindrucksvoll.

97 Schaufelspitze, 3332 m (199 mPr)

Der Trümmerberg neben der Bergstation

F

50 Min.

180 mH

Schwierigkeiten: F.
Mühen: Gipfelaufstieg 480 mH (1 ½ Std.).
Gefahren: Die vielen Steine nicht dazu missbrauchen, andere Leute zu ängstigen!
Freuden: Nicht weit weg sein von Zapfstellen aller Art.
Anreise, Zustieg, Skizze: → Zuckerhütl.

Der Ausbau der Stubaier Gletscherbahn bis hinauf zum Isidornieder hat die Besteigung des Berges gletscherfrei gemacht und stark verbequemlicht. Von der obersten Bergstation aus unterhalb des Südwestgrates in der Trümmerflanke zum Gipfel.

Wilder Freiger von Norden

ZILLERTALER ALPEN

Vom Brenner bis zur Birnlücke sind es entlang dem Hauptkamm mehr als 50 km Luftlinie – so weit reichen auf einer Breite von mehr als zwei Dutzend Kilometern die Zillertaler Alpen. Das bietet Platz für eine Menge großartiger Berge. Sie bestehen weithin aus Gneisen, zum Teil auch aus Graniten, die gewaltige Berggestalten aufbauen. Einige sind mit Straßen und Bahnen verblüffend rasch zugänglich gemacht. Und wo man/frau bequem hingelangt, da sind an Wochenenden und in der Hochsaison Besuchermassen und Staus vorprogrammiert. Deshalb lohnt es sich in solchen Bereichen, die Touren azyklisch zu planen. Aber nach wie vor gibt es auch hier genügend Berge, die nur mit erheblichen Mengen an Schweiß zu erreichen sind, was den Besucherzahlen, der Ursprünglichkeit der Landschaft und der Intensität des Bergerlebnisses gut tut.

Westliche Zillertaler Alpen

Die eindrucksvollen Berggestalten dieses Gebirgsteils sind durch Straßen und eine sehr weit hinaufführende Seilbahn satt erschlossen und meist relativ rasch erreichbar.

Olperer von Gefrorene-Wand-Spitze

98 Olperer, 3476 m (1230 mPr)

Der prominenteste Zillertaler Berg – eine profanierte Majestät

PD III/A0

❄

1 ½ Std.

400 mH

Schwierigkeiten: Insgesamt **PD**, II mit Stellen A0 (ohne Benutzung der Krampen V).
Mühen: Seilbahnticket kaufen und Gipfelaufstieg 450 mH (2 Std.; für Skifahrer ab Schlepplift nur noch 250 mH, 1 Std.). Durch die Seilbahn ist der Gipfel bezüglich Zustieg zu einem der anspruchslosesten der Gebirgsgruppe geworden. Sie hat auch die Übernachtung in einer der Hütten für den Normalweg entbehrlich gemacht. Vom Spannagelhaus aus ohne Seilbahnbenutzung 950 mH (4 Std.) bzw. von der Olpererhütte 1200 mH (4 ½ Std.), aber dafür auch schon früh am Morgen vor den Massen machbar.
Gefahren: Auf der präparierten Piste geminderte Spaltengefahr. Der abgegrabbelte Nordgrat verlangt (ebenso wie der SO-Grat) alpine Erfahrung und kann besonders bei Nässe oder Vereisung ganz schön giftig werden.
Freuden: Deutlich abhängig vom Verhalten der meist zahlreichen gleichzeitig am Berg agierenden Zeitgenossen.
Karte: AV-Karte 1:25 000, Blatt 35/1 Zillertal West; Freytag-&-Berndt-Karte 1:50 000, Mayrhofen, Zillertaler Alpen WK 152.
Spezialführer: Klier, AVF Zillertaler Alpen, Bergverlag Rother, München.

Ein schroffer, scharf geschnittener Felsklotz mit Gletscherumrahmung, nach Nordwesten vorgeschoben und durch das Pfitscher Joch vom Hauptkamm tief abgetrennt. Weil auf seinen Nachbarberg eine Seilbahn gebaut wurde, ist er nicht nur der topografisch prominenteste Berg der Zillertaler, sondern auch der, an den die größten Besuchermassen branden. So einen tollen Berg wie den Olperer nebenan zu sehen, das weckt natürlich Begehrlichkeiten. Aber in alpinem Gelände weniger Erfahrene und Geübte sollten sich nur mit fachkundiger Begleitung an eine Besteigung machen. Erstmals aufs Haupt stieg dem Olperer 1867 der Dolomitenpionier Paul Grohmann mit Georg Samer und Jakob Gainer über den Südostgrat. Der Nordgrat wurde erstmals von Otto und Emil Zsigmondy im Jahre 1879 begangen.

Anreise: Mit Bahn und Bus oder Auto üppig ausgeschildert durch

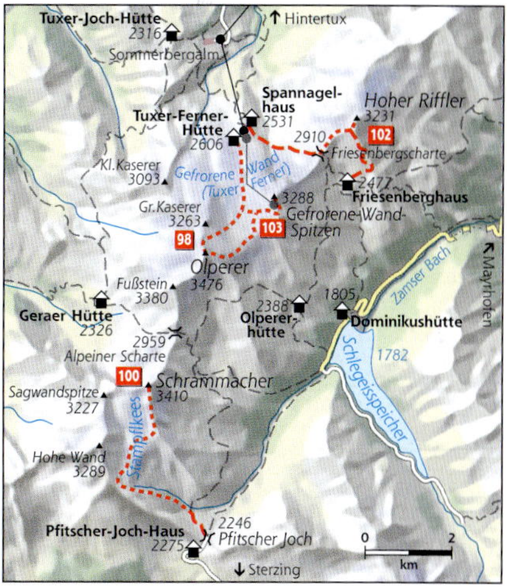

98

das Zillertal über Mayrhofen nach Hintertux (1500 m, Thermalbad, Talstation der Seilbahn mit Großparkplatz).

Hüttenzustieg: Von der Station Tuxer Ferner 80 mH Abstieg zum *Spannagelhaus (= Weryhütte,* 2531 m, ÖTK, 58 Schlafplätze, bew. Juli–Sept., Tel. 0043/5287/707; hierher von Hintertux zu Fuß 3–4 Std.). Wer den Rummel des Skizirkus weitgehend vermeiden und obendrein früher aufbrechen will als die von dort startenden Karawanen, geht vom Schlegeisspeicher (siehe Anreise Großer Möseler) hinauf zur *Olpererhütte* (2388 m, 56 Schlafplätze, bew. Juni–Sept., Tel. 0043/664/370 67 09, 1 ½ Std.).

In der Olperer Westflanke

Gipfelaufstieg: Ab Bergstation Gefrorene-Wand-Spitze in südwestlicher Richtung hinab zum Riepensattel (3050 m, Gletscherhütte, 3075 m, aus mit durch naive Malerei getarntem Beton, vom Spannagelhaus 2 Std., von der Olpererhütte 2 Std.) und in gleicher Richtung hinauf zur nördlich des Berges eingeschnittenen Wildlahnerscharte (3230 m; Leute mit Rutschbrettern können bis hierher mit dem Schlepplift gelangen!). Nun zuerst rechts (westlich) vom Nordgrat über Firn oder Fels hinauf, dann irgendwie links über die Randkluft improvisieren und am teils plattigen Grat (teils Eisenstifte, an einem Überhang weiter oben, ohne deren Hilfe alles andere als II!) zum Gipfel.

Aussicht: Durch die isolierte Lage eindrucksvoll, im Südwesten mächtig die Felsmassen von Fußstein und Sagwandspitze, im Südosten Hochfeiler, Hochferner (mit den kümmerlichen Resten einstiger Eiswandpracht) und Großer Möseler sowie das Schlegeiskees und im Talgrund der Schlegeisspeicher.

Nachbargipfel: Nördlich der Wildlahnerscharte bietet der Große Kaserer (3263 m, Ostgrat oder Nordflanke, F) vom Skizirkus aus einen leichten Zusatzgipfel mit großartigem Blick zum Olperer und Fußstein.

Andere lohnende Routen: Südostgrat (Riepengrat, PD, III-/A0, 2 Std. ab Riepensattel, die beste Route von der Olpererhütte, auf der man das Geratter und Gequietsche und die optische Belästigung durch den Skizirkus auf Distanz hält).

99 Hochfeiler, 3509 m (851 mPr)

Der höchste Gipfel der Zillertaler

F I

3 ½ Std.

1800 mH

Schwierigkeiten: Insgesamt **F**, mit Stellen I oder kurzem Klettersteig.
Mühen: Zur Hütte 1000 mH (3 Std.), Gipfelaufstieg 800 mH (2–3 Std.).
Gefahren: In aperem Zustand ein recht friedlicher Berg.
Freuden: Toller Rundblick.
Karte, Spezialführer, Skizze: → Olperer.
Andere lohnende Routen: Nordwand (D, bis 60°, je nach Können und Verhältnissen 2–10 Std.).

Nordseitig mit einer zumindest im Frühsommer noch immer brauchbaren Eiswand geschmückt, hat dieser Gipfel durch die Ausaperung seines früher mit einer scharfen Firnschneide überzogenen Westgrates einiges an Schwierigkeit und Faszination eingebüßt. Das hat auch seine guten Seiten, denn nun ist er auch für Menschen besteigbar, die das früher nicht konnten, und obendrein kann man/frau sich bei aperen Verhältnissen sogar das Mitschleppen von dicken Stiefeln und Steigeisen sparen. Im Sommer kommen jetzt auch die verschiedenfarbigen Gneisschichten stärker zur Geltung, die parallel zum Südwestkamm die gesamte Südflanke wie riesige Zebrastreifen durchziehen.
Die erste Ersteigung des Berges gelang Paul Grohmann mit Georg Samer und Peter Fuchs am 24. Juli 1865. Zu ihrer Zeit herausragende alpine Taten waren die erste Durchsteigung der bis 60° steilen, damals gnadenlos ermüdende und heikle Stufenhackerei fordernden Nordwand durch F. Dyck mit H. Hörhager 1887 sowie 1884 die erste Begehung der direkten Nordwandrippe (»Lammergrat«) durch das damalige Enfant terrible Eugen Guido Lam-

99 mer (solo im Abstieg!) mit einigen nur teilweise freiwilligen Glissaden und viel Glück ...

Anreise: Mit Auto von Sterzing über *St. Jakob* (1446 m) in Richtung Pfitscher Joch bis zur dritten Serpentine oberhalb von Stein.

Hüttenzustieg: Von der Serpentine (1737 m, nur wenige Parkplätze) bezeichneten Steig in östlicher Richtung zur *Hochfeiler-Hütte* (2710 m, AVS Sterzing, 105 Schlafplätze, bew. Juni–Sept., Tel. 0039/0472/64 60 71).

Gipfelaufstieg: Oberhalb der Hütte schräg links auf einem Steig zur Felsstufe, über diese entlang einem Drahtseil hinauf und dann oberhalb der Stufe in nordöstlicher Richtung den Steigspuren nach über den breiten Südwestrücken, zuletzt am schmalen, aufsteilenden Grat rechts vom Firn über Blockwerk zum Gipfel.

Aussicht: Im Nordwesten der Schrammacher, im Nordosten Tiefblick in die Rest-Eiswand, im Osten der Große Möseler, im Süden die Dolomiten.

F+ II

7 Std.

1650 mH

100 Schrammacher, 3410 m (456 mPr)

Der Gipfel über den wildesten Nordwänden der Zillertaler

Schwierigkeiten: Insgesamt **F+**, mit Kletterstelle II, sonst bis I.
Mühen: Hüttenzustieg ab Sperrschild 400 mH (1 Std.) oder Taxi, Gipfelaufstieg 1250 mH (5 Std.).
Gefahren: Ein moderat hochalpiner, oft begangener Aufstieg. Gletscher!
Freuden: Ein Felsgipfel mit Ambiente.
Anreise: → Hochfeiler.
Karte, Spezialführer, Skizze: → Olperer.
Andere lohnende Routen: NW-Wand (D, bis IV, kombiniert, 800 m); Sagwand-Nordpfeiler (ED-, bis VI-, 800 m).

Der Schrammacher hat unter Felskletterern der schärferen Richtung einen guten Klang. Die erste Ersteigung unternahmen P. C. Thurwieser mit Georg Lechner und Jakob Huber bereits im Jahr 1847. In der breiten nordseitigen, 800 m hohen Felsmauer von Schrammacher, Sagzahn, Sagwand wurden gewaltige Abenteuerrouten eröffnet, die zu den anspruchsvollsten Urgesteinsklettereien der Ostalpen zählen, so durch F. Drasch und

100

J. Lechner schon 1895 die erste Route in der Schrammacher-Nordwestwand, durch Peter Aschenbrenner und Wastl Mariner 1939 der klassische Sagwandpfeiler, durch Hias Rebitsch und Gefährten 1947 der schauderhaft brüchige »Schiefe Riss« am Sagzahn und gleichfalls am Sagzahn durch Andreas Orgler und Reinhard Schiestl 1982 der steinschlaggefährdete »Schutzengelweg«.

Anreise/Hütte: Mit Bus oder Auto von Sterzing durchs Pfitscher Tal nach St. Jakob (1149 m) und vom Weiler Stein auf ab Mitte Juni gewöhnlich schneefreiem Sträßchen (bis zur Kehre bei 1800 m für private Pkw frei) zum *Pfitscher-Joch-Haus/Rifugio Passo di Vizze* (2275 m, 50 Schlafplätze, bew. Juli–Sept., Tel. 0039/0472/601 19, Taxi auch bis Joch; hierher auch durch Aufstieg vom Schlegeisspeicher).

Gipfelaufstieg: Nach NO hinab über die Grenze zum Zollhüttchen. Von dort über unmarkierten, weiter oben undeutlichen Steig in nordwestlicher Richtung durch die Mulde hinauf, die zwischen Grawandkopf (links) und der alten Ufermoräne des jetzt weit zurückgegangenen Stampflkees (rechts) eingelagert ist (in der AV-Karte »Zillerfleck«). Unterhalb der westlich bleibenden Schneescharte gelangt man zum Gletscher. Auf diesem links der Spaltenzone in nördlicher Richtung aufsteigen und nach rechts hinüber zum Südgrat. Dieser wird gewöhnlich über einen steilen Firn- oder Eishang (eventuell Randkluftprobleme) oberhalb des nördlich der Oberschrammachscharte befindlichen Felskopfes erreicht (auch Aufstieg zur Scharte und entlang dem gesamten Grat möglich). Direkt auf der Gratschneide oder teils links ausweichend in Blockkletterei hinauf. Zuletzt noch über eine schwierigere Wandstufe (II) und einen breiten Rücken zum Gipfel.

Aussicht: Nach Westen aufregende Einblicke in die Nordwände, im Norden der Fußstein, im Südosten Hochferner und Hochfeiler.

Nebengipfel: Die Sagwandspitze (3227 m) ist vom Schrammacher zu erreichen, indem man südseitig entlang dem Westgrat absteigt (II) bis vor einen steileren Abbruch. Hier links, über eine Rampe (II) hinab auf den Gletscher. Von diesem über die Ostflanke der Sagwand (I) zum Gipfel.

PD II

6 Std.

1650 mH

101 Großer Möseler, 3480 m (450 mPr)

Auf den zweithöchsten Gipfel der Zillertaler Alpen

Schwierigkeiten: Insgesamt **PD–** (von Norden **PD+**), mit Kletterstellen II oder I, von Norden auch Firn/Eis bis 35°.
Mühen: Hüttenzustieg von Süden 560 mH (2 Std.), für Nordroute 500 mH; Gipfelaufstieg Südroute 1050 mH (3–4 Std.), Nordroute 1180 mH (3–4 Std.).
Gefahren: Ein nach wie vor nur für hochalpin erfahrene und geübte Menschen geeigneter Berg. Die Südroute kann im Spätsommer ohne Betreten des Gletschers begangen werden. Auf der landschaftlich eindrucksvolleren Nordroute ist besonders in der Rinne oberhalb vom Felsköpfl das Vermeiden von Steinschlag vorteilhaft für das Überleben nachfolgender Leute.
Freuden: Durch die Anforderungen des Berges zünftiges Publikum.
Karte, Spezialführer: → Olperer.
Skizze: → Hochfeiler.
Andere lohnende Routen: Nordwestgrat (AD+, III und kombiniert 50°).

Der Große Möseler (auch »Mösele«, benannt nach einem Sumpf am Südfuß des Berges) ist ein mächtiger, von allen Seiten imponierender Berg mit schroffen Felsgraten und immer noch einigen Eisflanken über ansehnlichen Gletschern. Die erste Ersteigung gelang den Briten G. H. Fox, D. W. Freshfield und F. F. Tucket mit den Führern F. Devouassoud und P. Michel 1865, im Jahr der Erstbesteigung des Matterhorns. Die früher bis 60° steile Eiswand (»Firndreieck«) zum P. 3391 des Nordwestgrates wurde bereits 1879 durch die führerlosen Emil und Otto Zsigmondy, A. Böhm und Worafka erobert, war dann mit den Erleichterungen durch die Entwicklung guter Eisausrüstung sehr beliebt, apert jedoch heute spät in der Saison zu unangenehmen Platten und Bruch aus.

Anreise: **Von Süden** vom Pustertal von Bruneck bis kurz vor Sand in Taufers, dann nach Westen das Sträßchen im Mühlwalder Tal hinauf über *Lappach* (1436 m) zum Nordende des Neves-Stausees (1860 m, Parkplatz). **Von Norden** vom Zillertal über Mayrhofen und Ginzling, ab Breitlahner Mautstraße, zum Schlegeisspeicher (*Dominikushütte*, 1805 m, privat, 32 Schlafplätze, bew. Mai–Okt., Tel. 0043/5286/52 16) und zum südlichen Parkplatz Zamsgatterl (Jausenstation, 1805 m).

Hüttenzustiege: **Von Süden** vom Nordende des Neves-Stausees Steig ostwärts zur *Nevesjochhütte* = *Rifugio Giovanni Porro* (2416 m, CAI Milano, 50 Schlafplätze, bew. Juni–Sept., Tel. 0039/0474/65 32 44). **Von Norden** vom Zamsgatterl am See ent-

Großer Möseler von Nordwesten

lang und das Tal hinauf, vor der Talstation der Materialbahn links hinauf zum *Furtschagelhaus* (2293 m, DAV Berlin, 107 Schlafplätze, Winterraum, bew. Juli–Sept., Tel. 0043/676/957 98 18).

Gipfelaufstiege: Von Süden: Von der Hütte nordwestwärts ins weite Tal »Großer Trog« (hierher auch auf dem Nöfeser Höhenweg von der Eisbruggijochhütte). Auf der westlichen Seitenmoräne des Östlichen Nevesferners Steigspuren hinauf, später über Gletscherschliffe ins obere Gletscherbecken. Von dort ohne Betreten des Gletschers über Blockwerk zum Gipfel. (Die alte Route über den Gletscher und die steile Flanke zur Scharte zwischen östlichem Vorgipfel und Gipfel ist ernsthafter und wird kaum noch begangen.) **Von Norden über den Westrücken:** Vom Furtschagelhaus zuerst über den Bach, dann auf einem Steig in Richtung Schlegeiskees, dann links über die alte Moräne hinauf zum Furtschagelkees. Ostwärts über den Gletscher (Spalten!) zum Fuß des Westrückens. Um das vorgelagerte Felsköpfl (P. 2985) rechts (S) herum und in einer breiten Rinne 40 m hinauf, dann nach rechts auf den breiten Felsrücken (teils lockere Blöcke, Nachfolgende freuen sich über nicht gelösten Steinschlag). Über den Felsrücken, zuletzt über anfangs steilen Firn- oder Eisgrat zum Gipfel.

Aussicht: Im Südwesten Schlegeiskees und Hochfeiler, im Nordwesten jenseits vom Schlegeisspeicher Schrammacher und Olperer, im Nordosten Tiefblick auf das Waxeggkees und zur Berliner Hütte, im Osten zum Turnerkamp, dahinter zum Durreck und Hochgall, im Süden die Dolomiten.

F	I
❄	
Seilbahn	3 ½ Std.
Aufstieg	700 mH

102 Tuxer Hoher Riffler, 3231 m (327 mPr)

Der Fußgänger-Dreitausender über Hintertux

Schwierigkeiten: Insgesamt **F**, mit Kletterstellen I.
Mühen: Bis zur Tuxer-Ferner-Hütte Seilbahn (80 mH tiefer das Spannagelhaus, siehe Olperer, zu Fuß von Hintertux 1100 mH, 3–4 Std.), Gipfelaufstieg 700 mH (2–3 Std.).
Gefahren: Am Firn Vorsicht!
Freuden: Ein bezüglich Mühen domestizierter Dreitausender, auf dem der Skizirkus immerhin schon fern genug ist, um ihn vergessen zu können.
Karte, Anreise, Hütte, Spezialführer, Skizze: → Olperer.
Andere lohnende Routen: Vom Schlegeisspeicher zum Friesenberghaus und über den gesamten Südrücken.

Der Zillertaler Hohe Riffler übertrifft zwar die Meereshöhe des gleichnamigen Berges im Verwall um 60 m, aber mit dessen beherrschender Gestalt und Selbstständigkeit kann er nicht mithalten. Natürlich bietet sich an, von Hintertux aus mit der Bahn bis zum Ferner oberhalb vom Spannagelhaus zu fahren. Aber danach ist noch ein hübsches Stück zu steigen, immer weiter weg vom Trubel.

Gipfelaufstieg: Vom Spannagelhaus südostwärts auf einem Steig zu einem schmalen Moränenrücken. Von dort hinauf zum Firnfeld unterhalb der Friesenbergscharte. Nun auf dem Firn unterhalb des niedrigen Grates links aufwärts bis unterhalb der Scharte P. 3009. Über Schutt dorthin und am blockigen Südwestgrat ansteigen bis zu steilerem Gelände. Nun schräg rechts ansteigend (Steigspuren, I) zum Südrücken und über diesen zum obersten Teil des Südwestgrates und zum Gipfel. Eine leichtere, wenn auch deutlich längere Variante bietet der Übergang über die Friesenbergscharte zum Friesenberghaus und der Steig von dort.

Aussicht: Im Südwesten Gefrorene-Wand-Spitze, im Südosten der Zillertaler Hauptkamm mit Hochferner, Hochfeiler und Großem Möseler.

103 Gefrorene-Wand-Spitze, 3288 m (248 mPr)

Der Seilbahnberg der Zillertaler

F

30 Min.

40 mH

Bis auf 40 mH unter den Gipfel lässt es sich hinauffahren von Hintertux. Dann allerdings ist tatsächlich noch ein Aufstieg am Grat nordostwärts fällig, bevor man/frau richtig am höchsten Punkt steht. Im Hochsommer ist das ein Steiglein, das aber immerhin Trittsicherheit und Schwindelfreiheit verlangt, im Frühsommer ist das ein scharfer Wechtengrat mit Steigeisengelände. Der südliche Gipfelzacken ist seit den Sprengarbeiten zum Bau der Station nur in kurzer, aber knackiger Kletterei (teils IV und mehr, exponiert!) erreichbar. Im Südwesten gegenüber der Olperer, im Nordosten der Zillertaler Hohe Riffler. Der Rundblick ist zwar durch diverse Transportanlagen auf dem Gletscher nicht unbedingt verschönert, aber was nimmt man/frau für die Bequemlichkeit nicht alles in Kauf!

Geforene-Wand-Spitze, links der Gipfel

Zentrale Zillertaler Alpen

Diese Gipfel bieten sowohl an Höhe als auch an Prominenz keine Superlative, sind jedoch trotzdem eindrucksvolle Berggestalten. Für die meisten dieser Berge gibt es Normalwege von Norden und von Süden.

Schwarzenstein und Turnerkamp von W, hinten Hochgall, Wildgall, Schneebiger Nock

PD	I !
	40°
	5 Std.
	2100 mH

104 Großer Löffler, 3379 m (380 mPr)

Auf die großartige Pyramide über dem Floitenkees

Schwierigkeiten: Insgesamt **PD**, Gletschertour mit Kletterstellen I.
Mühen: Hüttenzustieg ab Whs. Steinbock 950 mH (2–3 Std.), Gipfelaufstieg 1150 mH (3–4 Std.).
Gefahren: Ernsthafter Gletscher, zwar meist gut gespurt, aber hochalpiner Aufstieg. Am Seil gehen!
Freuden: Ein zünftiges Unternehmen.
Karte: AV-Karte 1:25 000, Blatt 35/2 Zillertaler Alpen, Mitte; Freytag-&-Berndt-Karte 1:50 000, Zillertaler Alpen WK 152.
Spezialführer: Klier, AVF Zillertaler Alpen, Bergverlag Rother, München.

Als einer der formschönsten und ernsthafteren Berge der Zillertaler Alpen gehört der Große Löffler trotz nicht ganz so hoher to-

104

pografischer Prominenz in diese Auswahl hinein. Die erste Ersteigung erfolgte 1850 durch den Landvermesser k. u. k. Bergrat M. v. Lipholt mit einem Gemsenjäger aus Mayrhofen. Die schon früh durchstiegenen eindrucksvollen, aber ruppigen Bergflanken wie die schon 1879 begangene Nordostwand werden durch die Ausaperung zunehmend steinschlaggefährdet und sind nur noch bei günstigen Verhältnissen im Winter oder Frühsommer begehbar, dann aber gutes Trainingsgelände für Himalayabergsteiger und solche, die es werden wollen. (1. Solobegehung Peter Habeler, 1. Winterbegehung Werner Beikircher).

Anreise: Mit Auto ist die Fahrstraße von Mayrhofen in den Floitengrund frei bis zur Tristenbachalm (1177 m). Von dort Taxiverkehr (zu Fuß 1 Std.) zum *Wirtshaus Steinbock* (1382 m, Jausenstation, Tel. 0043/5286/232).

Hüttenzustieg: Im Tal weiter zur Baumgartenalm (1570 m), dann Steig links des Baches und danach in Kehren steil hinauf zur *Greizer Hütte* (2227 m, DAV Greiz, 86 Schlafplätze, bew. Juni–Sept., Tel. 0043/664/140 50 03).

Gipfelaufstieg: Südostwärts den markierten Steig über Hänge und die alte Seitenmoräne hinauf zum Floitenkees. Über dieses am Fuß des Westgrates des Großen Löfflers vorbei und meist nahe an diesem entlang (Spalten!) in östlicher Richtung zum obersten Gletscherbecken. Durch die blockige Flanke und zuletzt am Südgrat zum Gipfel.

Aussicht: Im Südwesten lagert der meist deutlich bevölkerte Schwarzenstein und rechts davon der felsige Mörchner, im Osten über dem Stillupgrund der einsame Ahornkamm mit der Hinteren Stangenspitze.

F

6 Std.

2000 mH

105 Schwarzenstein, 3369 m (350 mPr)

Der Karawanengipfel zwischen Berliner Hütte und Ahrntal

Schwierigkeiten: F, mit Gletscheraufstieg.
Mühen: Von Norden Hüttenzustieg 700 mH (2–3 Std.), Gipfelaufstieg 1300 mH (4–5 Std.); von Süden Hüttenzustieg 1700 mH (5–6 Std.), Gipfelaufstieg 450 mH (1–2 Std.).
Gefahren: Die Fülle der Leute sollte auf dem Gletscher nicht zum Verzicht auf das Anseilen animieren.
Freuden: Ein gutes Ziel für Einsteiger/innen in die Welt der Gletscherberge.
Karte: AV-Karte 1:25 000, Blätter 35/1 und 35/2 Zillertaler Alpen, West und Mitte; für Aufstieg von Süden: Tabbaco 1:25 000, Blatt 036 Sand in Taufers.
Spezialführer, Skizze: → Großer Löffler.

Dies ist der populärste Gletschergipfel der Zillertaler – und er ist nach wie vor im Wesentlichen auf eigenen Füßen zu besteigen. Es gibt zwei der Schwierigkeit nach gleichwertige Aufstiege: den bei uns bekannteren von Norden aus dem Zillertal und den von Süden aus dem Ahrntal. Die erste Besteigung erfolgte 1852 von Süden anlässlich der Landesvermessung durch einen Oberleutnant Lange und Gefolge.

Anreise: Von Norden mit dem Bus oder Auto von Mayrhofen hinauf zum Gasthof *Breitlahner* (1360 m). Von Süden von Bruneck im Pustertal über Sand in Taufers ins Ahrntal nach *Luttach* (962 m).

Hüttenzustieg: Von Norden: Im von den eiszeitlichen Gletschern zum typischen Trogtal ausgehobelten Zemmgrund auf der in jüngerer Zeit nochmals klotzig ausgebauten Straße – oder angenehmer auf verbliebenen Reststücken der alten Fußwege – hinauf, an der Grawandhütte und dem Wirtshaus Alpenrose vorbei, zuletzt etwas steiler zur *Berliner Hütte* (2042 m, DAV Berlin, 181 Schlafplätze, Winterraum, bew. Pfingsten–Sept., Tel. 0043/5286/52 23).

Von Süden: Von der Straße Luttach–Weißenbach Asphaltsträßchen zur Jausenstation Großstallhof (in der Tabacco-Karte »Großstahlhof«, 1200 m). Markierten Steig durch Wald ins Rotbachtal und darin hinauf, an der Rotbachalm (Daimerhütte) vorbei. Zuletzt in Kehren steil hinauf zum Rotbachkees. Vom südöstlichen Ufer auf den Gletscher und diesen, zuletzt steiler, zur *Schwarzensteinhütte* = *Rifugio Vittorio Veneto* (2923 m, CAI

105

Vittorio Veneto, 70 Schlafplätze, bew. Juli–Sept., 0039/0474/ 67 11 60).

Gipfelaufstieg: Von Norden: Von der Berliner Hütte den Weg neben dem Bach hinauf bis vor den Fuß des Mörchner Westgrates (Saurüssel, hierher auch vom Weg zum Schwarzsee her). Steile Kehren hinauf und dann im Mörchnerkar in südöstlicher Richtung ansteigen zum nördlichen Schwarzensteinkees. Rechts vom markanten schwarzen Felsen P. 2945 aufsteigen (Spalten!) zum Schwarzensteinsattel (3143 m). Nun in südlicher Richtung fast eben zum Nordwestgrat. Meist problemlos über die Randkluft und am Grat zum Gipfelkreuz.

Von Süden: Von der Schwarzensteinhütte zunächst nordwärts über Schutt und Firn in Richtung Tribbachsattel. Noch vor diesem links auf das Felsköpfl (3235 m). Dahinter über Firnabdachung (Spalten!) in südlicher Richtung zum Gipfel.

Aussicht: Im Westen Hornspitzen, dahinter Turnerkamp und Großer Möseler, im Norden der Große Löffler, im Norden der Große Mörchner.

106 Zsigmondyspitze, 3089 m (241 mPr)

Das Felshorn der Führerlosen

AD– III

5 Std.

1770 mH

Schwierigkeiten: Insgesamt **AD–**, mit Kletterstelle III, oft II.
Mühen: Zur Hütte 700 mH (3 Std.), Zustieg 870 mH (2–3 Std.), Kletterroute 200 mH (1–2 Std.).
Gefahren: Kletterei in festem Fels, kaum objektive Gefahren.
Freuden: Für die moderate Kletterschwierigkeit verblüffend luftige Genusskletterei an einem geschichtsträchtigen Stück Berg.
Hütte, Karten: → Schwarzenstein von Norden.
Skizze: → Großer Löffler.
Andere lohnende Routen: Südgrat direkt (D+, bis V-); ONO-Kante (»Feldkopfkante«, TD-, V-, 600 m, nach herzhaftem Zustieg).

Als unersteigbar galt dieses schroffe Felshorn unter den Zillertaler Bergführern, bis es die beiden ohne die Hilfe von Bergführern steigenden Studenten Emil und Otto Zsigmondy trotz verschneitem und vereistem Fels 1879 über seine heikle Westwand eroberten. Die heutige Normalroute über die Südwestwand wurde erst später häppchenweise gefunden. Nachdem Emil Zsigmondy 1885 beim

106 Versuch der Erstbegehung der Meije-Südwand abgestürzt war, wurde der ursprünglich »Feldkopf« genannte Berg zu seinem Gedenken umbenannt. Der schwierige Nordwestgrat (»Lammergrat«) gelang 1891 dem damals abenteuersüchtigen Eugen Guido Lammer und dem Elbsandsteinpionier Oskar Schuster.

Gipfelaufstieg: Von der Berliner Hütte Steig zum Schwarzsee. Daran vorbei, noch kurz dem Steig zur Mörchnerscharte folgen, dann jedoch in nördlicher Richtung hinauf bis kurz vor die Melkerscharte. Nun rechts (O) über Blöcke und Schutt oder Firn zur rechts des Berges eingeschnittenen Feldscharte (2909 m, 2–3 Std.). Den ersten Aufschwung des Südgrates links umgehen, dann am gut gestuften Grat hinauf, einen Steilaufschwung links umgehen und am Grat weiter zu einem ebenen Absatz unter einem zweiten, höheren und schwierigeren Steilaufschwung. Hier nach links das breite grasige Band (Steigspuren) abwärts in die Südwestflanke verfolgen, eine kleingriffige Platte queren (III) und weiter, bis nach insgesamt 100 Metern vom Südgrat gut gegliederter Fels schräg rechts wenig ansteigend zurückführt zum Südgrat. Daran griffig zum Gipfelaufbau. Hier nach rechts (»Floitentritt«, III-) und in blockiger Rinne zum Gipfel.

Am Normalweg der Zsigmondyspitze

Aussicht: Im Süden gegenüber auf dem Präsentierteller der Hauptkamm.

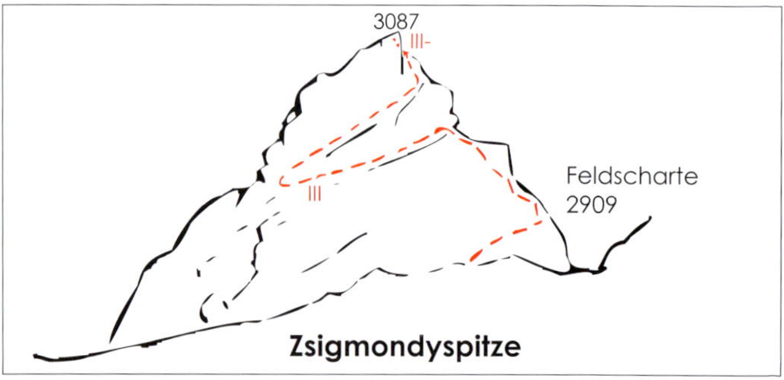

Zsigmondyspitze von Südwesten

Östliche Zillertaler Alpen

Ihre etwas geringeren Gipfelhöhen machen diese teils weit voneinander entfernt stehenden Berge durch beachtliche Prominenz wett.

107 Reichenspitze, 3303 m (636 mPr)

Das Felshorn über zerklüfteten Gletschern

PD+ ! !

5 Std.

1850 mH

Schwierigkeiten: Insgesamt **PD+**, mit zunehmender Ausaperung oft heikle oder sogar unpassierbare Stellen auf dem Gletscher. Steigeisen und Eisgerät nötig.
Mühen: Zur Hütte 900 mH (2–3 Std.), Gipfelaufstieg 950 mH (3–4 Std.).
Gefahren: Gletscher kann giftig sein!
Freuden: Einer der tollsten Berge der Zillertaler Alpen.
Karte: AV-Karte 1:25 000, Blatt 35/3 Zillertaler Alpen Ost.
Spezialführer: Klier, AVF Zillertaler Alpen, Bergverlag Rother, 1996.

Felshorn – so hat es einst der Dolomitenkletterer Hermann Delago genannt, und wenn jemand aus einem Gebirge mit so schroffen Berggestalten das noch hervorhebt, dann hat das etwas zu bedeuten. Die erste Besteigung gelang einem unbekannten Bauern aus dem Ahrntal bereits 1856, aber für die erste touristische Besteigung bemühte sich zehn Jahre später kein Geringerer als der Dolomitenpionier Paul Grohmann.

Anreise: Mit Bus oder Auto von Mayrhofen durch den ganzen langen Zillergrund hinauf, zuletzt an der Einmündung des Sondergrundes (Wirtshaus in der Au, 1247 m, 18 Betten, Tel. 0043/5289/214) vorbei zum *Gasthaus Bärenbad* (1449 m, 18 Schlafplätze, Bushaltestelle, Parkmöglichkeit).

Hüttenzustieg: Durch das oberhalb für private Pkw ge-

107

sperrte Tal auf einem Steig zur Staumauer des Speichers Zillergrund. Am See entlang Straße weiter zum Keesbach. Danach auf dem alten Zickzacksteig zur *Plauener Hütte* (2364 m, DAV Plauen-Voigtland, 66 Schlafplätze, bew. Juni–Sept., Tel. 0043/650/ 225 03 69).

Gipfelaufstieg: Steig nordostwärts hinauf zum Fuß der Felsen der Richterspitze. Links abzweigenden Steig unter dem Südwestgrat der Zillerspitze durch zum Kuchelmooskees (wo der Steig zur Gamsscharte geradeaus hinaufführt). Hier links steilen Eishang hinauf zu Spaltenzone. Links zum oberen Gletscherboden. Auf diesem hinauf zur Westflanke der Reichenspitze und in den Sattel nordwestlich des Gipfels. Über oft heiklen Grat zum Gipfel.

Aussicht: Schroffe Umgebung.

Nachbargipfel: Von der über eine ausgeaperte sehr heikle Rinne erreichbaren Gamsscharte aus zur Richterspitze (3052 m) leicht, auf die nördlich anschließende Zillerspitze (3094 m) mit Kletterei (I).

Kuchlmooskopf (l), Reichenspitze (m) und Zillerspitze (r) von der Plauener Hütte

108 Rauchkofel, 3252 m (595 mPr)

Der Hammerhatscher auf die Schrofenpyramide über Prettau

F+

P 9 Std.

1770 mH

Schwierigkeiten: Insgesamt **F+**, markiert, mit Kletterstellen I.
Mühen: Gipfelaufstieg 1770 mH (6–7 Std.).
Gefahren: Der frühere Steig ist verfallen.

Freuden: Der beste Aussichtsgipfel der östlichen Zillertaler.
Karte: Tabacco 1:25 000, Blatt 035 Ahrntal, Rieserfernergruppe.
Weitere Karten, Spezialführer: → Reichenspitze.

Der Rauchkofel (auch »Rauhkofel« genannt) erhebt sich im östlichen Teil des Zillertaler Grenzkammes zwischen zwei tief eingeschnittenen Jochen. Die erste Besteigung unternahmen 1853 drei Prettauer Bauern.

Anreise: Von Bruneck im Pustertal nach Norden durch das Tauferer Tal ins Ahrntal und über St. Peter nach *Prettau* (1480 m).

Gipfelaufstieg: Von der Kirche aus nordwärts auf dem Steig neben dem Bach hinauf zur Jausenstation Waldner Alm (2068 m). Weiter zum Waldner See und im Bogen nach rechts am Sauwipfel (2643 m) vorbei. Nun am felsigen Südgrat (Steigreste, Markierungen, schrofige Kletterstellen) zum Gipfel.

Aussicht: Im Nordosten prächtig die Reichenspitzgruppe, im Südwesten die Löffelspitze und dahinter die höhere Napfspitze, im Süden jenseits des Ahrntales die Rieserfernergruppe mit dem Hochgall.

F+ I

P 9 Std.

1900 mH

109 Napfspitze, 3144 m (583 mPr)

Der einsame Gipfel über St. Peter

Schwierigkeiten: Insgesamt **F+**, mit Kletterstellen I.
Mühen: Gipfelaufstieg 1900 mH (5–7 Std.).
Gefahren: Einsame Gegend und entsprechend ernsthaft. Wer sich hier auch nur den Haxen vertritt, hat ein Problem.
Freuden: Einsame Gegend mit blauer Blume der Romantik.
Karte, Spezialführer, Anreise, Skizze: → Rauchkofel.
Anreise: → Reichenspitze.
Andere lohnende Routen: Von St. Peter her über den langen Südgrat (II).

Die Napfspitze (auch »Dreiecketer« genannt) erhebt sich nördlich von St. Peter im Grenzkamm westlich des Rauchkofels als höchster Gipfel des langen zum Zillergrund ziehenden Riblerkammes. Auf der Nordostseite zeigt sie einen Gletscher. Erstmals bestiegen wurde sie 1880 durch R. Seyerlein und St. Kirchler über den Südgrat.

Gipfelaufstieg: Vom Wirtshaus In der Au südwärts den Sondergrund (Freytag-&-Berndt-Karte »Sundergrund«) hinauf in Richtung Mitterjoch bis zur oberen Terrasse (in der AV-Karte »Oberlangeben«, Freytag-&-Berndt-Karte »Langeben«), noch unter dem Joch. Nun in östlicher Richtung weglos über ausgedehnte Blockhänge zum felsigen Gipfelbereich. Dort in Rinnen zur Gipfelabdachung und über steile, aber gut gegliederte Felsen zum Gipfel.

Aussicht: Im Osten gegenüber der Rauchkofel.

Mayrhofen

110 Hintere Stangenspitze, 3225 m (400 mPr)

Auf den höchsten Gipfel des Ahornkammes

F	I
❄	
Hütte	4 1/2 Std.
Aufstieg	1800 mH

Schwierigkeiten: Insgesamt **F**, markiert, Steigspuren, mit Firn.
Mühen: Hüttenzustieg ab Grüne-Wand-Hütte 750 mH (2 Std.), Gipfelaufstieg 1050 mH (3–4 Std.).
Gefahren: Teils schrofig und meist mit Firnpassage, aber mit Steiglein.
Freuden: Eindrucksvoll abgelegener Gipfel.
Anreise, Karte, Spezialführer: → Reichenspitze.

Zwischen dem tief ausgehobelten Stillupgrund und dem Zillergrund versteckt sich dieser Gipfel von Norden hinter der nördlich vorgelagerten niedrigeren Ahornspitze, die deshalb dem Bergkamm den Namen gab. Von Süden verdeckt ihn die etwas niedrigere Wollbachspitze. Entsprechend spät wurde der Gipfel auch 1891 erstmals bestiegen. Die Kasseler Hütte liegt am Fuß des Westgrates des Nordwestgipfels.

Hüttenzustieg: Von Mayrhofen Mautsträßchen zum Wirtshaus Wasserfall und Taxibus weiter zur Grüne-Wand-Hütte (1438 m, 29 Schlafplätze, bew. Mai–Okt., Tel. 0043/664/433 21 07). Von hier Steig zum Talschluss (Materialbahn, Rucksacktransport möglich) und ostwärts steilen Steig hinauf zur *Kasseler Hütte* (2178 m, DAV Kassel, 115 Schlafplätze, bew. Juni–Sept., Tel. 0043/664/132 35 14).

Gipfelaufstieg: Steig ostwärts hinauf zum Stillupkees. Links davon bleibend hinauf, zuletzt über steileren Firn zum überfirnten Nordwestgipfel (3204 m). Nun in südöstlicher Richtung am Firngrat und über einige felsige Köpfe zum Gipfel.

Aussicht: Im Südwesten großartig der Große Löffler, im Nordosten hinter dem Riblerkamm die Reichenspitzgruppe.

RIESERFERNERGRUPPE

Die zwischen dem Zillertaler Hauptkamm und der langen Furche des Pustertals gelegene Berggruppe ist zwar nicht sehr ausgedehnt; sie wartet jedoch mit großen Höhenunterschieden und anspruchsvollen Gipfeln auf. Die Aussicht wird entsprechend der Lage zwischen den Dolomiten und den Zillertalern durch Berge sehr unterschiedlichen geologischen Gepräges charakterisiert.

AD– III ! A0

P 7 Std.

1840 mH

111 Hochgall, 3436 m (1148 mPr)

Der anspruchsvolle Gneisklotz gegenüber den Dolomiten

Schwierigkeiten: Insgesamt **AD–**, mit Kletterstellen III A0, anhaltend II und luftigem Firngrat zum Gipfel.
Mühen: Hüttenzustieg 680 mH (2 Std.), Gipfelaufstieg 1160 mH (4–5 Std.).
Gefahren: Dies ist eine ernsthafte, hochalpine Route mit anhaltender Kletterei II A0 und einigen deutlich schwierigeren Passagen, selbst bei Benutzung der Steighilfen. Kein gängiger Klettersteig! Eisausrüstung nötig. Das Wetter muss sicher sein, denn der lange schmale Grat ist bei Gewitter sehr blitzgefährdet! Am Gipfelgrat auf Wechten achten!
Freuden: Ein gewaltiger Anstieg zu einem grandiosen Aussichtsbalkon.
Karte: Tabacco-Karte 1:25 000, Blatt 035 Ahrntal, Rieserfernergruppe.
Spezialführer: Beikircher, AVF Rieserfernergruppe, Bergverlag Rother, München 1983.

Der König der Berggruppe zwischen Reintal, Antholzer Tal und Pustertal. Seine Besteigung ist von allen Seiten eine Keule.
Anreise: Von Bruneck über Sand in Taufers ins Reintal nach *Rein* (auch »Rain«, 1595 m, Parkplatz am Ausgang des Bacherntals).

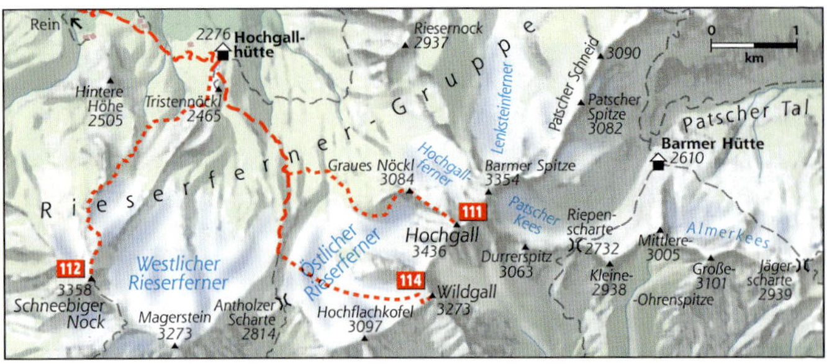

Hüttenzustieg: Auf Steig Nr. 1 am südlichen Hang des Bacherntals an der Eppachalm vorbei zur *Hochgallhütte* (2276 m, CAI Roma, 70 Schlafplätze, bew. Juli–Sept., Tel. 0039/0474/67 25 50).

Gipfelaufstieg: Von der Hochgallhütte südwärts hinauf zum kleinen See vor dem Tristennöckl (P. 2465). Hier links weiter und in südöstlicher Richtung auf dem Pfad zu dem felsigen Rücken östlich des Tristenferners. Diesen Rücken hinauf bis zum P. 2747. Hier nach links in östlicher Richtung über den Firn zum Fuß des Westgrates. Diesen hinauf zum Grauen Nöckl (3084 m). Hier steil hinab (Drahtseile) in die Scharte am Fuß des eigentlichen Hochgall-Nordwestgrates.

Nun immer am Blockgrat aufwärts, bei guten Firnverhältnissen zum Teil auch links davon, zum oberen plattigen Teil des Grates. Hier obligatorisch auf dem Grat (Drahtseile) zum überfirnten Vorgipfel. Über die luftige Gratschneide (eventuell Wechten!) zum höchsten Punkt.

Aussicht: Im Norden der Zillertaler Hauptkamm und im Süden jenseits des weiten, grünen Pustertals die Sextener und Pragser Dolomiten.

Hochgall

F I

6 Std.

1750 mH

112 Schneebiger Nock, 3358 m (544 mPr)

Der Schieferkegel mit dem Gletscherdach

Schwierigkeiten: Insgesamt **F**, mit Kletterstellen I.
Mühen: Hüttenzustieg 680 mH (2 Std.), Gipfelaufstieg 1080 mH (3–4 Std.).
Gefahren: Der etwas luftige Gipfelgrat wird im Sommer früh blank und verlangt dann für eine sichere Begehung Steigeisen. Ansonsten ist dies ein recht friedlicher Berg – solange das Wetter gut ist. Bei Gewitter ist er besonders blitzgefährdet, dann nix wie weg von den Graten!
Freuden: Prächtiger Aussichtsberg zwischen Zentralalpen und Dolomiten.
Karte, Spezialführer, Anreise, Hütte, Skizze: → Hochgall.

Der zweithöchste Berg der Gruppe ist auch etwas für Leute, die im Hochgebirge noch nicht so versiert sind. Steigen muss man/frau jedoch viel. Erste am Gipfel waren Erzherzog Rainer, H. Wurmbrand, G. Weiß, G. Auer und H. Oberarzbacher am 6. Oktober 1866.
Gipfelaufstieg: Von der Hochgallhütte auf einem Steig südwärts, am Tristenöckl rechts vorbei und das Tal des Tristenbaches queren (Leiter, Brücke). Danach am westlichen Rand der Moränen des Schneebiger-Nock-Ferners, teils auch auf diesem, hinauf und bei 2800 m Höhe rechts zum Nordgrat. Daran über Blockwerk zu einer Schulter (3054 m). Über den Firnrücken zum Vorgipfel und auf luftigem Blockgrat und Firnschneide zum Gipfel.
Aussicht: Im Nordosten Hochgall und Wildgall, im Nordwesten das Durreck, im Norden östliche Zillertaler mit Napfspitze und Raucheck, im Süden jenseits des Pustertals die Pragser Dolomiten.

PD II!

P 6 Std.

1230 mH

113 Durreck, 3135 m (442 mPr)

Der unbekannte Berg

Schwierigkeiten: Insgesamt **PD**, mit Kletterstellen II in brüchigem Fels.
Mühen: Gipfelaufstieg 1230 mH (4–5 Std.).
Gefahren: Ein einsam-ernster Berg.
Freuden: Ein exklusiver Gipfel.
Spezialführer: Keiner auf dem Markt.
Karte, Anreise: → Hochgall.

Sogar in den Alpenvereinsführern kommt die zwischen Ahrntal und Reintal gelegene Durreckgruppe nicht vor. Dabei steht der Berg bei der Anfahrt ins Ahrntal als eindrucksvolle Spitze im Blickfeld.

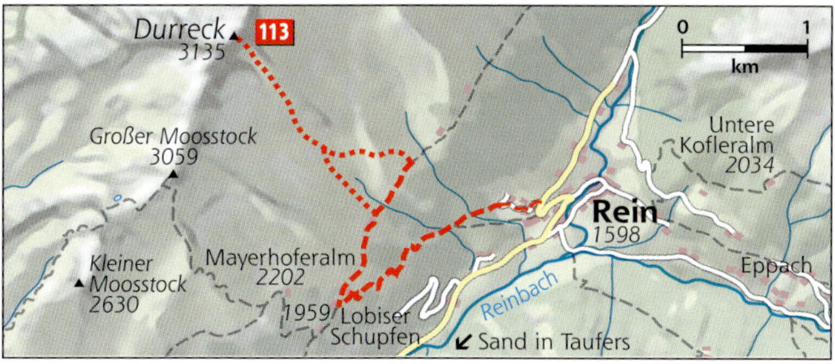

113

Gipfelaufstieg: Von *Rein* (1595 m) im Reintal in nordwestlicher Richtung auf Almwegen hinauf zum Hangweg in Höhe der Moosmayer-Alm. Dann weglos in westlicher Richtung zum breiten, begrünten Südostrücken. Auf diesem, zuletzt steil und mit Kletterei in brüchigem Fels, zum Gipfel.
Aussicht: Im Südosten gegenüber die Rieserfernergruppe.

114 Wildgall, 3273 m (292 mPr)

Der schroffe Abenteuergipfel der Rieserfernergruppe

AD	III !!
❄	45°
Hütte	8 Std.
Aufstieg	1730 mH

Schwierigkeiten: AD, kombiniertes Gelände bis 45°, mit Kletterstellen III.
Mühen: Hüttenzustieg 680 mH (2 Std.), Gipfelaufstieg 1050 mH (4–6 Std.).
Gefahren: Brüchiger Fels, steinschlaggefährdet, am wenigsten riskant bei reichlich Firn und kaltem Wetter.
Freuden: Außergewöhnlicher Gipfel.
Karte, Anreise, Hütte, Skizze, Spezialführer: → Hochgall.

Elegante Felspyramide mit herben Anforderungen. Hochalpine Allrounderfahrung, gute Stressresistenz und kluges Nutzen günstiger Zeitfenster sind unerlässliche Voraussetzungen. Erstbesteigung 1872 durch J. und S. Außerhofer und V. Hecht.
Gipfelaufstieg: Von der Hütte am Tristennöckl vorbei, in südöstlicher Richtung zur Moräne zwischen dem östlichen und dem westlichen Rieserferner. Auf dieser ansteigen bis etwa 2750 m, dann den östlichen queren und zur Westflanke des Wildgalls. Zuerst in der Rinne gerade hinauf zur Gipfelwand, dann rechts über Bänder zum Südwestgrat queren. Daran luftig und steil zum Gipfel.
Aussicht: Nebenan im Nordosten der Hochgall.

SCHOBERGRUPPE

Die Berggruppe zwischen dem Großglockner und Lienz ist eine der ursprünglichsten der Ostalpen. Da muss man weit hineinlaufen zu hoch gelegenen Hütten. Und oben auf den Bergen treffen wir nur Menschen, die naturbelassene Berge schätzen und ebenfalls bereit sind, mit Schweiß dafür zu zahlen. Dass diese Berge weitgehend zum Nationalpark Hohe Tauern gehören und auch im Bereich des Hochschobers nicht durch Bahnen erschlossen sind, ist vor allem der vorausschauenden Naturschutzpolitik des Alpenvereins zu danken, der bereits früh die gesamte Hochregion der Berggruppe als Grundbesitz erwarb und damit Begehrlichkeiten von geschäftstüchtigen Baulöwen im Keim erstickte.

Petzeck und Roter Knopf von Norden

115 Petzeck, 3283 m (793 mPr)

Der höchste Berg der Schobergruppe

F+

4 Std.

1980 mH

Schwierigkeiten: Insgesamt **F+**, mit Kletterstellen I.
Mühen: Hüttenzustieg 1200 mH (4 Std.), Gipfelaufstieg 780 mH (3 Std.).
Gefahren: Ein gletscherfreier Aufstieg. Wenn noch Firn liegt, ist dafür entsprechende Ausrüstung nötig.
Freuden: Ein über wilde Wände hinaus gebauter Aussichtspunkt.
Karte: AV-Karte 1:25 000, Blatt 41 Schobergruppe.
Spezialführer: Mair, AVF Schobergruppe, Bergverlag Rother, München.

Das Petzeck steht als nach Norden vorgeschobenes Felspult im Osten der Schobergruppe. Die erste bekannte Besteigung erfolgte 1844 durch den Kaplan Franz Graf mit einem einheimischen Bauern, die tatsächlich erste vermutlich viel früher durch Gemsenjäger.

Anreise: Mit der Bahn bis Lienz, Bus bis *Mörtschach* (972 m) im Mölltal, mit dem Auto noch von dort nach Westen hinauf nach Stampfen und ins Wangenitztal zur Wangenitzalm (1371 m).

Hüttenzustieg: Von der Wangenitzalm das Tal weiter hinauf zur *Wangenitzseehütte* (2508 m, NKBV, 70 Schlafplätze, Tel. 0043/4826/229).

Gipfelaufstieg: Von der Hütte Steig Nr. 927 zuerst in östlicher Richtung, dann nach Norden über den Steig durch die felsige Flanke hinauf in die flachere Karmulde bei der Petzeck-Scharte. Noch vor dieser rechts ansteigen bis zum P. 3136 und nun wieder nordwärts über flachen Firnhang und Schutt zum Gipfel.

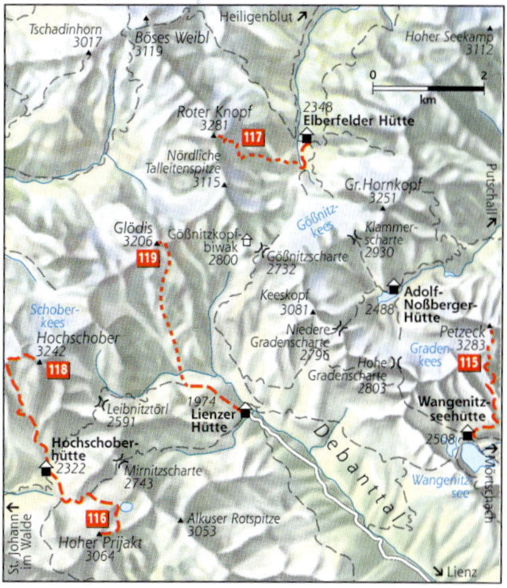

Aussicht: Nach Norden beachtlicher Tiefblick in die 1000 m hohe Nordwand und gegenüber zu den gleichfalls schroffen Hornköpfen, in der Ferne zum Großglockner. Im Süden Lienz und die Lienzer Dolomiten, im Westen der Hochschober.

F	I
❄	
🏠	4 Std.
⛰	1750 mH

116 Hoher Prijakt, 3064 m (550 mPr)

Der Felsberg hoch über dem Iseltal

Schwierigkeiten: **F**, mit Kletterstellen I.
Mühen: Hüttenzustieg 1000 mH (3 Std.), Gipfelaufstieg 750 mH (2 ½ Std.).
Gefahren: Selten besuchter, ernster Berg.
Freuden: Ein hübscher Hüttenberg.
Karte, Skizze: → Petzeck.
Anreise, Hüttenzustieg: → Hochschober.
Andere lohnende Routen: Vom Nasenweg aus über den SW-Grat (I) und den Hoher Prijakt.

Der felsige Berg südlich der Hochschoberhütte. Der Nordostgipfel »Hoher Prijakt« ist höher, das Gipfelkreuz wurde jedoch publikumswirksamer auf dem vom Tal auffallenderen südwestlichen »Niederen Prijakt« installiert.

Gipfelaufstieg: Von der *Hochschoberhütte* südwärts auf Steig zum Barrenlesee, weiter steil hinauf zur Barreneckscharte und am harmlosen Ostgrat über Schutt und Schrofen zum Gipfel.

Aussicht: Nördlich gegenüber der Hochschober mit seiner felsigeren Seite, im Osten das Petzeck und seine Trabanten, im Süden tief unten Lienz und dahinter die Lienzer Dolomiten.

PD–	I
🏠	4 Std.
⛰	2140 mH

117 Roter Knopf, 3281 m (544 mPr)

Der nördliche Ausguck der Schobergruppe

Schwierigkeiten: Insgesamt **PD–**, hochalpiner Steig mit Kletterstellen I.
Mühen: Hüttenzustieg 1080 mH (4 Std.), Gipfelaufstieg 1060 mH (3 Std.).
Gefahren: Ein gletscherfreier Aufstieg mit markierter Route. Bei Firnresten auf der Route Steigeisen ratsam.
Freuden: Großartiger Ausblick zum Großglockner.
Karte, Spezialführer, Skizze: → Petzeck.

Dem höchsten Gipfel im nach Norden ziehenden Bergkamm der Gruppe fehlen zu der Höhe des Petzecks nur 2 m. Dies ist im Sommer ein reiner Felsberg. Am Aufstieg sollten jedoch die Markierungen nicht allzu mopsig machen – er verlangt nicht nur Trittsicherheit, sondern auch nicht wirklich schwierige, aber teilweise luftige und Erfahrung fordernde Kletterei. Erstmals bestiegen

117

wurde der Berg durch J. Pöschl mit K. Gorgasser und P. Groder 1872.

Anreise: Mit Bus oder Auto nach *Heiligenblut* (1291 m).

Hüttenzustieg: Durch das Gößnitztal nach Süden hinauf zur landschaftlich schön gelegenen *Elberfelder Hütte* (2348 m, DAV Elberfeld, 58 Schlafplätze, bew. Juli–Sept., Tel. 0043/4824/25 45).

Gipfelaufstieg: Von der Hütte auf dem Steig zunächst in südlicher Richtung ansteigen bis zum P. 2451. Nun in nordwestlicher Richtung den Markierungen folgend am Südostgrat, oben mit Kletterei zum Gipfel.

Aussicht: Eindruckvoll im Norden gegenüber der Großglockner, mit Stüdlgrat und Teischnitzkees. Im Südwesten der Hochschober, im Südosten das Petzeck.

118 Hochschober, 3242 m (436 mPr)

Der Prachtgipfel südöstlich über Kals

PD I

5 ½ Std.

2050 mH

Schwierigkeiten: **PD**, mit Kletterstellen II und Firn.
Mühen: Hüttenzustieg 1000 mH (3 Std.), Gipfelaufstieg 1050 mH (4 Std.).
Gefahren: Ein einsamer, ernster, ursprünglicher Berg. Steile Firnpassagen und etwas luftige Kletterei verlangen Vorsicht.
Freuden: Berg in richtigem Hochgebirge.
Karte, Führer, Skizze: → Petzeck.
Andere lohnende Routen: Der in den Anforderungen ähnliche Abstieg nach NO über das Hohe Schobertörl und den Kleinschober (3125 m) zum Schobertörl ermöglicht eine großzügige Überschreitung.

Der Hochschober gibt der Gebirgsgruppe den Namen, obwohl er weder in Sachen Höhe noch Prominenz Superlative bietet. Aber er sieht halt vom Talort Kals mit seiner Nordflanke so prächtig aus, dass dies wohl den Ausschlag gegeben hat. Von dieser Seite bietet er auch eine hübsche Eistour. Die erste Besteigung erfolgte im Jahr 1852 durch den Gelehrten Franz Keil mit dem Führer Paul Oblasser und Gefolge.

Anreise: Mit Bus oder Auto von Lienz im Tal der Isel auf dem 1 km hinter Ainet abzweigenden Hangsträßchen nach Oberleibnig (1230 m, auch Seilbahn von Unterleibnig).

Hüttenzustieg: In nordöstlicher Richtung den Ed.-Jordanweg im Tal des Leibnitzbaches hinauf zur *Hochschoberhütte* (2322 m, 57 Schlafplätze, bew. Juni–Sept., Tel. 0043/664/915 77 22).

118 **Gipfelaufstieg:** Von der Hütte Steig nordwestwärts hinauf zur Staniskascharte (2936 m). Nun am zuerst breiten Westgrat, Türme südseitig umgehend, bis kurz vor den Vorgipfel. An diesem südseitig vorbei und an Firngrat zum Gipfel.
Aussicht: Im Norden eindrucksvoll der Großglockner, im Westen die Lasöhrlinggruppe und die Defregger Alpen, im Süden die Lienzer Dolomiten. Beherrschend ist der Kontrast zwischen dem kristallinen Zentralkamm und den überwiegend kalkigen Südalpen.

PD– II !

6 Std.

1500 mH

119 Glödis, 3206 m (376 mPr)

»Das Matterhorn der Schobergruppe«

Schwierigkeiten: Insgesamt **PD–**, markiert, mit schrofigen Kletterstellen II.
Mühen: Hüttenzustieg 300 mH (1 ½ Std.), Gipfelaufstieg 1200 mH (4 Std.).
Gefahren: Markierter Steig, der jedoch alpine Erfahrung, Schwindelfreiheit und Trittsicherheit auch in schrofigem Gelände verlangt.
Freuden: Auf den kecksten Gipfel der Schobergruppe steigen.
Karte, Spezialführer, Skizze: → Petzeck.

Das herausfordernd schlanke Felshorn des Glödis (auch Klödner oder Granatkogel genannt) ist das Schaustück des Dabertals. Die erste Besteigung gelang dem Wiener J. Pöschl mit den Kalser Bergführern Gorgasser und Hutter am 13. Juli 1871.
Hüttenzustieg: Von Lienz Straße durch das Debanttal bis Parkplatz Seichenbrunn (1686 m) und dann zu Fuß zur *Lienzer Hütte* (1977 m, ÖAV, 87 Schlafplätze, bew. Juni–Okt., Tel. 0043/4852/699 66).
Gipfelaufstieg: Steig in Richtung Kalser Törl bis 2500 m Höhe, dann rechts markierten Steig über begrünten Rücken hinauf. Der schroffe P. 2782 wird links umgangen. In Mulde rechts hinauf zum Südostgrat. Nun 70 m nach rechts in die Ostflanke queren und rechts von einer Felsrippe etwa 60 m hinauf, bis dicht unter den SO-Grat. 30 m rechts zu Rinne. Dort 25 m hinauf und links zum SO-Grat. Südseitig über schrofige Bänder zum Gipfel.
Aussicht: Die höheren umgebenden Berge konzentrieren den Blick auf die näheren Grate und Gipfel.

HOHE TAUERN

Die Hohen Tauern sind die östlichste der hohen, vergletscherten Bergketten der zentralen Ostalpen, mit dem Paradegipfel Großglockner und für diesen Teil der Alpen größten Gletschern. Hier verläuft die Grenze Österreich–Italien deutlich südlich des Hauptkammes. In den Hohen Tauern wurde vielerorts Erzbergbau nach Gold, Silber, Kupfer, Zinn und Eisen betrieben. Um 1450 waren an über 1000 Schürfstellen mehr als 2000 Bergleute tätig. Politische Konflikte und neuerliche Gletschervorstöße brachten den Bergbau dann zum Erliegen. Heute wird hier – ebenso wie in den Zillertalern – mit einer ganzen Reihe von Stauseen Wasserkraft für die Elektrizitätsgewinnung genutzt, was den Österreichern erlaubt hat, schon vor vielen Jahren als erstes europäisches Land aus der riskanten Atomkraftnutzung auszusteigen. Das Glanzstück dieser Berge wurde bereits früh vom Alpenverein aufgekauft und als Nationalpark Hohe Tauern unter Schutz gestellt.
Die Nordseite des Gebirges wird mit der Südseite durch den Felbertauerntunnel (Mittersill–Matrei, Maut), über die Großglockner-Hochalpenstraße (Zell am See–Heiligenblut, Maut) und die Tauerntunnelautobahn (Mauttunnel) bzw. über den Katschberg (Bischofshofen–Villach) in Nord-Süd-Richtung verbunden. Die Hohen Tauern sind von West nach Ost untergliedert in die Venedigergruppe, die Glocknergruppe, die Goldberggruppe und die im Osten gelegene Ankogelgruppe.

Venedigergruppe

Der westlichste Teil der Hohen Tauern zwischen Pinzgau, oberem Ahrntal und Virgental mit der Nord-Süd-Verbindung Felbertauerntunnel. Besonderes Glanzstück des Nationalparks sind hier die grandiosen Krimmler Wasserfälle und die gleichfalls sehenswerten Umbalfälle im Virgental, die beide nach jahrelangem Ringen von Bürgerinitiativen und Alpenverein vor der Zerstörung durch Wasserkraftprojekte bewahrt werden konnten. Die Bewohner des Virgentals haben als Erste der anderswo oft hemmungslosen touristischen Übererschließung das Konzept des sanften Tourismus gegenübergestellt, das auf nachhaltige Bewahrung der ursprünglichen Landschaft als dauerhafte Basis touristischer Attraktivität setzt.

PD

35°

7 Std.

2160 mH

120 Großvenediger, 3666 m (1121 mPr)

Auf das Gletscherdach der westlichen Hohen Tauern

Schwierigkeiten: Insgesamt **PD**, weitläufige Gletschertour.
Mühen: Hüttenzustieg von N 1450 mH (4–5 Std.), von O 1270 mH (4–5 Std.), von S bis Defreggerhaus 1550 mH (5–6 Std.), Gipfelaufstieg von N 1110 mH (4 Std.), von O 890 mH (3 Std.), von S ab Defreggerhaus 870 mH (3 Std.).
Gefahren: Ernst zu nehmender Gletscher, dessen Spalten wegen der globalen Erwärmung nun offener klaffen – unbedingt am Seil! Bei Nebel und Verlust der Spur schwierige Orientierung. Die Gipfelwechte kann erwiesenermaßen auch abbrechen!
Freuden: Ein großartiger Aussichtsberg.
Karte: AV-Karte 1:25 000, Blatt 36 Venedigergruppe.
Spezialführer: End/Peterka, AVF Venedigergruppe, Bergverlag Rother, 1994.
Andere lohnende Routen: Nordgrat (AD, bis III+, 2–4 Std.).

Der mit den ausgedehntesten Gletschern der Hohen Tauern prunkende Gipfel hat drei, technisch gleich einfache Normalaufstiege: von Norden vom Pinzgau, von Osten vom Tauerntal und von Süden vom wegen seiner frühen Entdeckung des sanften Tourismus bekannten Virgental. Erste Besteigungsversuche durch Paul Rohregger allein und 1828 mit Erzherzog Johann von Österreich und großem Gefolge misslangen, bevor am 3. September 1841 eine ebenfalls

Kleinvenediger und Großvenediger von NW

120

vielköpfige und gleichfalls hochwohlgeborene Truppe unter seiner Führung den Gipfel erreichten. Die erste Ersteigung über die Nordwestflanke und direkt über die Gipfelwechte gelang Eugen Guido Lammer am 28. August 1891, in seiner Sturm-und-Drang-Zeit.

Von Norden:

Anreise: Bus oder Auto im weiten Pinzgauer Tal nach *Neukirchen/Großvenediger* (857 m) und zum Parkplatz Hopfeldboden (1100 m).

Hüttenzustieg: Vom Parkplatz das Obersulzbachtal hinauf über Whs. Berndlalm (1500 m, 27 Betten), Whs. Postalm (1699 m, 30 Betten) und Obersulzbach-Bergwacht-Diensthütte (1741 m, 10 Notlager) zur *Kürsingerhütte* (2549 m, ÖAV Salzburg, 176 Schlafplätze, bew. Ostern–Sept., Tel. 0043/6565/64 50).

Gipfelaufstieg: Zunächst Steig nördlich des Obersulzbachkees in nordöstlicher Richtung zum Gletscher. Ab 2750 m Höhe auf diesem in weitem Rechtsbogen unter dem Zwischensulzbachtörl und dem Kleinvenediger durch und – zuletzt bis 30° steil und oft wegen Spalten delikat – zum Sattel der Venedigerscharte (3414 m). Nun gemeinsam mit den anderen Normalrouten in westlicher Richtung

120 hinauf zum Vorgipfel. An ausgesetztem Grat (hier ist Gegenverkehr lästig!) zum höchsten Punkt.

Von Osten:

Anreise: Mit Bus oder Auto vom Südausgang des Felbertauerntunnels das Tal hinauf zum *Matreier Tauernhaus* (1512 m, 60 Schlafplätze, Tel. 0043/4875/88 11).

Hüttenzustieg: Talstraße bis Brücke, dann nördlich des Baches im Wald hinauf und über Außergschlöss (Jausenstation) und Innergschlöss (Venedigerhaus, 1689 m, 24 Betten) zur *Alten Prager Hütte* (2489 m, DAV Oberland, Jause, 27 Lager, 0043/664/422 85 00) und weiter zur *Neuen Prager Hütte* (2796 m, DAV Prag, 54 Schlafplätze, bew. Juni–Sept., Tel. 0043/4875/88 40).

Gipfelaufstieg: Links (südlich) vom Felsgrat (»Niederer Zaun«) Steig zum Gletscher. Auf diesem in südwestlicher Richtung über zwei Mulden (Spalten) und dann steiler nach Westen hinauf zur Venedigerscharte. Weiter siehe oben.

Von Süden:

Anreise: Mit Bus oder Auto von Matrei das Virgental hinauf über Prägraten nach *Hinterbichl* (1320 m) und zum Parkplatz am Wiesenkreuz im Dorfer Tal (1400 m).

Hüttenzustieg: Das Dorfer Tal nordwärts hinauf zur *Johannishütte* (2121 m, DAV Oberland, 50 Schlafplätze, Hüttentaxi, Tel. 0043/4877/51 50) und nun in nordöstlicher Richtung zum *Defreggerhaus* (2962 m, ÖTK Wien, 84 Schlafplätze, bew. Juni–Sept., Tel. 0043/676/943 91 45).

Gipfelaufstieg: Rasch hinauf zum Schartl bei P. 3042. Links, in nordwestlicher Richtung über das Rainerkees (Spalten) zum Rainertörl (3422 m). Nun am besten zur Venedigerscharte queren und von dort wie oben zum Gipfel.

Aussicht: Nach allen Seiten weit offen, im Westen Zillertaler, im Osten Granatspitzgruppe und Glockner, im Norden hinter den Kitzbühler Bergen Steinernes Meer, Hochkönig und Dachstein, im Süden Lienzer und Sextener Dolomiten und Rieserfernergruppe.

Nebengipfel: Von der Venedigerscharte ist der Kleinvenediger (3477 m) über seinen Südrücken leicht und ohne Probleme erreichbar (10 Min.).

121 Rötspitze, 3495 m (650 mPr)

Der schnittige Felsgrat zwischen Ahrntal und Umbaltal

PD III–

6 Std.

2010 mH

Schwierigkeiten: Insgesamt **PD**, mit Kletterstellen III- und II.
Mühen: Hüttenzustieg 1030 mH (3–4 Std.), Gipfelaufstieg 980 mH (4 Std.).
Gefahren: Objektiv nicht viele, aber Sorgfalt im ausgesetzten Gelände unerlässlich. Weniger Geübte gehen hier besser am Seil. Es ist auch Ausrüstung für Firn bzw. Eis nötig!
Freuden: Ein Felsberg mit teils luftiger Kletterei.
Karte: AV-Karte 1:25 000, Blatt 36 oder Tabacco-Karte Rieserfernergruppe.
Spezialführer: End/Peterka, AVF Venedigergruppe, Bergverlag Rother, 1994.
Andere lohnende Routen: Ostflanke »Firntrapez« (PD, Firn/Eis bis 45°).

Der eindrucksvolle Gratkamm am Talschluss des Ahrntals bildet die Grenze zwischen Italien und Österreich. Im Röttal gibt es noch Spuren von früherem Bergbau. Die erste Besteigung des Gipfels erfolgte im August 1854 anlässlich der Landesvermessung durch Franz Keil und A. und J. Berger, wobei gleich viermal hintereinander biwakiert wurde – ohne Faserpelz, Goretex und Biwaksack ... Das »Firntrapez« der direkten Ostflanke begingen der Wiener Hubert Peterka und H. Majer erstmals im Jahr 1926.

Anreise: Mit Bus oder Auto von Bruneck durch das Ahrntal über Taufers nach *Prettau* (1475 m).

Hüttenzustieg: Von Prettau zum Ortsteil Neuhaus und durch das Röttal (oder vom Ortsteil Kasern über Labesebenalm und Windtal) zur *Lenkjöchlhütte= Rifugio Lungo* (2590 m, CAI Bruneck, 47 Schlafplätze, bew. Juni–Sept., Tel. 0039/0474/65 41 44).

Gipfelaufstieg: Von der Hütte Steig zum Vorderen Umbaltörl (2926 m, hierher auch durch Aufstieg aus dem Umbaltal von der

122

Clara-Hütte her). Nun nach Süden am Grat steil hinauf (II) auf den Virglkopf (3036 m). Dahinter steil hinab (II) in eine Scharte, dann am Grat in Verschneidung (schwierigste Stelle, III-) zum Blockgrat. Daran weiter, teils über Firngrat, auf die Untere Rötspitze (3290 m). Nun gewöhnlich an Firngrat zu einem Sattel und dann hinauf über den Vorgipfel (3370 m) zum Gipfel.

Aussicht: Im Nordosten eindrucksvoll das Umbalkees mit Dreiherrnspitze und Simonyspitzen, im Nordwesten gegenüber Rauchkofel, im Südwesten die Rieserfernergruppe mit dem Hochgall.

PD I

6 Std.

1980 mH

122 Dreiherrnspitze, 3499 m (578 mPr)

Der westliche Eckpfeiler der Venedigergruppe

Schwierigkeiten: Insgesamt **PD**, mit Kletterstellen I.
Mühen: Hüttenzustieg 1030 mH (3–4 Std.), Gipfelaufstieg 950 mH (4–5 Std.).
Gefahren: Auf Gletschern ist immer Vorsicht geboten.
Freuden: Auf stolzer Höhe über Abgründen und Gletscherbrüchen stehen.
Karte, Spezialführer, Anreise, Hütte, Skizze: → Rötspitze.
Andere lohnende Routen: Nordostpfeiler (D+, IV+ kombiniert, 6 Std., komplizierter Gletscherzugang).

Formschöner Gipfel am Knotenpunkt des Gratkammes vom Großvenediger zu den Zillertalern mit dem Gratkamm über die Rötspitze zur Rieserfernergruppe. Auf der Nordseite bricht die Dreiherrnspitze zum Krimmler Kees ab, durch die einige der ernsthaftesten Kletterrouten der Ostalpen führen. Die erste Besteigung des Gipfels führten 1866 B. Ploner, M. Dorer und I. Feldner durch. Den eleganten Ostgrat begingen 1902 Th. Maischberger und P. Gelmo. Die Nordostwand durchstiegen erstmals A. Hein und K. Schreiner 1926, den weniger gefährdeten, genussvollen Nordostpfeiler Hubert Peterka und F. Proksch 1931 und die extrem schwierige Nordostverschneidung Sepp Brunnhuber und W. Schneider 1947.

Gipfelaufstieg: Von der *Lenkjöchlhütte* zunächst gemeinsam mit dem Steig zur Rötspitze, aber vor dem Ahrner Kopf nach links (N) und hinauf zum Hinteren Umbaltörl (2849 m). Nach Osten etwas absteigen und dann links (NO) unter dem Rosshuf vorbei zu den Resten des Althauskees. Über diese ansteigend unter der Althausschneid vorbei und dann nordwärts hinauf in den Sattel der Althausschneider Scharte. Von dort über den breiten Südwestrücken hinauf zum Gipfel. 123

Aussicht: Im Nordosten nach dem Gratkamm der Simonyspitzen der Große Geiger und Großvenediger, im Nordwesten die Reichenspitzgruppe, im Westen Zillertaler Alpen, im Südwesten Rötspitze und Rieserfernergruppe, bei guter Sicht die Ortlerberge.

123 Schlieferspitze, 3289 m (502 mPr)

Das Firndreieck über dem Sonntagskees

PD– I

6 Std.

2330 mH

Schwierigkeiten: Insgesamt **PD–**, Gletschertour, mit Kletterstellen I.
Mühen: Hüttenzustieg 1450 mH (4–5 Std.), Gipfelaufstieg 880 mH (4 Std.).
Gefahren: Ein ernst zu nehmender Gletscher, zuletzt Blockkletterei.
Freuden: Ein zuletzt abwechslungsreicher Aufstieg.
Karte, Anreise, Hütte, Spezialführer, Skizze: → Großvenediger.
Andere lohnende Routen: Ostflanke aus dem Obersulzbachtal vom oberen Keesboden (PD, technisch einfacher Gletscheraufstieg, aber ohne Spur ernsthaft, 1600 mH).

Ein etwas abgelegener Gipfel der nordwestlichen Venedigergruppe, zwischen den Tälern von Obersulzbach und Krimmler Ache. Die erste Ersteigung unternahmen E. Richter und J. Stüdl mit Th. Groder und Christian Raggetiner im August 1871.

Gipfelaufstieg: Von der *Kürsinger Hütte* hinab auf das Obersulzbachkees. Dieses bei etwa 2400 m nach SW überqueren zum P. 2435 am Westufer. Über eine helle Platte 15 m schräg rechts empor, dann links luftig auf den Kamm der Seitenmoräne. Die Steigspuren hinauf zum P. 2599 (großer Steinmann) und weiter zum Firnboden bei 2650 m. Nun rechts (NW) über schmalen Firnhang hinauf zum Großen Sonntagskees. In nordwestlicher Richtung auf den oberen Böden unter den Sonntagsköpfen entlang queren und steil hinauf auf den Nordostsporn des Hohen Sonntagskopfes. Jenseits auf Firnterrasse weiter queren, unter den Schliefertürmen vorbei und dann (Spalte!) hinauf in die Schliefer Scharte (3082 m). Nun insgesamt am Südostgrat, den schroffen Felskopf P. 3137 westlich umgehen, oben am besten ostseitig Rinnen neben Schneeschildern nutzend, in Blockkletterei zum Gipfel.

Aussicht: Im Südosten Großvenediger, im Süden Dreiherrnspitze.

F	I
3 Std.	
1790 mH	

124 Lasörling, 3098 m (467 mPr)

Der einsame Bergkamm über dem Virgental

Schwierigkeiten: F, mit Kletterstellen I.
Mühen: Hüttenzustieg 1040 mH (3 Std.), Gipfelaufstieg 750 mH (2 Std.).
Gefahren: Ein einsamer Berg.
Freuden: Ein einsamer Berg.
Karte: Freytag & Berndt 1:50 000, Blatt 123 Matrei–Defereggen–Virgental.
Spezialführer: → Rötspitze.

Ein beachtlicher Gratkamm ist dies. Vor der Entwicklung des Tourismus war dies eine schrecklich arme Gegend (Defregg = »die verrecken«), aber der Tourismus hat es möglich gemacht, dass 1982 an einen so abgelegenen Berg noch eine Hütte gebaut wurde. Wer ursprüngliche Bergwelt mit Naturgeräuschen pur und ohne Menschen sucht, der kann dies in dieser Gegend abseits vom üblichen Aufstieg in Fülle und Variation finden. Ebenso lassen sich hier im Hintergrund des Tales und seinen Seitentälern weitere lohnende Wandermöglichkeiten in ursprünglicher Bergwelt erkunden.

Anreise: Ins Virgental nach Welzelach, zum Ortsteil *Rain* (1134 m).

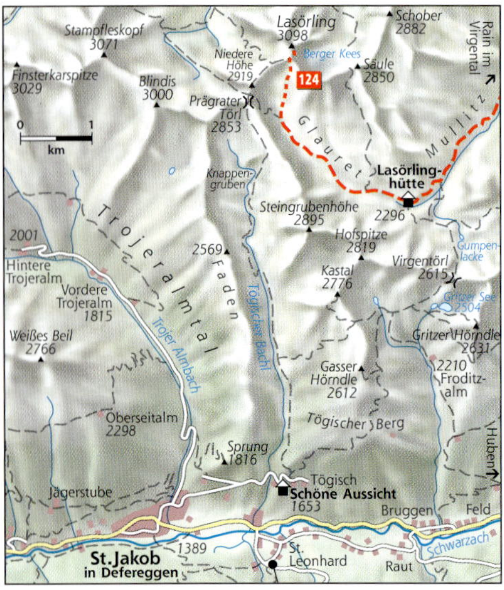

Hüttenzustieg: Durch das Mullitztal in südwestlicher Richtung hinauf zur *Lasörlinghütte* (2350 m, privat, 70 Schlafplätze, im Sommer bew.).

Gipfelaufstieg: Nun in nordwestlicher Richtung am Bach entlang das Tal (Glaurat) hinauf. Vom obersten Karboden rechts steil zur Scharte. Links zum höheren NW-Gipfel.

Aussicht: Nördlich gegenüber der Großvenediger in aller Pracht, im Süden die Deferegger Alp.

Nebengipfel: Der Südostgipfel (3055 m) ist von der Scharte rasch ereichbar.

125 Keeskogel, 3291 m (374 mPr)

Der Ausguck über der Kürsinger Hütte

F I | 3 Std. | 2160 mH

Schwierigkeiten: Insgesamt **F**, mit Kletterstellen I.
Mühen: Hüttenzustieg 1460 mH (5 Std.), Gipfelaufstieg 700 mH (2–3 Std.).
Gefahren: Ein recht moderater, gletscherfreier Berg.
Freuden: Ein prächtiger Aussichtpunkt, mit leichtem Gepäck besteigbar.
Karte, Spezialführer, Skizze, Anreise, Hütte: → Großvenediger von Norden.

Lohnend als Vorübung oder Zugabe zu einer Venedigerbesteigung.
Gipfelaufstieg: Von der Kürsinger Hütte dem Steig »Keeskogel« nach in nordöstlicher Richtung ansteigen, rechts um den P. 2865 herum und über Firn zum Südwestgrat. Daran in leichter Blockkletterei zum Gipfel.
Aussicht: Südlich gegenüber der grandiose Großvenediger.

126 Großer Geiger, 3360 m (255 mPr)

Der Blickfang beim Aufstieg zur Kürsinger Hütte

PD– I ! | 30° | 4 ½ Std. | 1860 mH

Schwierigkeiten: Insgesamt **PD–**, mit Kletterstellen I.
Mühen: Hüttenzustieg von Süden 800 mH (2 Std.), von Norden 1450 mH (5 Std.), Gipfelaufstieg von Süden 1060 mH (3–4 Std.), von Norden 850 mH (3 Std.).
Gefahren: Gletscher mit Vorsicht begehen!
Freuden: Ein kecker hochalpiner Gipfel inmitten von Gletschern.
Karte, Anreise, Hütte, Skizze, Spezialführer: → Großvenediger von Norden.
Andere lohnende Routen: Nordwestgrat (PD, II+, kombiniert), Nordostflanke (AD, 45° und III bzw. III+, 350 mH); Nordwestflanke (AD, 50°, kombiniert, 350 mH).

Der von Nordwesten recht schnittige Gipfel wurde früher auch »Obersulzbacher Kleinvenediger« genannt. Er kann von Süden wie von Norden ohne besondere Probleme bestiegen werden. Die erste Besteigung unternahmen R. Issler mit M. Groder 1871; über den im Frühsommer schönen Nordwestgrat stiegen C. Benzien und H. Meynow 1888. Die kombinierte Nordostflanke gelang L. Treptow mit J. Oberwurzbacher 1897, in direkter Linie Hubert Peterka 1929, die Nordwestflanke F. Pfeifer und K. Baumgartner 1923.

Der Großglockner (l) und der Großvenediger (r) vom Wendelstein

Anreise von Süden: Mit Bus oder Auto von Matrei ins Virgental nach *Hinterbichl* (1329 m) und im Haupttal weiter zum Parkplatz am Hof Ströden (1403 m).

Hüttenzustieg von Süden: Nun nach Norden das Maurertal hinauf zur *Rostocker Essener Hütte* (2208 m, DAV Rostock und Essen, 118 Schlafplätze, bew. Juni–Sept., Tel. 0043/4877/51 01).

Gipfelaufstieg von Süden: Nach Norden im Tal weiter hinauf und zuletzt auf dem Gletscher bis unter den Kleinen Maurerkeeskopf. Nun rechts auf Firn in östlicher Richtung schräg ansteigend unter dem Nordwestgrat und dem Geigerkopf und Geigerjoch vorbei, zuletzt in der Südwestflanke zum Gipfel.

Gipfelaufstieg von Norden: Von der *Kürsingerhütte* nach Süden hinab auf das Obersulzbachkees, dort in südwestlicher Richtung zum Fuß des Nordwestrückens des Großen Geigers. Über diesen vom Gletscher fast freigegebenen Rücken hinauf bis vor den Gipfelaufbau. Dort rechts in die Firnmulde (»Geigermulde«) und, zuletzt steil, hinauf in das Geigerschartl (3142 m). Am Westgrat zum Gipfel.

Aussicht: Im Nordosten majestätisch der Großvenediger, im Südwesten Maurerkeesköpfe, Simonyspitzen und Malhamspitzen.

Nebengipfel: Der Geigerkopf (3174 m) ist vom Geigerschartl rasch zu erreichen.

Hohe Tauern – Glocknergruppe

Das Kernstück der Hohen Tauern und des Nationalparks. Die bereits in den 1930er-Jahren gebaute Großglockner-Hochalpenstraße erlaubt auch den in engster Symbiose mit dem Auto lebenden Zeitgenossen einen Blick in dieses Bergwunder. Im Fuschertal fand einstmals der intensivste Goldbergbau statt. In der Nordwand der Unteren Ödenwinkelscharte wurde 1965 der mit einer Höhe von 116 cm und einem Gewicht von 618 kg größte Bergkristall der Alpen gefunden, der jetzt im »Haus der Natur« in Salzburg ausgestellt ist.

Wiesbachhorn von Osten, links die Widauer Scharte

PD+ II

45°

3 Std.

1810 mH

127 Großglockner, 3797 m (2422 mPr)

Auf den Ostalpenberg der Superlative

Schwierigkeiten: Insgesamt **PD+**, bis 45°. Die starke Ausaperung hat den Grat felsiger und die Kletterei länger gemacht.
Mühen: Hüttenzustieg 900+650 mH (3+3 Std.), über Salmhütte 650+800 mH (3+3 ½ Std.), Gipfelaufstieg 370 mH (1 ½–2 Std.).
Gefahren: Ein hochalpiner Anstieg, der allemal Eisausrüstung voraussetzt und bei gutem Wetter mit hoher Wahrscheinlichkeit auch Stress durch Staus beschert. Verschärft wird dies dadurch, dass die Attraktivität dieses Zieles – ebenso wie am Matterhorn – auch viele Menschen anlockt, die der Tour eigentlich nicht gewachsen sind und dann rasch spannende Situationen erzeugen. Die Eisenstangen und die Nähe zur Adlersruhe mildern zwar die Ernsthaftigkeit dieses Aufstieges bis nahe an die Viertausendmeter-Grenze, sollten aber nicht leichtsinnig machen. Bei Schlechtwetter ist der Gipfel ein unwirtlicher Ort.
Freuden: Der Aufstieg auf den wahren Herrscher über alle Bergwelten.
Karte: AV-Karte 1:25 000, Blatt 40 Großglocknergruppe.
Spezialführer: End, AVF Glocknergruppe, Bergverlag Rother, München.
Andere lohnende Routen: Zur Adlersruhe auch direkt von der Franz-Josephs-Höhe (Gletscherbahn hinab zur Pasterze), Glocknerkampgrat (Meletzkigrat, II).

Dieser scharf geschnittene, aus hartem Chloritschiefer und Grünstein aufgebaute Felsgipfel versammelt Superlative auf sich. Er steht an topografischer Prominenz auf Platz 2 in den gesamten Alpen und übertrifft damit an Selbstständigkeit sogar Piz Bernina, Monte Rosa und Finsteraarhorn. Er ist der höchste Berg der Hohen Tauern, Tirols und Kärntens, Österreichs und der gesamten Ostalpen östlich des Ortlers. Er holt mit der Pasterze – auch in der geschrumpften Fassung – den Titel des längsten Gletschers der Ostalpen. Und er bietet neben dem landschaftlich großartigen, einigermaßen gezähmten Normalweg auf seinen Graten und Wänden eine breite Auswahl grandioser, sehr anspruchsvoller Routen. Wie eindrucksvoll die Pasterze noch im 19. Jh. gewesen sein muss, lässt sich an der Tatsache erkennen, dass man zur Zeit der Errichtung des Glocknerhauses (1876) den Gletscher noch auf gleicher Höhe – dort wo heute viel tiefer der Stausee Margaritze liegt – überqueren konnte, um zur Stockerscharte zu gelangen.
Die erste Besteigung des Großglockners gelang M. Klotz, S. Klotz (dem »Hoysensepp«), dem Pfarrer Mathias Hautzendorfer und zwei Zimmerleuten am 28. Juli 1800 mit Zustieg über die Hohenwartscharte. Das erste trigonometrische Gipfelsignal wurde 1854

aufgestellt, die ersten Versicherungen an der oberen Glocknerscharte wurden 1869 angebracht. Ein alpiner Meilenstein war die erste Durchsteigung der 600 m hohen, bis über 55° steilen und steinschlaggefährdeten Pallavicinirinne zur oberen Glocknerscharte durch den Markgrafen A. Pallavicini mit den Führern J. Tribusser, G. Bäuerle und J. Kramser am 18. August 1876, bei der der voraussteigende Tribusser entsprechend dem damaligen Stand der alpinen Technik 2500 Stufen ins Eis schlagen musste, bevor er völlig erschöpft in die Randfelsen der Rinne auswich und die Partie über diese den Gipfel erreichte. Der zu Ehren von Johann Stüdl (Mitbegründer des Alpenvereins) benannte lange und luftige Südgrat wurde 1864 durch J. Kerer und P. Kroder erstmals überklettert, der gewaltige Nordwestgrat 1879 durch G. Gröger mit dem Führer Christian Ranggetiner. Die erste Durchsteigung der sehr schwierigen kombinierten Nordwand gelang am 19. September 1926 dem später im Himalaja bei einem der ersten Besteigungsversuche am Nanga Parbat gestorbenen Willo Welzenbach und Karl Wien. 127

Die 1880 erbaute und 1930 erweiterte Erzherzog-Johann-Hütte auf der Adlersruhe am Südostgrat ist die höchstgelegene Hütte der Ostalpen (3454 m).

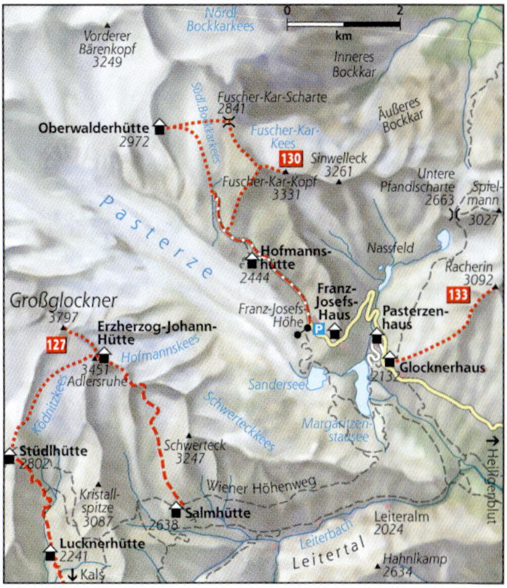

Anreise: Bahn bis Zell am See oder Lienz. Ab dort Busverkehr. Von Matrei in Osttirol nach *Kals* (1325 m) und auf der »Kalser Glocknerstraße« (Maut!) zum *Lucknerhaus* (1918 m, priv., bew. Mai–Okt., 52 Schlafplätze, Tel. 0043/4876/85 55). Für die Großglocknerstraße (herzhafte Maut!) mit der Anfahrt zur Franz-Josefs-Höhe sind im Norden Krössenbach (südlich von Zell am See) und im Süden Heiligenblut im Mölltal (nördlich von Lienz) die Ausgangspunkte.

Hüttenzustieg: Vom Lucknerhaus im Ködnitztal hinauf zur *Lucknerhütte* (2241 m, privat, 44 Schlafplätze, Tel. 0043/4876/84 55)

Groß-glockner

und weiter zur *Stüdlhütte* (2802 m, DAV Oberland, 104 Schlafplätze, Winterraum 24, bew. Ende Juni–Anf. Okt., Tel. 0043/4876/82 09).

Den Steig hinauf zum Teischnitzkees, rechts (O) über die Scharte (»Schere«, 3087 m) und hinab auf das Ködnitzkees. Auf diesem zuerst nordwärts parallel zum Felsgrat, dann in einem weiten Bogen nach Osten (Spalten!) in die Firnmulde südöstlich der Felsmasse des Großglockners. Über die Randkluft auf den Felssporn rechts (O) der Mulde und den Drahtseilen folgend hinauf zur *Erzherzog-Johann-Hütte* (=»*Adlersruhe*«; 3451 m, 130 Schlafplätze, bew. Juni–Sept., Winterraum 30 L, Tel. 0043/4876/85 00).

Alternativer Aufstieg über die Hohenwartscharte: (Fast gletscherfrei und bei schlechter Sicht besser zu finden.) Zur Adlersruhe auch entweder vom altehrwürdigen *Glocknerhaus* (2132 m, an der Glockner-Hochalpenstraße unterhalb der Franz-Josefs-Höhe, ÖAV

127

Klagenfurt, bew. Mai–Okt., 88 Schlafplätze, Tel. 0043/4824/246 66) südwärts hinab, über die Staumauern des Margaritze-Stausees und dann den Steig hinauf (oder von der Pasterze unterhalb der Franz-Josefs-Höhe über den AV-Gletscher-Lehrpfad und dann südostwärts ansteigend) bis in die Nordseite des Mittleren Leiterkopfes. Nun auf dem Wiener Höhenweg (anfangs teils Drahtseile) zum Grat beim P. 2465 oberhalb der Stockerscharte. Hier gelangt man auf die Südseite des Mittleren Leiterkopfes (Drahtseile) und folgt nun dem Steig in westlicher Richtung die Südhänge des Schwertkopfes und Schwerteck querend zur *Salmhütte* (2638 m, ÖAV Wien, bew. Anf. Juli–Sept., 50 Schlafplätze, Tel. 0043/4824/20 89, auch direkt von Heiligenblut in 5 Std. durch das Leitertal zu erreichen). Nun in nordnordöstlicher Richtung auf dem traditionellen Steig der frühen Glocknerbesteigungen durch Moränengelände hinauf, oben über das Hohenwartkees und mit etwas Kletterei (I, Drahtseile) zur Hohenwartscharte (3183 m). Jenseits kurz über Firn hinauf, nach W die Firnmulde unter dem Hohwartkopf durchqueren und über den felsigen Rücken (Salmkamp) zur *Erzherzog-Johann-Hütte* (»Adlersruhe«, 3454 m, 120 Lager, Tel. 0043/4876/82 72).

Gipfelaufstieg: Entlang dem Felsrücken zum steilen Firnhang des Glocknerleitls (oft Blankeis, unfallträchtig, besonders bei heiklen Überholmanövern!). Über diesen und das ausgeaperte Schlusswandl (Bohrhaken) auf eine Felsschulter des Ostgrates. Daran in grobgriffiger Kletterei (Eisenstangen zur Sicherung) über zwei heikel tief ausgeaperten Scharten der Schneide des Kleinglockners (3770 m). Von diesem steil hinab (Drahtseil) in die schmale, luftige obere Glocknerscharte (rechts Tiefblick in die Pallavicinirinne!) und jenseits zuerst 20 m steil in Kletterei (II) hinauf zum Gipfel.

Aussicht: Grandios nach allen Seiten!

F I Steig

3 ½ Std.

1150 mH

128 Großer Muntanitz, 3232 m (714 mPr)

Auf die Bergmasse zwischen Matrei und Kals

Schwierigkeiten: Insgesamt **F**, mit Kletterstellen I.
Mühen: Hüttenzustieg ab Blauspitz 550 mH (2 ½ Std.), Gipfelaufstieg 600 mH (2–3 Std.).
Gefahren: Markierter und teils versicherter Steig, gletscherfrei.
Freuden: Großartiger Aussichtsberg zwischen Glockner und Venediger.
Karte, Spezialführer : → Großglockner.
Skizze: → Wiesbachhorn.

Behäbig breit und unverschämt hoch thront diese Bergmasse nördlich von Matrei zwischen dem Tauern- und dem Kalser Tal. Die erste Besteigung holte sich A. v. Schmid mit Th. Groder am 2. September 1871.

Anreise: Mit Bus oder Auto nach *Matrei* in Osttirol (974 m).

Hüttenzustieg: Wer schummeln will, nimmt natürlich die Kalser Bergbahn zum Bergrestaurant Blauspitz (2302 m) als Ausgangspunkt und geht über den Sudetendeutschen Höhenweg zur *Sudetendeutschen Hütte* (2656 m, DAV Sudeten, Esslingen, 55 Schlafplätze, bew. Juni–Sept., Tel. 0043/4875/64 66). Zünftiger ist der Aufstieg von der Osterwitzbrücke (Ghs. Felbertauernstüberl, 1180 m, 2,5 km nördlich von Matrei, Bus) auf dem markierten Steig Nr. 514 schräg links über den Steiner Bach (Wasserfall) zum Ortsteil Stein (1304 m), dann ostwärts in vielen Kehren zur Äußeren Steiner Alpe (1909 m) und weiter im Tal hinauf zur Hütte.

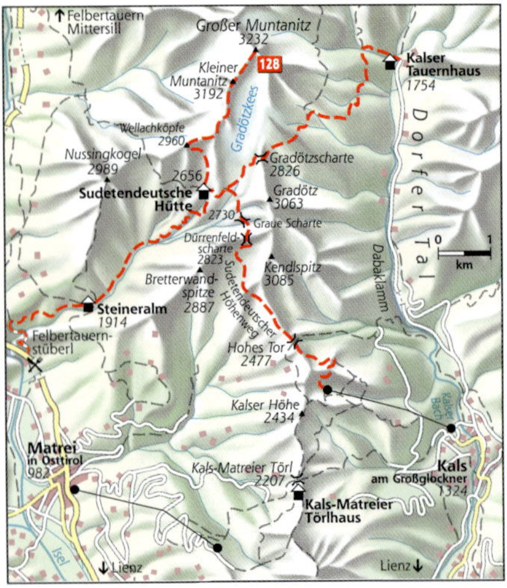

Gipfelaufstieg: Von der Hütte nordwärts auf dem Karl-Schöttner-Weg zu Firnmulde und auf den Oberen Wellachkopf (2962 m) und am Kamm in Richtung NO weiter zum obersten Wellachkopf (3037 m). Nun wieder nach Norden über den breiten Rücken hinauf auf den P. 3117 und auf den felsigen Kleinen Muntanitz (3192 m). Jenseits nahe am Nordgrat in steiler Rinne (Drahtseil) hinab und in den Sattel (»Kampl«, 3129 m) queren. Am breiten Bergrücken über Schutt und Platten zum Gipfel.

Aussicht: Im Osten majestätisch der Großglockner mit Stüdlgrat und Nordwestgrat, im Westen der Großvenediger.

129 Hocheiser, 3206 m (567 mPr)

PD– I

7 Std.

1700 mH

Kontrastprogramm zum Kitzsteinhorn

Schwierigkeiten: Insgesamt **PD–**, mit Kletterstellen I.
Mühen: Zur Hütte Sesselbahn oder 500 mH Aufstieg (2 ½ Std.), Gipfelaufstieg 1200 mH (5–6 Std.).
Gefahren: Einsame Gegend, Gletscher moderat.
Freuden: Ein ernsthafter ursprünglicher Berg mit hochalpinem Gegenüber.
Karte, Spezialführer: → Großglockner.
Skizze: → Wiesbachhorn.
Andere lohnende Routen: Südgrat vom Kapruner Törl (PD+, II).

Als dreikantige Felspyramide ragt dieser Berg südlich vom Kitzsteinhorn aus dem Bergkamm zwischen dem Staubachtal und dem Kapruner Tal. Er ist nationalparkwürdig unerschlossen geblieben und in dieser Qualität zu genießen. Die erste Besteigung unternahm R. Issler mit J. Brandtner am 15. August 1871, wobei sie über den Grießkogel abstiegen.

Anreise: Mit Bus oder Auto von Uttendorf im Pinzgau Sträßchen durch das Staubachtal zum Enzingerboden (1480 m).

Hüttenzustieg: Von Enzingerboden Doppelsesselbahn zur *Rudolfshütte* (2311 m, jetzt privates Berghotel mit Hallenbad, Kinderspielraum, Kletterwand und Sauna, 253 Schlafplätze, bew. Juni–Sept., Tel. 0043/6563/82 21). Derzeit ist die Bahn zwar in Betrieb, aber es ist noch unklar, ob er weiterhin aufrechterhalten werden soll. Zu Fuß auf einem Forstweg an der Talstation vorbei, dann links entlang der Daberklamm hinauf, oben wieder auf der Forststraße zum Grünsee (Mittelstation) und den markierten Steig Nr. 715 zur Hütte.

Gipfelaufstieg: In nordwestlicher Richtung Steig hinab zum Ufer des Tauernmoossees, daran entlang zur Staumauer (hierher auch vom Enzingerboden auf Steig). Über die Staumauer zum Nord-

129

ende des Stausees. Noch 500 m in gleicher Richtung weiter und nach Überqueren eines Baches in östlicher Richtung an diesem entlang hinauf zum Schwarzwasserkarlsee und weglos weiter über den Mitterbirghang hinauf zur alten Seitenmoräne des siechen Wurferkees (P. 2763). Nun nach Südosten hinauf zum Oberen Hocheiserkees (P. 2883). An seinem westlichen Rand entlang ansteigen und über den Firnrücken, zuletzt als schmaler Firngrat (Wechten!), zum Gipfel.

Alternative von Nordosten: Vom Stausee Mooserboden (Restaurant Heidnische Kirche, siehe Zustieg zum Wiesbachhorn) in westlicher Richtung Steig über den Rücken des Sedlgrates zum Kleinen Grießkogel, am linken Rand des Grießkogelkees und über den Ostgrat (I) auf den Großen Grießkogel (3066 m), von dort über den Nordostrücken zum Gipfel des Hocheisers.

Aussicht: Gegenüber die trotz Ausaperung immer noch eindrucksvollen Wände von Hoher Riffl, Klockerin und Wiesbachhorn und ihre wild zerrissenen Gletscher.

PD	II
❄	
🏠	4 Std.
⛰	970 mH

130 Fuscherkarkopf, 3331 m (481 mPr)

Der Krümelberg zwischen Pasterze und Fuschertal

Schwierigkeiten: Insgesamt **PD**, mit Kletterstellen II.
Mühen: Hüttenzustieg 610 mH (2 Std.), Gipfelaufstieg 360 mH (2–3 Std.).
Gefahren: Ein fast gletscherfreier Aufstieg mit etwas Kletterei.
Freuden: Ein Aussichtsberg für die Großglockner-Nordwände.
Karte, Spezialführer, Anreise, Skizze: → Großglockner.
Andere lohnende Routen: Der Südgrat (II) bietet sich als Abstieg an.

Der Fuscherkarkopf hatte einstmals den Ruf eines Berges mit einer netten Eiswand für Neulinge. Aber das 50°-Eisschild ist inzwischen geschwunden und auch vom Winterschnee bleibt jetzt im Sommer nicht mehr viel übrig. Der apere Berg stellt sich jetzt als unverlässliches Krümelgebilde dar. Solange man/frau sich auf den Graten bewegt, macht das nichts, weil gelöste Steine seitlich in die Flanken fallen, wo sich die Besucherdichte in Grenzen hält.
Die erste Besteigung unternahm ein G. Mayer alias »Badhansl« in den 1840er-Jahren über den Südgrat anlässlich einer Jagd. Über

Fuscherkarkopf von Nordosten

den Nordwestgrat stiegen erstmals A. Pauly und J. Mayer mit den Führern C. Bäuerle und P. Gorgasser 1871, über die Nordwand F. Rigele und H. Angerer am 8. September 1923.

Anreise: Mit Bus oder Auto über die Großglockner-Hochalpenstraße zum Parkplatz Franz-Josefs-Höhe (2361 m).

Hüttenzustieg: Dort im ganz schön klotzigen »Wirtshaus Gletscherblick« den Schildern in Richtung Hoffmannshütte bzw. Oberwalderhütte folgen, ziemlich unalpin, aber aufregend in einem finsteren Stollen in nördlicher Richtung durch die Eingeweide des Freiwandkopfes. Nach Erreichen des Tageslichtes in nordwestlicher Richtung auf dem Steig weiter zur *Hofmannshütte* (2444 m, ÖAV Akademische Sektion Wien, Info-Tel. 0043/1/319 78 37). Dem Gamsgrubenweg weiter folgend, an der Abzweigung des Steiges über den Südgrat des Fuscherkarkopfes vorbei, zum Wasserfallwinkel. Über den Gletscher bis 2800 m Höhe hinauf und im Bogen nach links zum Felsabbruch des Großen Burgstalls. Dort den Steig im Zickzack hinauf zur *Oberwalderhütte* (2972 m, ÖAV Austria, 109 Schlafplätze, bew. Mitte Mai–Ende Sept., Tel. 0043/4824/25 46).

Gipfelaufstieg: Den hier fast ebenen Gletscher Wasserfallwinkel (südl. Bockkarkees) in östlicher Richtung zur Fuscherkarscharte queren. Dann am Nordwestgrat hinauf (einige kurze Steilstufen, II) zum Nordwestgipfel (Einmündung des Steiges über den Südgrat). Am Grat weiter zum Hauptgipfel.

Aussicht: Gegenüber die Großglockner-Nordseite in all ihrer Pracht, im Norden das Wiesbachhorn, hoch über dem Fuschertal.

PD– I

4 Std.

1510 mH

131 Wiesbachhorn, 3564 m (472 mPr)

Der Prachtberg mit der verschwundenen Eiswand

Schwierigkeiten: Insgesamt **PD–**, mit Kletterstellen I.
Mühen: Hüttenzustieg 750 mH (2–3 Std.), Gipfelaufstieg 760 mH (2–3 Std.).
Gefahren: Eisausrüstung nötig. Am Grat und Gipfel auf eventuelle Wechten achten.
Freuden: Ein zwar auch oft besuchter, aber meist nicht überfüllter Gipfel.
Karte, Spezialführer: → Großglockner.
Andere lohnende Routen: Nur noch bis Frühsommer ratsam: Nordwestwand (60°, etwa D+, 500 mH).

Kühne, frei stehende Felspyramide zwischen dem Moserboden und dem oberen Fuschertal. Mit der vom Talgrund 2420 m hohen Ostflanke findet sich hier die höchste Flanke der gesamten Ostalpen. Der Gipfel wurde bereits im 18. Jh. durch die Fuscher Bauern Zanker und Zorner über die Flanke des Vorderen Bratschenkopfes, das Teufelsmühlkees, die Wielingscharte und von dort über die Südwestflanke erreicht. Der heutige Normalweg über den Nordwestgrat (»Kaindlgrat«) wurde 1867 durch die beiden Kapruner Führer A. und P. Hetz erstmals begangen. Als einer der Marksteine der Eroberung der Eiswände wurde die Nordwestwand gefeiert, in der Willo Welzenbach mit F. Rigele 1924 am damals 70° steilen Eiswulst der Nordwestwand erstmals seine neu entwickelten Eishaken zur Sicherung einsetzte. Die allgemeine Erwärmung hat der Wand inzwischen so heftig zugesetzt, dass sie sich schottischen Verhältnissen annähert: Die Eiswand ist nur noch im Winter und Frühjahr da – ohne Eiswulst.

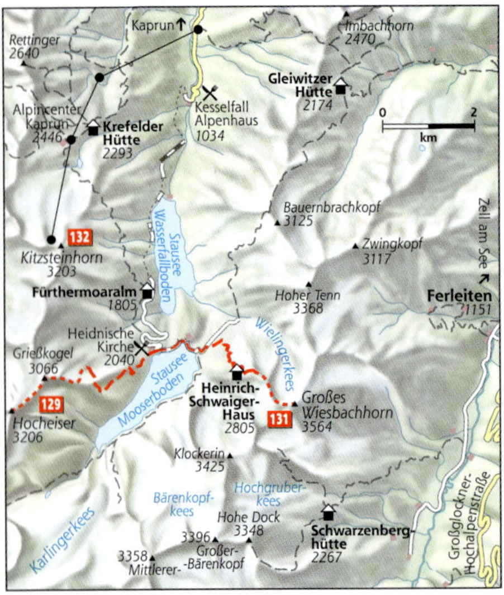

Anreise: Mit Auto bis *Kaprun* (786 m). Mit Bus und Schrägaufzug und nochmals Bus zum Speichersee Mooserboden (2036 m).

Hüttenzustieg: Vom Restaurant über die beiden Sperrmauern (am Gletschermuseum vorbei) hinauf zum *Heinrich-Schwaiger-Haus* (2802 m, DAV München, 85 Schlafplätze, bew. Juni–Sept., Tel. 0043/6547/86 62). 131

Gipfelaufstieg: Von der Hütte auf einem Steig ostwärts, bald durch eine mit Draht und sonstigen Eisenteilen dekorierte Kaminrinne und danach weniger steil zum Unteren Fochezkopf (3023 m). An Firngrat zum Oberen Fochezkopf (3159 m). Nun über den luftigen, firnüberzogenen Kaindlgrat, oberhalb der breiten Wielingerscharte vorbei, zum Gipfelaufbau. Dort steiler, jetzt im Sommer meist aper, links auf der Gratkante, an abwärts geschichtetem Gestein und recht ausgesetzt zum Gipfel. Vorsicht: Ostseitig oft große Wechte!

Aussicht: Im Südwesten der Großglockner, im Westen Hocheiser und Kitzsteinhorn, in der Tiefe die Stauseen Mooserboden und Wasserfallspeicher, im Norden jenseits vom Zeller See die Kalkabstürze von Steinernem Meer und Hochkönig. Im Südosten Goldberggruppe.

132 Kitzsteinhorn, 3203 m (436 mPr)

Der Bergbahnberg der Glocknergruppe

F I !

1 Std.

170 mH

Schwierigkeiten: Insgesamt **F**, verdrahtet, mit Kletterstellen I.
Mühen: Nach tiefem Griff ins Portemonnaie stolze 170 mH Gipfelaufstieg.
Gefahren: Rücksichtslose Zeitgenossen.
Freuden: Eindrucksvolle Ausblicke.
Karte, Anreise, Skizze: → Wiesbachhorn.

Der aus der Ferne durchaus schöne Berg ist zum Ski-, Alpin- und sonstigen Zirkus mit diversen Baulichkeiten für viel Betrieb ein- und her- und hingerichtet. Bei der ersten Besteigung durch J. Entracher mit Landvermessern im Jahre 1828 war es hier oben ruhiger.

Anreise: Über Zell am See ins Kapruner Tal. Mit einer der Zubringerbahnen zum Zeterköpfl. Luftseilbahn zur Bergstation am Nordwestgrat in 3026 m Höhe.

Gipfelaufstieg: Von dort am Grat entlang, kaum zu verfehlen.

Aussicht: Zum Wiesbachhorn, Großglockner und Großvenediger ebenso wie zu den nördlichen Kalkalpen mit Hochkönig und Hohem Dachstein.

F

P 4 Std.

970 mH

133 Racherin, 3092 m (429 mPr)

Der Schrofengipfel über dem Glocknerhaus

Schwierigkeiten: **F**, weglose Hänge und Halden.
Mühen: Per Auto bis zur Hüttentür, Gipfelaufstieg 970 mH (3 Std.).
Gefahren: Nach Abgang der Frühjahrslawinen keine besonderen Gefahren.
Freuden: Ein Berg mit Frostschuttwildnis.
Karte, Spezialführer, Skizze, Anreise, Hütte: Siehe Großglockner.

Der höchste Gipfel im Bergkamm südöstlich des Fuscherkarkopfes. Das Material des gesamten Kammes ist nicht gerade das beste, für Genusskletterer ein bloßer Schmuddelgipfel, aber dafür fanden hier sicher schon die Brüder A. und H. Schlaginweit 1848 bei ihrer Erstbesteigung anlässlich ihrer botanischen Studien die blaue Blume der Romantik.

Gipfelaufstieg: Vom Glocknerhaus nach Nordosten über Grashänge auf den Albitzenkopf (2807 m) und am schuttigen Gratkamm über den Albitzenspitz (2971 m) zum Gipfel.

Aussicht: Südlich gegenüber die Schobergruppe, im Südwesten der Großglockner.

Granatspitze von der Granatspitzscharte

134 Stubacher Sonnblick, 3088 m (262 mPr)

Der Hüttenberg der Rudolfshütte

F+	I
❄	
Hütte	4 Std.
Aufstieg	1280 mH

Schwierigkeiten: Insgesamt **F+**, mit Kletterstellen I.
Mühen: Zur Hütte Seilbahn (20 Min.), Gipfelaufstieg 780 mH (3 Std.).
Gefahren: Der Gletscher(-Rest) hat noch genug Spalten für Unfälle.
Freuden: Ein geeignetes Ziel für Neulinge im Hochgebirge.
Karte: AV-Karte 1:25 000, Blatt 39 Granatspitzgruppe.
Spezialführer, Anreise, Hütte: → Hocheiser.

Dieser Berg ist wie geschaffen für das Berghotel *Rudolfshütte* (→ Hocheiser): Etwas Zustieg zum Warmwerden, ein Gletscherchen mit richtigen Spalten, um die Bergung aus solchen zu üben, ein wenig unverbauter Kletterfels, aber alles in homöopathischer Dosis. Am Weißsee stand in den 1940er-Jahren ein Außenlager des KZ Dachau, wo zahlreiche Häftlinge durch Schwerstarbeit für die Reichsbahn bei Hungerrationen umkamen.

Gipfelaufstieg: Vom Hotel nach Süden hinab zum Weißsee. Am Ost- und Südufer entlang und Steigspuren folgend zum nördlichen Fuß des Tauernkogels. Nun rechts in westlicher Richtung durch eine Mulde unter dem Rotkogel durch zum Sonnblickkees. Nahe dem Gletscherrand unter der Granatspitze vorbei zur Granatspitzscharte (2970 m). Auf dem Blockwerk des nach oben schmaler werdenden Südgrates (I) zum Gipfel.

Aussicht: Im Osten gegenüber sind die gewaltigen Wandabbrüche von Eiskögele, Johannisberg und Hoher Riffel zu besichtigen.

Nebengipfel: Die südlich der Granatscharte gelegene, schroffe Granatspitze (3086 m, 116 mPr) ist am einfachsten über die Südostflanke (II) zu ersteigen. Der an der Einsattelung der Granatscharte beginnende Nordgrat ist schwieriger (III).

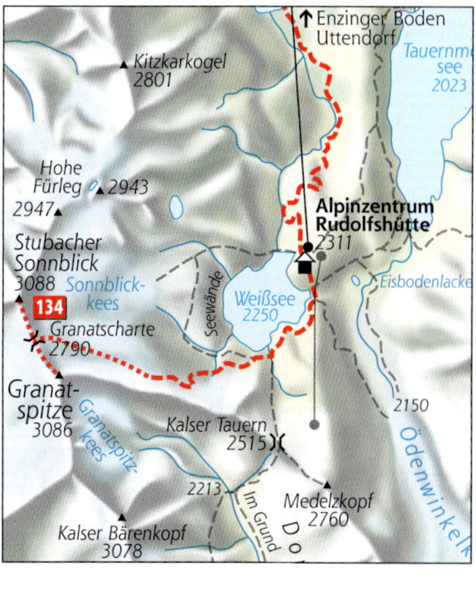

Hohe Tauern – Goldberggruppe

Die Berge östlich der Glocknergruppe waren hier einstmals Zentrum des Goldbergbaus. Dies ist auch in der Karte an zahlreichen Bergnamen erkennbar wie Goldzechkopf, Goldbergspitze, Goldlackenscharte, Alter Pocher, Radhaus, Altes Knappenhaus. Dass erst in jüngerer Zeit einige im Mittelalter in jahrzehntelanger, mühseliger Arbeit geschaffene Bergwerksstollen vom Eis wieder freigegeben wurden, belegt auf eindrucksvolle Weise, dass die Gletscher im Mittelalter bereits weiter abgeschmolzen waren als heute.

Hocharn von Westen

135 Hocharn, 3254 m (679 mPr)

Massiger Monte östlich vom Großglockner

F	I
❄	
P	10 Std.
▲	1750 mH

Schwierigkeiten: Insgesamt **F**, mit Kletterstellen I.
Mühen: Gipfelaufstieg 1750 mH (7–8 Std.).
Gefahren: Gletscherfreier Anstieg, aber am Gipfelaufbau Eisausrüstung nötig!
Freuden: Der höchste Gipfel der Goldberggruppe.
Karte: AV-Karte 1:25 000, Blatt 42 Sonnblick.
Anreise: → Großglockner.

Andere lohnende Routen: Vom Hohen Sonnblick über den Willi-Schweitzer-Weg mit Überschreitung (I) oder Umgehung des Goldzechkopfes (F+, 4 km, 550 oder 400 mH, 3–4 Std.); Westgrat vom Hochtor (F+, 900 mH, 7–10 Std.): von Osten über Naturfreundehaus Kolm-Saigurn-Steig durch die Lachegg-Klamm und oben zwischen Gletscherresten zur Nördlichen Goldzechscharte und dem Südgrat (F, 1700 mH, 6–7 Std.).

Der höchste Gipfel dieser Untergruppe lässt sich als Gewalttour vom Tal aus machen. Wer die Tour über zwei Tage anlegt, übernachtet auf dem Hohen Sonnblick und steigt am nächsten Morgen zum Gipfel und dann ab ins Tal. Wer die ganze Unternehmung mit weniger Höhenunterschied wünscht, der kann auch vom Hochtor an der Glocknerstraße auf 2504 m Höhe beginnen und den großartigen Klagenfurter Jubiläumsweg über den 7 km langen Grat von Westen her zum Hocharn gehen (markiert, bis II, 10–15 Std. bis Zittelhaus). Unterwegs bietet sich westlich der Arlthöhe von der Biwakschachtel aus eine leichte Abstiegsmöglichkeit nach Südwesten durch das Große Fleißtal an.

Anreise: Mit Bahn bis Lienz. Bus oder Auto über Iselsberg ins Mölltal und nach *Heiligenblut* (1291 m). Auf der Glocknerstraße bis zur großen Kehre im Fleißtal (1500 m, noch vor dem Mauthaus).

135 **Gipfelaufstieg:** In nordöstlicher Richtung das lange, von allerlei Spuren des Bergbaus geprägte Kleine Fleißtal hinauf, am Gasthaus »Alter Pocher« (Mineralienschau) vorbei. Im oberen Teil des Tals bietet sich dabei an, statt der breiten, mit geringer Steigung und zahlreichen Kehren angelegten Baustraße dem kürzeren Steig in Richtung Zittelhaus/Hoher Sonnblick zu folgen. In Höhe der Spaltenzone des Kleinfleißkees verlässt man die zur Pilatusscharte und zum Hohen Sonnblick weiterführende Route. Stattdessen hält man sich jetzt nach links zum P. 2894 am Südwestgrat des Goldzechkopfes und quert von dort die Nordwestflanke des Berges zur Südlichen Goldzechscharte (2857 m). Nun in Richtung Nordnordwest über einen Gratbuckel zur Nördlichen Goldzechscharte und immer am langen, aber nicht schwierigen Grat weiter. Ein Steilaufschwung wird rechts umgangen. Danach zum Südgipfel (3203 m) und am flachen Firngrat in nordnordöstlicher Richtung zum höchsten Punkt.

Aussicht: Im Westen der Großglockner, im Südosten der Hohe Sonnblick mit dem Zittelhaus und das Schareck.

0 I Steig

15 Min.

20 mH

136 Schareck, 3123 m (406 mPr)

Groteske Bergerschließung

Schwierigkeiten: Bei Bahnbenutzung gar keine. Bei Aufstieg zu Fuß **F**, mit Stellen I.
Mühen: 20 mH ab Bergstation. Traditioneller Hüttenzustieg 600 mH (2 Std.), Gipfelaufstieg 1000 mH (3 Std.).
Gefahren: Übersichtlich.
Freuden: Am Gipfel oft durch Überbevölkerung gemindert.
Karte: → Hocharn.
Anreise, Hütte: → Hoher Sonnblick.
Andere lohnende Routen: Von Norden vom Niedersachsenhaus (2472 m, DAV Hannover, 58 Schlafplätze, bew. Juli–Sept., Tel. 0043/664/914 34 40; erreichbar aus dem Rauriser Tal vom Ammererhof bzw. von Sportgastein in jeweils 3 Std.) über den Nordgrat (F, 650 mH, 3 Std.); von Sportgastein direkt über den Nordostgrat (F, Neuwirt-Steig, oben Gletscher, 1600 mH, 6 Std.); von Süden von der Duisburger Hütte (2573 m, DAV Duisburg, 47 Schlafplätze, bew. Juli–Sept., Tel. 0043/664/ 445 33 53).

Das noch allseits mit Gletschern gezierte Schareck ist der östlichste hohe Gipfel der Goldberggruppe zur Ankogelgruppe hin. Es ist auf verschiedenen Routen leicht, aber immer auch über hochalpines Gelände zu ersteigen. Auf seiner Südseite sind verschiedene hoch gelegene Wasserspeicher gebaut, deren – für den allgemeinen Autoverkehr gesperrte, aber von Anliegern nutzbare – Zufahrtsstraße vom Mölltal her seit dessen Bau viel Schweiß sparen ließen. Inzwischen hat jedoch der so genannte Fortschritt auch hier noch ausgiebiger zugeschlagen: Die Mölltaler Gletscherbahn mit U-Bahn »Gletscher-Express« und

Gondelbahn zum »Glaspalast Panoramarestaurant Eissee«, der »Doppelsesselbahn« und dem »6er-Jet« hoch über dem schäbigen Rest des verendenden Wurtenkeeses bis zum Gipfelgrat lassen die Bergsteigerei hier hinauf etwas obsolet aussehen.

Das Schareck ist ein erschütterndes Beispiel für die Wahrheit des Satzes: »Die Seilbahnbauer können unendlich viele Anläufe für ihre Projekte machen, ist aber der Naturschutz einmal unterlegen, so ist es ein Schaden für immer.« (Nach Peter Hasslacher, Naturschutzreferent des Österreichischen Alpenvereins).

Gipfelaufstieg zu Fuß: Von der *Naturfreunde-Neubauhütte* (2176 m) auf einem Steig südostwärts hinauf zur Fraganter Scharte (2754 m, auch von der Duisburger Hütte in 1 Std. erreichbar). Nun nordostwärts hinauf zum Gratkamm des Schareck, zur Herzog-Ernst-Spitze (2933 m, hierher auch von Norden auf dem teils versicherten Pröll-Steig über den langen Grat vom Niedersachsenhaus her). Am WNW-Grat zum Gipfel.

Aussicht: Im Westen der Hohe Sonnblick, im Osten die Ankogelgruppe.

F+ I

7 Std.

1600 mH

137 Hoher Sonnblick, 3105 m (246 mPr)

Der Gipfel mit dem Wolkenhaus

Schwierigkeiten: Insgesamt **F+**, mit Kletterstellen I.
Mühen: Gipfel-/Hüttenzustieg von Westen oder Osten 1600 mH (4–5 Std.).
Gefahren: Der Aufstieg führt in hochalpines Gelände mit Gletscher. Bei Gewitter herrscht im gesamten Gipfelbereich extreme Blitzgefahr, die allerdings im Faradayschen Käfig des Zittelhauses gebannt ist.
Freuden: Ein Ort, wo man morgendliche und abendliche hochalpine Gipfelstimmungen ohne Zeitnot erleben kann. Hier lassen sich auch die Gewitter als tolles Naturschauspiel genießen.
Karte, Führer, Anreise, Skizze: → Hocharn und Schareck.
Andere lohnende Routen: Aufstieg von Westen siehe Hocharn, zuletzt über die Pilatusscharte (2905 m) und über den Gletscher entlang dem NW-Rücken (nordseitig hohe Abbrüche!).

Der Hohe Sonnblick, auch Rauriser Sonnblick genannt, ist einer der wenigen hohen Berge mit Gipfelhaus. Als das Zittelhaus erbaut wurde, war das noch kein Marketing-Gag, sondern dahinter stand das Bestreben, mit einem ganzjährig bewohnbaren Observatorium das Hochgebirgsklima zu erforschen. Zugleich ermöglicht das Haus großzügige Gratüberschreitungen. Seine Fundamente werden jedoch neuerdings durch auftauenden Permafrost destabilisiert.

Anreise von Norden: Vom Salzachtal bei Taxenbach südwärts ins Rauriser Tal. Darin über *Rauris* hinauf, zuletzt Mautsträßchen zum Lenzanger (1560 m).

Gipfelaufstieg von Osten: Im Tal südwärts auf dem Steig am Naturfreundehaus Kolm-Saigurn vorbei hinauf zum beim alten, verfallenen Radhaus gelegenen *Neubau-Naturfreundehaus* (2161 m, Touristenverein Naturfreunde, 44 Schlafplätze, bew. Juni–Sept., Tel. 0043/6544/81 81). Nun auf dem Steig in südwestlicher Richtung hinauf zur *Rojacher Hütte* (2719 m, 9 L, bew. Juli–Sept., Tel. 0043/664/131 89 29). Danach am blockigen Südostgrat (teils Sicherungen) bis kurz vor den Gipfel, zuletzt links auf dem Gletscher und über Schutt zum *Zittelhaus* (3105 m, DAV, 107 Schlafplätze, bew. Juli–Sept., Tel. 0043/6544/64 12).

Aussicht: Großartige Rundsicht mit Großglockner im Westen, Hocharn im Nordwesten, Steinernem Meer, Hochkönig und Dachstein in der Ferne im Norden und Ankogelgruppe im Osten.

Nebengipfel: Goldzechkopf (3042 m) im Nordwesten, Goldbergspitze (3073 m) im Südwesten nahebei, aber über Gletscher.

Hohe Tauern – Ankogelgruppe

Die östlichste Berggruppe der Hohen Tauern. Der Eisenbahntunnel zwischen Bad Gastein und Mallnitz macht sie umweltfreundlich per Bahn erreichbar. Über die Tauernautobahn ist sie auch mit dem Auto gut anzufahren.

Das Gipfelkreuz des Ankogels steht nicht auf dem höchsten Punkt.

F+ | !

6 Std.

1250 mH

138 Hochalmspitze, 3360 m (914 mPr)

Der architektonisch schönste Berg Kärntens

Schwierigkeiten: Insgesamt **F+**, aber hochalpines Gelände mit Stellen I, das trotz etwas Drahtseilversicherung einschlägige Erfahrung voraussetzt.
Mühen: Hüttenzustiege zur Gießener Hütte ab Speicher Gößkar 500 mH (1 ½ Std.), zur Villacher Hütte 1100 mH (3 Std.), zur Osnabrücker Hütte 100 mH (1 Std., Maut!), Gipfelaufstieg ab Gießener und Villacher Hütte 1000 mH (4 Std.), ab Osnabrücker Hütte 1150 mH (5 Std.).
Gefahren: Auch bei dem starken Gletscherschwund bleiben gewöhnlich genug Passagen mit Firn oder Eis, um die Mitnahme von Steigeisen und Eispickel ratsam zu machen. Bei Nebel und Verlust der Spur kann besonders der Aufstieg von der Osnabrücker Hütte erhebliche Orientierungsschwierigkeiten bereiten. Diese Route kann auch bei starker Ausaperung am Bergschrund unpassierbar werden.
Freuden: Am östlichen Eckpunkt der hochalpinen Berge der Alpen sein.
Karten: AV-Karte 1:50 000, Nr. 44 Hochalmspitze–Ankogel.
Spezialführer: L. Buchenauer/P. Holl, Alpenvereinsführer AVF Ankogel- und Goldberggruppe, Bergverlag Rother, München 1986.

Hochalmspitze von Westen vom Ankogel

Der architektonische Superlativ ist Originalton der begeisterten 138
Autorin des genannten Führers. Der breit hingefläzte Berg ist der höchste östlich der Glocknergruppe. Er wird von vier felsigen Graten gekrönt. Zwischen ihnen liegen ansehnliche Gletscher. Das Großelendkees auf der Nordseite und das Winklkees der Westseite sind steiler und zerschrundeter als das flache ostseitige Hochalmkees und das recht übersichtlich gewordene südseitige Trippkees. Die leichtesten Aufstiegsrouten führen von Süden und Osten hinauf; mehr Berg erlebt man beim Aufstieg von Norden von der Osnabrücker Hütte. Die erste Ersteigung holte sich Paul Grohmann im Jahre 1859.

Anreise: Auf der Autobahn Salzburg–Villach nach *Gmünd* (741 m) im Maltatal.

Hüttenzustiege: Zur *Gießener Hütte* (2202 m, DAV Sektion Gießen, 65 Schlafplätze, bew. Juli–Sept., Tel. 0043/676/943 91 42) vom Speicher Gößkar (1700 m, Straße durch den Gößgraben vom Maltatal herauf) auf markiertem Steig. Zur *Villacher Hütte* (ÖAV Sektion Villach, 20 Schlafplätze, nicht bew.) von der Schönaubrücke (1186 m)

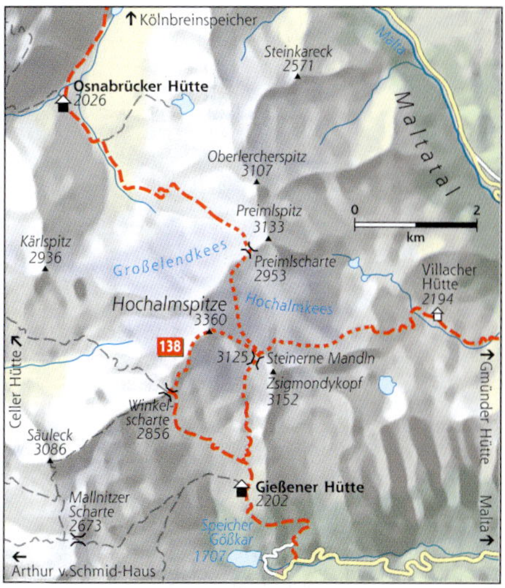

138

im Maltatal auf einem Steig in weiten Kehren über den Talhang hinauf. Zur *Osnabrücker Hütte* (2026 m, DAV Sektion Osnabrück, 77 Schlafplätze, bew. Juli–Sept., Tel. 0043/4783/211139159) vom Ende der Mautstraße an der Staumauer auf der Nordseite des Stausees den Steig fast eben hinauf und zuletzt im Tal des Großelendbaches sanft ansteigend.

Gipfelaufstiege: Von der *Gießener Hütte* nordwärts auf dem Rudolstädter Weg gerade hinauf zum Südostgrat der Hochalmspitze, den man links der Gratzacken der »Steinernen Männln« erreicht. Eine etwas schwierigere Alternative bietet sich über die Lassacher Winkelscharte und über den Detmolder Grat (SW-Grat, Steig mit Passagen II).

Von der *Villacher Hütte* erreicht man diesen Punkt durch Aufstieg im südlichsten Teil des Hochalmkees, mit dem man die Felsen von Kordonspitze, Zsigmondykopf und den Gratzacken links liegen lässt. Am Grat zum Gipfel.

Von der Osnabrücker Hütte steigt man links vom Großelendkees auf zur Preimelscharte (Bergschrund!). Von hier quert man in südlicher Richtung wenig ansteigend das ganze Hochalmkees zur Scharte oberhalb der »Steinernen Mandln«, kann aber bei guten Verhältnissen und Gletschererfahrung auch gleich unterhalb der Elendköpfe und des Großelendkopfes schräg ansteigend den Südostgrat kurz vor dem Gipfel erreichen.

Aussicht: Vom Bayerischen Alpenvorland bis in die Steiermark und von den Vorbergen bei Udine bis zur Wildspitze.

Am Hafner-SW-Grat, hinten Hochalmspitze

139 Großer Hafner, 3076 m (825 mPr)

Der Trümmerkamm über dem Maltatal

F+ Steig I

P 8 Std.

1450 mH

Schwierigkeiten: Insgesamt **F+**. Markierter Steig, z.T. Kletterei (ohne Benutzung der Drahtseile auch Stellen II, Gipfelblock III+!). Im Sommer meist schneefrei.
Mühen: Vom Ende der Mautstraße zur Hütte 550 mH (2½ Std., dabei 150 mH Gegensteigung). Ab Mautstelle (2 km unterhalb der Gmündener Hütte) 1200 mH (3 Std.). Gipfelaufstieg 750 mH (2 Std.).
Gefahren: Wenn schneefrei gering, aber Trittsicherheit und Schwindelfreiheit nötig.
Freuden: Wen solche Superlative erbauen, der kann hier die Besteigung des östlichsten richtig selbständigen Dreitausenders der Alpen abfeiern.
Karten, Anreise: → Hochalmspitze

Der nur noch mit spärlichen Gletscherresten ausgestattete Hafner ragt östlich vom obersten Maltatal auf. Die erste Besteigung erfolgte 1825 im Zuge von Vermessungsarbeiten durch einen Leutnant Gorizutti.
Hüttenzustieg: Vom Kölnbrein-Speichersee am Ende der Malta-Hochalmstraße (Maut) hinter dem Sporthotel (1950 m) auf dem markierten Salzgitter-Steig zuerst einige Kehren hinauf, dann nach SO hin die Hänge auf- und absteigend queren, landschaftlich reizvoll, zur *Kattowitzer Hütte* (2321 m, DAV Sektion Kattowitz, 48 L, bew. Juni–Sept, Tel. 0043/664/914 80 21). Wenn man/frau 2 Stunden Aufstieg dazulegt, lässt sich die Maut auch durch Aufstieg vom Tal mit Schweiß ablösen.
Gipfelaufstieg: Von der Hütte nach NO und N auf Steig Nr. 547 hinauf, zuletzt sehr steil, zum Felsgrat der Marchenschneid. Nun auf markiertem Steig immer auf dem SW-Grat bleibend, anfangs mit netter Kletterei (Drahtseile), zuletzt über Abdachung mit Blöcken zum Gipfel.
Aussicht: Wuchtig Hochalmspitze und Ankogel (W), zahmer die Radstätter Tauern (N).

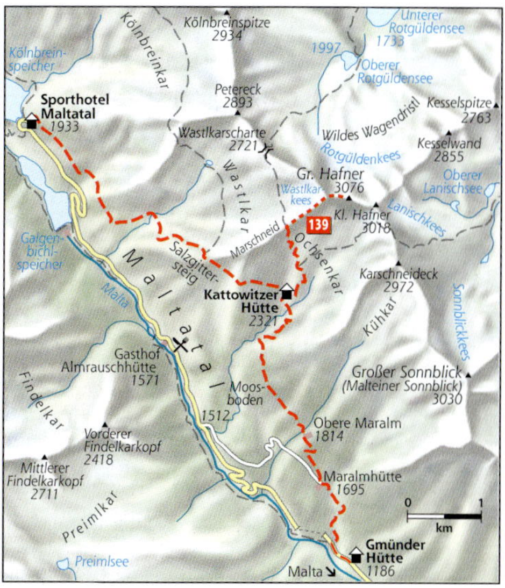

F+ I

4 Std.

750 mH

140 Ankogel, 3252 m (577 mPr)

Der schnittige Gipfel hoch über Mallnitz

Schwierigkeiten: Insgesamt **F+**, mit Kletterstellen I.
Mühen: Hüttenzustieg ab Bergstation der Seilbahn 95 mH (15 Min.), zu Fuß 1550 mH (5 Std.), Gipfelaufstieg 750 mH (2 ½ Std.).
Gefahren: Bei guten Verhältnissen moderat, bei Schnee Umgehung des Steilabbruchs und Gipfelgrat heikel.
Freuden: Ein Aussichtsberg mit nur begrenzten obligatorischen Mühen.
Karte, Spezialführer: → Hochalmspitze.
Andere lohnende Routen: Aufstieg von der Osnabrücker Hütte (siehe Hochalmspitze) über Fallboden, Schwarzhornseen und den Ostgrat (PD–, 1250 mH, 5 Std.).

Der früher noch deutlich schärfer und 16 m höher aufragende Gipfel wurde 1932 durch einen Bergsturz in den heutigen Zustand versetzt. Dies verdeutlicht, dass die von uns als »ewig« empfundenen Berge eigentlich nur vorübergehende Zustände von Erosionsruinen zeigen, die durch Frostsprengung, chemische Prozesse und Schwerkraft nach wie vor stetiger Umgestaltung unterliegen. Der Ankogel wurde als erster Gletscherberg der Ostalpen bereits 1762 durch den Bauern Patschg aus Böckstein bestiegen.

Anreise: Mit Bahn von Spittal oder Zell am See–Bad Gastein bzw. mit Auto von Spittal oder Lienz nach *Mallnitz* (1190 m) und 4 km zur Talstation der Ankogelbahn (1271 m).

Zur Hütte: Von der Bergstation rasch auf die Arnoldhöhe zum *Hannoverhaus* (2720 m, DAV Hannover, 70 Schlafplätze, bew. Juni–Sept., Tel. 0043/664/161 93 67).

Gipfelaufstieg: Von der Bergstation oder Hütte zuerst in östlicher Richtung auf dem Goslarer Weg 20 Min. abwärts zum Wegweiser am P. 2538. Nun links Steig auf Moräne entlang dem recht übersichtlichen Lasacher

140

Kees und nördlich zur Radeggscharte (2874 m). Von dort am Westgrat auf die Schulter des Südwestgrats (»Kleiner Ankogel«, 3096 m). Nach NO, in luftiger Blockletterei (I) einen Abbruch ostseitig umgehen, am Grat steil zum (Vor-) Gipfelkreuz. Plattig und luftig weiter (I) zum höchsten Punkt. Nordöstlicher Vorgipfel schwieriger (II).
Aussicht: Im Norden vom Wilden Kaiser über Hochkönig und Dachstein bis zum Gesäuse, im Süden Karawanken und Julische Alpen, im Westen Goldberg- und Glocknergruppe der Hohen Tauern.

Ankogel vom Kleinen Ankogel

Salzburger Kalkalpen

Vom Steinernen Meer über Hochkönig und Tennengebirge, Dachstein und Totes Gebirge sind die Berge an der Nordflanke der Alpen in ihrem östlichen Teil durch große verkarstete Kalkplateaus geprägt.

Dachstein-Normalweg im August, nach Neuschneefall

141 Hoher Dachstein, 2995 m (2140 mPr)

Der höchste Gipfel der Kalkpulte im Norden

F I A0

2 Std.

400 mH

Schwierigkeiten: Insgesamt **F**, mit Kletterstellen I und A0.
Mühen: Vom Tal Gipfelaufstieg 1300 mH (5 Std.), ab Bergstation Seilbahn 400 mH (1 ½ Std.).
Gefahren: Vorsicht am Gletscher allemal ratsam, besonders an der Randkluft. Sonst gehen Gefahren vor allem von anderen gleichzeitig steigenden Leuten aus. Ein Helm erlaubt größere Gelassenheit. Am Gipfel sollte man auch nicht vergessen, dass die Kletterer in der Südwand sich freuen, wenn man ihnen keine Abfälle oder Unverträglicheres auf die Köpfe wirft.
Freuden: Ein gewaltiger Panoramaberg.
Karte: AV-Karte 1:25 000, Blatt 14 Dachsteingruppe.
Spezialführer: End, AVF Dachsteingruppe, Bergverlag Rother, München.

Natürlich ist das etwas geschummelt, den Hohen Dachstein mit in diese Vorstellung der Dreitausender der Alpen zu stecken. Denn ein paar Meter fehlen schon bis zur vollen 3000, zumindest wenn wir den realen natürlichen Fußboden rechnen. Aber wenn man es genau nimmt, ist der Hohe Dachstein doch ein echter Dreitausender: Mit Besteigung bis zum allerhöchsten Zipfel-Material erreichen wir die 3000-Meter-Marke – das sicher nicht ganz zufällig monumentale Gipfelkreuz macht's möglich ... Und was die topografische Prominenz angeht, da wird er nur von ganzen zwei Gipfeln dieses Büchleins übertroffen.

Von solchen Rechnereien jedoch abgesehen ist dieser Berg schlichtweg ein Prachtstück, mit seinem Glitzergletscher, seiner jähen, 800 m tief abbrechenden Südwand und seinem fantastischen Blick auf die im Süden aufgereihten Eisgipfel der Hohen Tauern. Und wenn wir vor Tau und Tag bei der Türlwandhütte am Fuß der Südwand losgehen und auf dem teilweise intensiv versicherten, landschaftlich groß-

Hoher Dachstein von Nordosten vom Zustieg über den Gletscher

artigen Steig wacker ausschreiten, dann können wir noch vor den vielen Seilbahnbenutzern am Gipfel sein und den Berg als individuelles Erlebnis haben.

Die erste Besteigung des Hohen Dachsteins wurde von 1810 an immer wieder versucht, gelang aber erst 1832 dem Filzmooser Peter Gappmayr, der dann auch zwei Jahre später den Gelehrten Peter Carl Thurwieser als ersten Touristen zum Gipfel führte. Die erste Route durch den rechten Teil der Südwand eröffneten Eduard Pichl, F. Gams und F. Zimmer 1901. Die erste direkte Durchsteigung über den »Steinerweg« gelang den Brüdern Georg (»Irg«) und Franz Steiner am 22. September 1909. Dabei ließ sich der vorweg Kletternde beim Balanceakt der heiklen Querung des Steinerbandes vom Bruder mit Hilfe einer mitgeführten Stange an den Fels drücken ...

Anreise: Über die Salzburger Autobahn bis Eben, dann in Richtung Ramsau über Filzmoos zur satt ausgeschilderten Abzweigung der Stichstraße zur Dachsteinbahn und hinauf zum geräumigen Parkplatz bei der Türlwandhütte (1695 m).

141

Gipfelaufstieg: In nördlicher Richtung Steig zur Dachstein-Südwandhütte, dann rechts den Klettersteig streckenweise steil hinauf zur Hunerscharte (2602 m). Nun auf dem gutartigen, obersten Firn des Hallstädter Gletschers in nordwestlicher Richtung weiter, um den riesigen Kolk beim Dirndl herum und an der Dachsteinwarte vorbei zum Fuß der Nordostwand des Hohen Dachsteins. Vorsichtig über die Randkluft und dem installierten Eisen nach entweder geradeaus hinauf oder zuerst nach links bis zur Schulter des Westgrates und danach auf einem Band zur Rinne des Gipfelaufbaus. Neben dieser Rinne hinauf zum Gipfel.

Aussicht: Im Süden die Hohen Tauern, im Westen nebenan der Hohe Torstein. In der Tiefe als Werk der eiszeitlichen Gletscher die gewaltigen Ausraumzonen der weiten Täler, die noch vor lumpigen 15 000 Jahren mit ihrer Gletscherfüllung um einige Klassen eindrucksvoller, aber auch weniger lieblich grün aussahen. Beim Rückweg den Abstecher zur Dachsteinwarte zu machen und auch den Nahblick in die pralle Südwand aufzunehmen – das rundet das Bild ab.

Dachstein-Gipfelkreuz

Zahlenspiele:

Die markanten Dreitausender der nördlichen Alpen nach ihrer Prominenz

Die Prominenz wird in Metern über der tiefsten Scharte zum nächst höheren Berg angegeben. Die Kürzel geben die Begründung der Aufnahme in die Auswahl trotz Unterschreiten der Prominenz von 400 Metern an:

H	=	große Höhe bei noch beachtlicher Prominenz	»H-Klasse«
S	=	besonders steil, schlank, scharf, sensationell	»S-Klasse«
P	=	besonders populär (auch Seilbahngipfel)	»P-Klasse«

		Höhe	Prominenz
127	Großglockner	3797	**2422**
59	Wildspitze	3768	**2261**
141	Hoher Dachstein	2995	**2140**
22	Dammastock	3630	**1465**
35	Tödi	3614	**1447**
55	Hoher Riffler	3168	**1328**
58	Parseierspitze	3036	**1220**
98	Olperer	3476	**1230**
111	Hochgall	3436	**1148**
120	Großvenediger	3666	**1121**
85	Zuckerhütl	3505	**1031**
43	Piz Linard	3410	**1027**
1	Grand Muveran	3051	**1013**
23	Titlis	3238	**1008**
2	Balmhorn	3698	**1008**
3	Les Diablerets	3210	**959**
4	Wildhorn	3248	**934**
138	Hochalmspitze	3360	**914**
7	Blümlisalphorn	3660	**853**
99	Hochfeiler	3509	**851**
36	Ringelspitz	3247	**840**
5	Wildstrubel	3244	**830**
139	Großer Hafner	3076	**825**
8	Bietschhorn	3934	**806**
115	Petzeck	3283	**793**
24	Fleckistock	3417	**761**
128	Großer Muntanitz	3232	**714**
29	Oberalpstock	3328	**679**
135	Hocharn	3254	**679**

		Höhe	Prominenz
9	Doldenhorn	3638	**655**
37	Hausstock	3158	**655**
121	Rötspitze	3495	**650**
25	Sustenhorn	3503	**648**
45	Fluchthorn	3399	**647**
107	Reichenspitze	3303	**636**
47	Flüela-Wisshorn	3085	**632**
10	Nesthorn	3824	**626**
30	Piz Giuv	3098	**624**
26	Gross Spannort	3198	**616**
11	Gross Wannenhorn	3905	**616**
63	Hintere Schwärze	3624	**605**
38	Piz Segnas	3099	**607**
108	Rauchkofel	3252	**595**
12	Gspaltenhorn	3436	**585**
109	Napfspitze	3144	**583**
56	Kuchenspitze	3148	**580**
13	Wetterhörner – Mittelhorn	3704	**579**
122	Dreiherrnspitze	3499	**578**
140	Ankogel	3252	**577**
64	Weißkugel	3738	**566**
129	Hocheiser	3206	**567**
31	Bristen	3073	**567**
116	Hoher Prijakt	3064	**550**
117	Roter Knopf	3281	**544**
112	Schneebiger Nock	3358	**544**
76	Rofelewand	3355	**523**
86	Habicht	3277	**518**
48	Piz Buin	3312	**514**

		Höhe	Prominenz
87	Strahlkogel	3288	**500**
27	Schlossberg	3133	**506**
88	Pflerscher Tribulaun	3097	**498**
65	Fineilspitze	3514	**495**
52	Hexenkopf	3035	**496**
123	Schlieferspitze	3289	**502**
130	Fuscherkarkopf	3331	**481**
77	Watzespitze	3532	**482**
89	Schrankogel	3497	**479**
32	Gross Düssi	3256	**475**
83	Luibiskogel	3110	**471**
131	Wiesbachhorn	3564	**472**
124	Lasörling	3098	**467**
72	Roteck	3337	**462**
44	Piz Murtèra	3044	**458**
100	Schrammacher	3410	**456**
39	Grond Cavistrau	3252	**448**
101	Großer Möseler	3480	**450**
53	Muttler	3294	**446**
14	Lauterbrunner Breithorn	3780	**443**
33	Gross Schärhorn	3295	**441**
73	Lodner	3228	**447**
113	Durreck	3135	**442**
84	Hohe Geige	3393	**434**
57	Patteriol	3056	**436**
132	Kitzsteinhorn	3203	**436**
74	Mastaunspitze	3200	**435**
118	Hochschober	3242	**436**
50	Großes Seehorn	3121	**433**
46	Augstenberg	3228	**431**
133	Racherin	3092	**429**
90	Östlicher Feuerstein	3267	**427**
75	Lagaunspitze	3439	**422**
15	Schinhorn	3797	**420**
6	Großes Rinderhorn	3448	**412**
78	Verpeilspitze	3428	**418**
79	Glockturm	3353	**411**
41	Clariden	3267	**413**
34	Gross Windgällen	3188	**410**
80	Vordere Ölgrubenspitze	3452	**402**
136	Schareck	3123	**406**
54	Stammerspitz	3254	**404**

		Höhe	Prominenz	
110	Hintere Stangenspitze	3225	**400**	
42	Vorab	3028	**401**	
68	Hinterer Seelenkogel	3472	**400**	
16	Tschingelhorn	3562	**384**	S
104	Großer Löffler	3379	**380**	S
119	Glödis	3206	**376**	S
125	Keeskogel	3291	**374**	P
91	Ruderhofspitze	3474	**369**	S
69	Großer Ramolkogel	3549	**363**	H
40	Bifertenstock	3420	**358**	S
17	Eiger	3970	**356**	H
92	Acherkogel	3007	**353**	S
93	Hoher Seeblaskogel	3235	**353**	P
105	Schwarzenstein	3369	**350**	P
70	Schalfkogel	3537	**348**	H
81	Weißseespitze	3518	**348**	P
71	Hochwilde	3480	**346**	P
18	Gletscherhorn	3983	**345**	H
102	Tuxer Hoher Riffler	3231	**327**	P
94	Wilde Leck	3359	**309**	S
19	Trugberg	3933	**307**	H
60	Hochvernagtspitze	3535	**295**	H
114	Wildgall	3273	**292**	S
95	Hohe Villerspitze	3087	**285**	S
61	Innere Schwarze Schneide	3367	**288**	P
62	Hinterer Brunnenkogel	3438	**272**	P
96	Wilder Freiger	3418	**269**	P
134	Stubacher Sonnblick	3088	**262**	P
66	Similaun	3599	**250**	P
126	Großer Geiger	3360	**255**	S
28	Galenstock	3586	**251**	P
137	Hoher Sonnblick	3105	**246**	P
103	Gefrorene-Wand-Spitze	3288	**248**	P
106	Zsigmondyspitze	3089	**241**	S
67	Kreuzspitze	3457	**230**	P
20	Agassizhorn	3953	**202**	H
49	Silvrettahorn	3244	**201**	P
97	Schaufelspitze	3332	**199**	P
21	Ebnefluh	3962	**193**	H
82	Seekogel	3357	**189**	S
51	Großlitzner	3109	**130**	S

Die markanten Dreitausender der nördlichen Alpen nach ihrer Höhe

Rechts wird die Prominenz angegeben.

		Höhe	Prominenz
18	Gletscherhorn	**3983**	345
17	Eiger	**3970**	356
21	Ebnefluh	**3962**	193
20	Agassizhorn	**3953**	202
8	Bietschhorn	**3934**	806
19	Trugberg	**3933**	307
11	Gross Wannenhorn	**3905**	616
10	Nesthorn	**3824**	626
127	Großglockner	**3797**	2422
15	Schinhorn	**3797**	420
14	Lauterbrunner Breithorn	**3780**	443
59	Wildspitze	**3768**	2261
64	Weißkugel	**3738**	566
13	Wetterhörner – Mittelhorn	**3704**	579
2	Balmhorn	**3698**	1008
120	Großvenediger	**3666**	1121
7	Blümlisalphorn	**3660**	853
9	Doldenhorn	**3638**	655
22	Dammastock	**3630**	1465
63	Hintere Schwärze	**3624**	605
35	Tödi	**3614**	1447
66	Similaun	**3599**	250
28	Galenstock	**3586**	251
16	Tschingelhorn	**3562**	384
131	Wiesbachhorn	**3564**	472
69	Großer Ramolkogel	**3549**	363
70	Schalfkogel	**3537**	338
60	Hochvernagtspitze	**3535**	295
77	Watzespitze	**3532**	482
81	Weißseespitze	**3518**	348
65	Fineilspitze	**3514**	495
99	Hochfeiler	**3509**	851
85	Zuckerhütl	**3505**	1031
25	Sustenhorn	**3503**	648
122	Dreiherrnspitze	**3499**	578
89	Schrankogel	**3497**	479
121	Rötspitze	**3495**	650
71	Hochwilde	**3480**	346

		Höhe	Prominenz
101	Großer Möseler	**3478**	448
98	Olperer	**3476**	1230
91	Ruderhofspitze	**3474**	369
68	Hinterer Seelenkogel	**3472**	400
67	Kreuzspitze	**3457**	230
80	Vordere Ölgrubenspitze	**3452**	402
6	Großes Rinderhorn	**3448**	412
62	Hinterer Brunnenkogel	**3438**	272
75	Lagaunspitze	**3439**	422
12	Gspaltenhorn	**3436**	585
111	Hochgall	**3436**	1148
78	Verpeilspitze	**3428**	418
40	Bifertenstock	**3420**	358
96	Wilder Freiger	**3418**	269
24	Fleckistock	**3417**	761
43	Piz Linard	**3410**	1027
100	Schrammacher	**3410**	456
45	Fluchthorn	**3399**	647
84	Hohe Geige	**3393**	434
104	Großer Löffler	**3379**	380
61	Innere Schwarze Schneide	**3367**	288
105	Schwarzenstein	**3369**	350
94	Wilde Leck	**3359**	309
138	Hochalmspitze	**3360**	914
126	Großer Geiger	**3360**	255
82	Seekogel	**3357**	189
112	Schneebiger Nock	**3358**	544
79	Glockturm	**3353**	411
76	Rofelewand	**3355**	523
72	Roteck	**3337**	462
130	Fuscherkarkopf	**3331**	481
97	Schaufelspitze	**3332**	199
29	Oberalpstock	**3328**	679
48	Piz Buin	**3312**	514
107	Reichenspitze	**3303**	636
87	Strahlkogel	**3288**	500
33	Gross Schärhorn	**3295**	441
53	Muttler	**3294**	446

		Höhe	Prominenz
125	Keeskogel	**3291**	374
103	Gefrorene-Wand-Spitze	**3288**	248
115	Petzeck	**3283**	793
117	Roter Knopf	**3281**	544
123	Schlieferspitze	**3289**	502
86	Habicht	**3277**	518
114	Wildgall	**3273**	292
90	Östlicher Feuerstein	**3267**	427
41	Clariden	**3267**	413
32	Gross Düssi	**3256**	475
54	Stammerspitz	**3254**	404
135	Hocharn	**3254**	679
39	Grond Cavistrau	**3252**	448
108	Rauchkofel	**3252**	595
140	Ankogel	**3252**	577
4	Wildhorn	**3248**	934
36	Ringelspitz	**3247**	840
5	Wildstrubel	**3244**	830
49	Silvrettahorn	**3244**	201
118	Hochschober	**3242**	436
23	Titlis	**3238**	1008
93	Hoher Seeblaskogel	**3235**	353
128	Großer Muntanitz	**3232**	714
46	Augstenberg	**3228**	431
102	Tuxer Hoher Riffler	**3231**	327
110	Hintere Stangenspitze	**3225**	400
73	Lodner	**3228**	447
3	Les Diablerets	**3210**	959
129	Hocheiser	**3206**	567
119	Glödis	**3206**	376
132	Kitzsteinhorn	**3203**	436
74	Mastaunspitze	**3200**	435
26	Gross Spannort	**3198**	616
34	Gross Windgällen	**3188**	410
55	Hoher Riffler	**3168**	1328
37	Hausstock	**3158**	655
56	Kuchenspitze	**3148**	580
109	Napfspitze	**3144**	583
113	Durreck	**3135**	442
136	Schareck	**3123**	406
50	Großes Seehorn	**3121**	433

		Höhe	Prominenz
83	Luibiskogel	**3110**	471
51	Großlitzner	**3109**	130
137	Hoher Sonnblick	**3105**	246
38	Piz Segnas	**3099**	607
30	Piz Giuv	**3098**	624
124	Lasörling	**3098**	467
88	Pflerscher Tribulaun	**3097**	498
133	Racherin	**3092**	429
95	Hohe Villerspitze	**3087**	285
134	Stubacher Sonnblick	**3088**	262
106	Zsigmondyspitze	**3089**	241
47	Flüela-Wisshorn	**3085**	632
139	Großer Hafner	**3076**	825
31	Bristen	**3073**	567
116	Hoher Prijakt	**3064**	550
58	Parseierspitze	**3036**	1220
57	Patteriol	**3056**	436
1	Grand Muveran	**3051**	1013
44	Piz Murtèra	**3044**	458
52	Hexenkopf	**3035**	496
42	Vorab	**3028**	401
92	Acherkogel	**3007**	353
141	Hoher Dachstein	**2995**	2140
27	Schlossberg	**3133**	506

Die wesentlichen Dreitausender der nördlichen Alpen nach Schweiß

Angegeben ist der Mindestanstieg vom höchsten anfahrbaren Punkt in mH.

		Höhe	Prominenz	Aufstieg mH
10	Nesthorn	3824	626	**2800**
11	Gross Wannenhorn	3905	616	**2600**
36	Ringelspitz	3247	840	**2600**
13	Wetterhörner – Mittelhorn	3704	579	**2500**
32	Gross Düssi	3256	475	**2500**
9	Doldenhorn	3638	655	**2480**
20	Agassizhorn	3953	202	**2450**
8	Bietschhorn	3934	806	**2450**
14	Lauterbrunner Breithorn	3780	443	**2350**
123	Schlieferspitze	3289	502	**2330**
31	Bristen	3073	567	**2300**
21	Ebnefluh	3962	193	**2250**
43	Piz Linard	3410	1027	**2200**
120	Großvenediger	3666	1121	**2160**
125	Keeskogel	3291	374	**2160**
26	Gross Spannort	3198	616	**2160**
16	Tschingelhorn	3562	384	**2150**
58	Parseierspitze	3036	1220	**2150**
117	Roter Knopf	3281	544	**2140**
7	Blümlisalphorn	3660	853	**2130**
96	Wilder Freiger	3418	269	**2100**
104	Großer Löffler	3379	380	**2100**
27	Schlossberg	3133	506	**2090**
24	Fleckistock	3417	761	**2050**
76	Rofelewand	3353	523	**2050**
72	Roteck	3337	462	**2050**
118	Hochschober	3242	436	**2050**
121	Rötspitze	3495	650	**2010**
105	Schwarzenstein	3369	350	**2000**
86	Habicht	3277	518	**2000**
73	Lodner	3228	447	**2000**
55	Hoher Riffler	3168	1328	**2000**
122	Dreiherrnspitze	3499	578	**1980**
115	Petzeck	3283	793	**1980**
15	Schinhorn	3797	420	**1950**
77	Watzespitze	3532	482	**1900**
56	Kuchenspitze	3148	580	**1900**
109	Napfspitze	3144	583	**1900**
126	Großer Geiger	3360	255	**1860**
71	Hochwilde	3480	346	**1850**
68	Hinterer Seelenkogel	3472	400	**1850**
107	Reichenspitze	3303	636	**1850**
37	Hausstock	3158	655	**1850**
111	Hochgall	3436	1148	**1840**
127	Großglockner	3797	2422	**1810**
35	Tödi	3614	1447	**1800**
99	Hochfeiler	3509	851	**1800**
90	Östlicher Feuerstein	3267	427	**1800**
93	Hoher Seeblaskogel	3235	353	**1800**
110	Hintere Stangenspitze	3225	400	**1800**
51	Großlitzner	3109	130	**1800**
88	Pflerscher Tribulaun	3097	498	**1800**
57	Patteriol	3056	436	**1800**
124	Lasörling	3098	467	**1790**
84	Hohe Geige	3393	434	**1770**
108	Rauchkofel	3252	595	**1770**
106	Zsigmondyspitze	3089	241	**1770**
112	Schneebiger Nock	3358	544	**1760**
87	Strahlkogel	3288	500	**1760**
63	Hintere Schwärze	3624	605	**1750**
91	Ruderhofspitze	3474	369	**1750**
135	Hocharn	3254	679	**1750**
116	Hoher Prijakt	3064	550	**1750**
83	Luibiskogel	3110	471	**1740**
114	Wildgall	3273	292	**1730**
101	Großer Möseler	3480	450	**1710**
66	Similaun	3599	250	**1700**
78	Verpeilspitze	3428	418	**1700**
129	Hocheiser	3206	567	**1700**
74	Mastaunspitze	3200	435	**1700**
45	Fluchthorn	3399	647	**1680**
4	Wildhorn	3248	934	**1680**
17	Eiger	3970	356	**1650**
69	Großer Ramolkogel	3549	363	**1650**
60	Hochvernagtspitze	3535	295	**1650**
100	Schrammacher	3410	456	**1650**

		Höhe	Prominenz	Aufstieg mH
34	Gross Windgällen	3188	410	**1650**
70	Schalfkogel	3537	338	**1640**
65	Fineilspitze	3514	495	**1600**
40	Bifertenstock	3420	358	**1600**
39	Grond Cavistrau	3252	448	**1600**
137	Hoher Sonnblick	3105	246	**1600**
1	Grand Muveran	3051	1013	**1600**
75	Lagaunspitze	3439	422	**1600**
53	Muttler	3294	446	**1590**
54	Stammerspitz	3254	404	**1590**
67	Kreuzspitze	3457	230	**1550**
131	Wiesbachhorn	3564	472	**1510**
2	Balmhorn	3698	1008	**1500**
80	Vordere Ölgrubenspitze	3452	402	**1500**
119	Glödis	3200	376	**1500**
46	Augstenberg	3228	431	**1480**
139	Großer Hafner	3076	825	**1450**
25	Sustenhorn	3503	648	**1400**
6	Großes Rinderhorn	3448	412	**1400**
50	Großes Seehorn	3121	433	**1400**
95	Hohe Villerspitze	3087	285	**1400**
22	Dammastock	3630	1465	**1360**
33	Gross Schärhorn	3295	441	**1350**
41	Clariden	3267	413	**1350**
28	Galenstock	3586	251	**1310**
89	Schrankogel	3497	479	**1300**
48	Piz Buin	3312	514	**1300**
134	Stubacher Sonnblick	3088	262	**1280**
138	Hochalmspitze	3360	914	**1250**
49	Silvrettahorn	3244	201	**1250**
113	Durreck	3135	442	**1230**
18	Gletscherhorn	3983	345	**1200**
44	Piz Murtèra	3044	458	**1200**
128	Großer Muntanitz	3232	714	**1150**
12	Gspaltenhorn	3436	585	**1100**
94	Wilde Leck	3359	309	**1100**
82	Seekogel	3357	189	**1100**
38	Piz Segnas	3099	607	**1100**
30	Piz Giuv	3098	624	**1100**
52	Hexenkopf	3035	496	**1060**
79	Glockturm	3353	411	**1000**

		Höhe	Prominenz	Aufstieg mH
130	Fuscherkarkopf	3331	481	**970**
133	Racherin	3092	429	**970**
85	Zuckerhütl	3505	1031	**950**
64	Weißkugel	3738	566	**900**
92	Acherkogel	3007	353	**900**
47	Flüela-Wisshorn	3085	632	**900**
59	Wildspitze	3776	2261	**850**
81	Weißseespitze	3518	348	**760**
140	Ankogel	3252	577	**750**
19	Trugberg	3933	307	**720**
29	Oberalpstock	3328	679	**700**
102	Tuxer Hoher Riffler	3231	327	**700**
61	Innere Schwarze Schneide	3367	288	**590**
97	Schaufelspitze	3332	199	**480**
42	Vorab	3028	401	**450**
98	Olperer	3476	1230	**400**
141	Hoher Dachstein	2995	2140	**400**
5	Wildstrubel	3244	830	**300**
3	Les Diablerets	3210	959	**270**
23	Titlis	3238	1008	**250**
132	Kitzsteinhorn	3203	436	**170**
103	Gefrorene-Wand-Spitze	3288	248	**40**
136	Schareck	3123	406	**20**
62	Hinterer Brunnenkogel	3438	272	**5**

Die wesentlichen Dreitausender der nördlichen Alpen nach ihrer Gesamt-Schwierigkeit

		Höhe	Schwierigkeit
Ziemlich schwierige Anstiege:			
77	Watzespitze	3532	AD+
82	Seekogel	3357	AD+
8	Bietschhorn	3934	AD+
17	Eiger	3970	AD
34	Gross Windgällen	3188	AD
39	Grond Cavistrau	3252	AD
40	Bifertenstock	3420	AD
51	Großlitzner	3109	AD
56	Kuchenspitze	3148	AD
88	Pflerscher Tribulaun	3097	AD
114	Wildgall	3273	AD
57	Patteriol	3056	AD-
87	Strahlkogel	3288	AD-
106	Zsigmondyspitze	3089	AD-
111	Hochgall	3436	AD-
Mäßig schwierige Anstiege:			
27	Schlossberg	3133	PD +
7	Blümlisalphorn	3660	PD+
13	Wetterhörner – Mittelhorn	3704	PD+
45	Fluchthorn	3399	PD+
54	Stammerspitz	3254	PD+
107	Reichenspitze	3303	PD+
73	Lodner	3228	PD+
127	Großglockner	3797	PD+
36	Ringelspitz	3247	PD+
4	Wildhorn	3248	PD
9	Doldenhorn	3638	PD
10	Nesthorn	3824	PD
11	Gross Wannenhorn	3905	PD
12	Gspaltenhorn	3436	PD
14	Lauterbrunner Breithorn	3780	PD
15	Schinhorn	3797	PD
16	Tschingelhorn	3562	PD

		Höhe	Schwierigkeit
18	Gletscherhorn	3983	PD
19	Trugberg	3933	PD
20	Agassizhorn	3953	PD
22	Dammastock	3630	PD
24	Fleckistock	3417	PD
26	Gross Spannort	3198	PD
29	Oberalpstock	3328	PD
30	Piz Giuv	3098	PD
32	Gross Düssi	3256	PD
33	Gross Schärhorn	3295	PD
35	Tödi	3614	PD
41	Clariden	3267	PD
43	Piz Linard	3410	PD
48	Piz Buin	3312	PD
50	Großes Seehorn	3121	PD
63	Hintere Schwärze	3624	PD
64	Weißkugel	3738	PD
75	Lagaunspitze	3439	PD
76	Rofelewand	3353	PD
78	Verpeilspitze	3428	PD
91	Ruderhofspitze	3474	PD
92	Acherkogel	3007	PD
94	Wilde Leck	3359	PD
95	Hohe Villerspitze	3087	PD
98	Olperer	3476	PD
104	Großer Löffler	3379	PD
113	Durreck	3135	PD
118	Hochschober	3242	PD
120	Großvenediger	3666	PD
121	Rötspitze	3495	PD
122	Dreiherrnspitze	3499	PD
130	Fuscherkarkopf	3331	PD
2	Balmhorn	3698	PD-
5	Wildstrubel	3244	PD-
21	Ebnefluh	3962	PD-
25	Sustenhorn	3503	PD-
31	Bristen	3073	PD-

		Höhe	Schwierigkeit
44	Piz Murtèra	3044	PD-
46	Augstenberg	3228	PD-
53	Muttler	3294	PD-
58	Parseierspitze	3036	PD-
59	Wildspitze	3768	PD-
60	Hochvernagtspitze	3535	PD-
65	Fineilspitze	3514	PD-
69	Großer Ramolkogel	3549	PD-
80	Vordere Ölgrubenspitze	3452	PD-
83	Luibiskogel	3110	PD-
85	Zuckerhütl	3505	PD-
89	Schrankogel	3497	PD-
101	Großer Möseler	3480	PD-
117	Roter Knopf	3281	PD-
119	Glödis	3206	PD-
123	Schlieferspitze	3289	PD-
126	Großer Geiger	3360	PD-
129	Hocheiser	3206	PD-
131	Wiesbachhorn	3564	PD-

Wenig schwierige Anstiege:

		Höhe	Schwierigkeit
1	Grand Muveran	3051	F+
6	Großes Rinderhorn	3448	F+
28	Galenstock	3586	F+
37	Hausstock	3158	F+
47	Flüela-Wisshorn	3085	F+
49	Silvrettahorn	3244	F+
55	Hoher Riffler	3168	F+
68	Hinterer Seelenkogel	3472	F+
72	Roteck	3337	F+
74	Mastaunspitze	3200	F+
81	Weißseespitze	3518	F+
84	Hohe Geige	3393	F+
86	Habicht	3277	F+
90	Östlicher Feuerstein	3267	F+
100	Schrammacher	3410	F+
108	Rauchkofel	3252	F+
109	Napfspitze	3144	F+
115	Petzeck	3283	F+
134	Stubacher Sonnblick	3088	F+
137	Hoher Sonnblick	3105	F+
138	Hochalmspitze	3360	F+
139	Großer Hafner	3076	F+
140	Ankogel	3252	F+
3	Les Diablerets	3210	F
23	Titlis	3238	F
38	Piz Segnas	3099	F
42	Vorab	3028	F
52	Hexenkopf	3035	F
61	Innere Schwarze Schneide	3367	F
66	Similaun	3599	F
67	Kreuzspitze	3457	F
70	Schalfkogel	3537	F
71	Hochwilde	3480	F
79	Glockturm	3353	F
93	Hoher Seeblaskogel	3235	F
96	Wilder Freiger	3418	F
97	Schaufelspitze	3332	F
99	Hochfeiler	3509	F
102	Tuxer Hoher Riffler	3231	F
103	Gefrorene-Wand-Spitze	3288	F
105	Schwarzenstein	3369	F
110	Hintere Stangenspitze	3225	F
112	Schneebiger Nock	3358	F
116	Hoher Prijakt	3064	F
124	Lasörling	3098	F
125	Keeskogel	3291	F
128	Großer Muntanitz	3232	F
132	Kitzsteinhorn	3203	F
133	Racherin	3092	F
135	Hocharn	3254	F
141	Hoher Dachstein	2995	F

Gebrechlichengerecht eingerichtet:

		Höhe	Schwierigkeit
136	Schareck	3123	0
62	Hinterer Brunnenkogel	3438	0

Acherkogel 132
Adlersruhe 180
Agassizhorn 45
Aletschhorn *43*
Alpines Notsignal 16
Altels 20
Amberger Hütte 129, 134
Anforderungen 9
Anixerpass 67
Ankogel *195, 201*
Augsburger Hütte 91
Augstenberg 76

Balmhorn *10, 18,* 20
Bellavista 101
Berliner Hütte 150
Bielefelder Hütte 132
Bieler Höhe 80
Bietschhorn 28, *29, 46*
Bifertenstock *65, 69,* 70
Birghorn 39
Blatten 29, 31
Blümlisalphorn 26
Blümlisalphütte 27
Braunschweiger Hütte 93
Breiter Grießkogel 126
Breitlahner 150
Bremer Hütte 130
Breslauer Hütte 94
Bristen 58
Büttlassenlücke 34

Cabane Rambert 19
Camona da Cavardiras 56
Camona da Punteglias 64
Chemnitzer Hütte 122
Clariden 71

Dachstein-Normalweg *202*
Dammastock *48,* 49
Darmstädter Hütte 88
Disentis 56
Doldenhorn *13, 18, 26,* 30
Dreiherrnspitze 172
Durreck 160

Ebnefluh *8,* 46
Edmund-Graf-Hütte 86
Eiger 40, *41*
Elberfelder Hütte 165
Engelberg 51
Erzherzog-Johann-Hütte 180
Essener Hütte 176

Fiescherhörner *44*
Fineilspitze 102
Finsteraarhorn *44*
Finsteraarhornhütten 33, 45
Firmisanschneide 106
Fleckistock 52
Flims 68
Fluchthorn 75
Flüela-Wisshorn 77
Franz-Senn-Hütte 131
Fuscherkarkopf 184, *185*

Galenstock 55
Galtür 75
Gasterental 37
Gefrorene-Wand-Spitze *11,* 147
Geigerkopf 176
Gemmipass 20
Gepatschhaus 117
Gießener Hütte 197
Glecksteinhütte 35
Gletscherhorn 43
Glockturm 117
Glödis 166
Goldbergspitze 194
Goldzechkopf 194
Grand Muveran 19
Greizer Hütte 149
Griesalp 27
Grindelwald 35, 41
Grond Cavistrau 69
Gross Düssi 59
Gross Schärhorn 60
Gross Spannort 54
Gross Windgällen 61
Großer Geiger 175, *176*
Großer Grießkogel 184
Großer Hafner 199
Großer Kaserer 140
Großer Löffler 148
Großer Möseler 144, *145*
Großer Muntanitz 182
Großer Ramolkogel 106
Großes Rinderhorn 24
Großes Seehorn 80
Großglockner 178, *180*
Großlitzner *80,* 81
Großvenediger 168
Gross Wannenhorn *32,* 33
Gspaltenhorn 34

Habicht 125
Hannoverhaus 200
Hausstock 67
Heiligenblut 181, 191
Heinrich-Schwaiger-Haus 187
Hexenkopf 82
Hildesheimer Hütte 124
Hinterbalmhütte 59
Hinterbichl 176
Hintere Schwärze *98,* 99
Hintere Stangenspitze 157
Hinterer Brochkogel 94, *96*
Hinterer Brunnenkogel 97
Hinterer Seelenkogel 105
Hinterer Spiegelkogel 106
Hochalmspitze 196
Hocharn *190,* 191
Hocheiser 183
Hochfeiler 141
Hochgall *148,* 158
Hochjochhospiz 101
Hochschober 165
Hochvernagtspitze 95, *96*
Hochwilde 99, 108
Hohe Geige 122
Hohe Villerspitze 135
Hoher Dachstein 203, *204*
Hoher Prijakt 164
Hoher Riffler 85
Hoher Seeblaskogel 133
Hoher Sonnblick 194
Hubschrauber-Rettung 16

Iffigenalp 22
Innere Schwarze Schneide 97
Innsbrucker Hütte 125

Jamtalhütte 75
Johannishütte 170
Jungfraujoch 43, 44

Kals 179
Kanderfirn *36,* 37
Kandersteg 27
Kaprun 186
Kasseler Hütte 157
Kattowitzer Hütte 199
Kaunergrathütte 115
Kaunertal 117
Keeskogel 175
Kehlenalp 53